Les grandes dates de l'histoire diplomatique d'Haïti

De la période fondatrice à nos jours

Wien Weibert ARTHUS

Les grandes dates de l'histoire diplomatique d'Haïti

De la période fondatrice à nos jours

Du même auteur

Duvalier à l'ombre de la Guerre froide. Les dessous de la politique étrangère d'Haïti (1957-1963), Port-au-Prince, L'Imprimeur, 2014.

La Machine diplomatique française en Haïti (1945-1958), Paris, L'Harmattan, 2012.

Radiographie de la communauté protestante haïtienne de France, (coauteur avec Emmanuel Toussaint), Paris, Editions de l'Alliance, 2008.

Illustration de couverture : « Les racines de l'indépendance de l'Amérique latine en Haïti ».
Photographie partielle du tableau « Resiliencia Haití » peint par : Andres Litvak.
Tableau offert à l'Ambassade de la République d'Haïti en Argentine par la Fondation Pinta Argentina.

5-7, rue de l'École-Polytechnique - 75005 Paris
www.harmattan.fr
diffusion.harmattan@wanadoo.fr
ISBN : 978-2-343-10315-0
EAN : 9782343103150

Vale la pena repetirlo una vez mas, para que los sordos escuchen:
Haití fue el país fundador de la independencia de America y
el primero que derrotó la esclavitud en el mundo.

Merece mucho más que la notoriedad nacida de sus desgracias.

Eduardo Galeano

Il faut le répéter jusqu'à ce que les sourds l'entendent :
Haïti est le pays fondateur de l'indépendance de l'Amérique et
le premier pays au monde qui a vaincu l'esclavage.

Il mérite mieux que la réputation qui lui vient de ses malheurs.

Eduardo Galeano

Avant Propos

Savez-vous quand et dans quelles circonstances :

Francisco de Miranda a créé, à Jacmel, le drapeau de la Grande Colombie ?

Simon Bolivar est venu solliciter l'aide d'Haïti dans le cadre de sa lutte pour l'indépendance des pays de l'Amérique du Sud ?

L'épée du président Alexandre Pétion, La *Espalda Liberadora Haitiana,* s'est retrouvée au Musée Bolivarien de Lima, au Pérou ?

La République dominicaine a déclaré son indépendance d'Haïti ?

Les États-Unis se sont appropriés de l'île de La Navase ?

L'ambassade d'Haïti à Buenos Aires a sauvé des militaires argentins d'un terrible massacre ?

L'armée cubaine a abattu dix opposants réfugiés à l'ambassade d'Haïti à la Havane ?

Le vote d'Haïti a expulsé Cuba de l'OEA ?

Un ambassadeur des États-Unis en Haïti a été déclaré persona non grata ?

Un ambassadeur des États-Unis a été kidnappé en Haïti ?

Jean-Claude Duvalier a renoncé au privilège du président de nommer les archevêques et évêques de l'Église catholique d'Haïti ?

Un cargo a déposé aux Gonaïves des déchets toxiques provenant de Philadelphia ?

De tels évènements sont indéniablement de grande importance dans l'histoire d'Haïti. Certains, faisant l'objet d'études assez fouillées, sont connus dans les détails. D'autres, cependant, sont passés sous silence dans l'abondante bibliographie sur l'histoire d'Haïti. Le fait est que dans l'ensemble, la riche et turbulente histoire nationale de ce pays laisse peu de place à une prise en compte approfondie du volet international de son histoire. Or, la relation de cause à effet entre politique nationale et politique extérieure d'Haïti n'est plus à démontrer. De sa découverte par Christophe Colomb à la longue présence des soldats onusiens sur son sol, en passant par la colonisation, la traite négrière et l'esclavage, la portée internationale de son indépendance, la position géostratégique de son territoire, sa participation dans le processus de décolonisation de l'Amérique du Sud, le partage obligé de l'île, l'exil de ses chefs d'État, l'intrusion des étrangers dans sa politique intérieure, la dépendance de son budget de l'aide extérieure, la forte migration de ses ressortissants, les positions homériques de son appareil diplomatique ; la terre d'Haïti telle que nous la connaissons a été engendrée, façonnée et rythmée par les relations internationales. Ce qui manque donc, c'est une production littéraire qui englobe les différents événements de la riche histoire des relations internationales d'Haïti.

Le livre que je présente ici est un texte accessible sur les pages les plus marquantes, certaines glorieuses d'autres sombres, de l'histoire diplomatique d'Haïti. L'idée de produire un tel ouvrage m'est venue au cours de mes années d'étude d'histoire en Sorbonne. J'avais besoin d'un document qui pouvait m'aider à saisir de manière condensée l'évolution de la diplomatie haïtienne. Je me suis rendu compte qu'un document du genre n'existe pas dans l'historiographie haïtienne, malgré les prestigieuses productions de nos meilleurs spécialistes en histoire des relations internationales dont Jean Price Mars, Jean Coradin, Alain Turnier et bien évidemment Leslie Manigat. Mes années d'enseignement à l'Université d'État d'Haïti (UEH) et à l'Institut des Technologies et des Etudes Avancées d'Haïti (ISTEAH), les intérêts dont les étudiants ont fait montre, leurs questionnements, leurs désirs manifestes d'entreprendre des recherches sur les questions liées à l'histoire diplomatique d'Haïti ont renforcé ma position sur la nécessité d'une telle production.

Aussi cette publication répond à un double besoin. Celui, d'abord, d'ajouter à l'historiographie haïtienne un document qui équipera la génération présente d'instruments apportant un éclairage objectif sur l'insertion et la marche de notre pays dans le système international. Celui, ensuite, d'encourager les chercheurs à combler un vide patent de notre système universitaire : l'histoire des relations internationales d'Haïti est absente du curriculum, même dans nos départements d'histoire.

Les grandes dates de l'histoire diplomatique d'Haïti. De la période fondatrice à nos jours ne se veut pas une simple chronologique des deux siècles d'interaction entre Haïti en tant que nation indépendante et le monde. Au fait, toutes les dates et tous les faits de l'histoire diplomatique d'Haïti ne sont pas présentés ici. Les événements traités sont choisis en fonction de leur importance ou de leur singularité dans l'histoire globale d'Haïti. Chaque fait traité est mis en contexte avec, en conclusion, une liste d'ouvrages, d'articles de presse ou de revues scientifiques qui permettront d'approfondir le sujet.

Le premier chapitre propose une analyse approfondie de la politique extérieure d'Haïti durant la période fondatrice. Cette première partie, dont la structure est différente des autres chapitres de l'ouvrage, permet de saisir toute la stratégie et toute la difficulté des pères fondateurs, de Toussaint Louverture à Jean-Pierre Boyer, de placer Haïti sur la carte internationale. Il apparaît clairement qu'Haïti a eu une politique extérieure, c'est-à-dire une certaine manière de nouer et de maintenir des relations avec le monde, avant même de construire l'Etat-nation. Pendant les deux siècles qui ont suivi la période fondatrice, des dizaines d'hommes d'État ont conduit la diplomatie haïtienne avec des bilans qu'il reste à déterminer. Mais bien des choses ont changé depuis. Avant, la vieille formule française qui veut que la diplomatie soit la chasse gardée du président de la République était valable en Haïti et ce depuis la période fondatrice. Mais avec le temps, la constitution confère au parlement une responsabilité incontestable dans le cours de l'action diplomatique haïtienne. C'est en effet le parlement qui par un vote favorable à sa politique générale ratifie la nomination du premier ministre et de son cabinet incluant le ministre des Affaires étrangères, vote le budget national dans lequel est inclus le budget de fonctionnement du ministère des Affaires étrangères dont celui des postes diplomatiques, ratifie le choix des ambassadeurs et des consuls généraux, ratifie les traités internationaux et possède la latitude d'interpeler le premier ministre ou le chancelier sur la conduite de la politique étrangère du pays. Il n'en demeure pas moins que la conduite quotidienne de l'action diplomatique du pays est du ressort du pouvoir exécutif. Et l'un des éléments centraux de ce dispositif est le ministère des Affaires étrangères. Le dernier chapitre de ce livre présente, sans éluder les controverses et les débats autour de certaines actions diplomatiques, les noms et dates de fonction de tous les ministres des Affaires étrangères d'Haïti, de l'indépendance à nos jours.

Ce projet de publication est devenu une réalité grâce aux supports inconditionnels de mes parents, ma famille et mes amis proches. Ma gratitude va envers ma mère Laurence Jean et mon père Jean Arthus. Je remercie ma femme Marie Jo, mes enfants CJ et Ethan d'avoir supporté mes nuits blanches et mes week-ends de recherche. J'adresse spécialement mes remerciements à mes collègues et amis, Wadner Arthus, Dr Jessé Jean, Dr Jean-Bernard Cerin, Nathalie E. Cerin, Christina L. Cerin, Dr Guy Metayer, Jeançois Joseph et Dr Monesty Fanfil Jr. qui ont lu et m'ont donné leur avis sur différentes parties du texte. Je remercie particulièrement la Fondation Connaissance et Liberté (FOKAL) et la Radio Télévision Caraïbes (RTVC) pour leur appui financier à cette publication.

Je dédie ce livre à la mémoire de Marie-Josée Jean-Pierre, ma sœur et marraine, qui a été enlevée trop tôt à l'affection de sa famille et ses amis. Que son âme repose en paix !

Il est important pour conclure d'insister sur le fait que tout n'a pas été dit dans ce livre. Cependant, j'espère que, tenant compte des dates et des faits sélectionnés, l'ouvrage sera utile non seulement aux étudiants et aux chercheurs mais aussi aux diplomates, aux hommes politiques et au grand public en quête de savoir ou de rappel des faits mémorables de l'histoire des relations extérieures de la République d'Haïti. Finalement, il importe de signaler que les choix des événements et les appréciations exposées dans ce livre sont strictement personnels et n'engagent pas les institutions auxquelles je suis rattaché.

L'insertion d'Haïti dans le système international

Haïti a pris naissance le 1er janvier 1804 après une longue et épuisante guerre contre le système esclavagiste et colonial de la France. Du fait de sa création par des anciens esclaves et l'idéal qu'elle a projeté dans les imaginaires notamment au début du 19e siècle, la première République noire a constitué une menace pour les négriers et les racistes ; un 'mauvais exemple' pour le système politico-économique international établi sur la colonisation et l'esclavage. La révolution haïtienne a montré au monde que l'esclavage n'était pas une normalité et que les noirs pouvaient s'auto-diriger. Les caractéristiques de cette révolution ont fait d'elle « une anomalie, une menace et un défi », selon l'énoncé de l'historien afro-américain Rayford Logan. Première indépendance de l'Amérique latine et unique révolution d'esclaves de l'histoire de l'humanité, Haïti, comme l'a si bien dit l'Abbé Grégoire, a été un phare au milieu de l'Atlantique « vers lequel tournent leurs regards, les oppresseurs en rougissant, les opprimés en soupirant »[1].

En effet, à la suite de la révolution haïtienne, des esclaves se sont soulevés dans plusieurs plantations de la région (Martinique, Guadeloupe, Brésil, Porto Rico, Barbade, Trinidad, Jamaïque, Cuba, Dominique, Honduras, dans plusieurs états des États-Unis notamment New Orléans et Virginia, etc.) et ont été sévèrement réprimés. La révolution de 1804 a aussi servi de leitmotiv à de nombreux courants politiques et intellectuels. Comme le souligne Alejandro Gómez, « La révolution haïtienne a provoqué un traumatisme culturel jusqu'à constituer un véritable syndrome collectif de portée occidentale »[2].

Cependant, les premiers dirigeants haïtiens ont compris que l'existence de l'État d'Haïti ne dépendait pas uniquement des prouesses de ses guerriers mais aussi de ses rapports avec les autres nations et de sa place dans le monde. Ainsi, les pères fondateurs ont eu une posture par rapport au monde avant même de déterminer quel type de nation ils voulaient construire et quel système de gouvernement était l'idéal.

Beaucoup d'historiens considèrent en toute logique l'année 1804, l'année de la proclamation de l'indépendance, comme le point de départ de la période fondatrice de la nation haïtienne. D'autres chercheurs, notamment Leslie Manigat, placent la période fondatrice de la nation haïtienne dans une intervalle de temps qui s'étend sur cinquante ans allant des premières révoltes dans la colonie française de Saint-Domingue à la signature du traité de 1838 révisant l'indemnité fixée par l'ordonnance de 1825 pour la reconnaissance de l'indépendance d'Haïti par la France[3]. Aussi, à la suite de Leslie Manigat, nous datons la période fondatrice de 1791 à 1838.

1791 est généralement admis comme point de départ de la lutte réelle et étendue contre le système esclavagiste à Saint-Domingue ; les mouvements des planteurs blancs et des affranchis pour l'égalité entre eux et avec les métropolitains étant unanimement considérés comme des révoltes dont les objectifs n'ont pas été de remettre en question le système établi. De 1791 à 1803, du marronnage à la guerre ouverte contre l'armée napoléonienne, des milliers d'hommes et de femmes ont, de leur sang, cimenté la fondation de la nation haïtienne. Le général en chef, les généraux de division, les généraux de brigade, les adjudants généraux, les chefs de brigade et les officiers de l'armée révolutionnaire qui ont signé l'Acte de l'Indépendance d'Haïti ne peuvent être considérés comme les seuls fondateurs de cette patrie. L'histoire retient toujours les noms des plus grands guerriers. Cependant, s'agissant de la révolution haïtienne, comme le montre le récent ouvrage de Jean-Pierre le Glaunac, *L'armée indigène : la défaite de Napoléon en Haïti*, les anciens esclaves sans grades, sans noms ni héritages ont joué un trop grand rôle dans les différentes batailles pour l'indépendance pour être occultés[4].

Nonobstant, pour une meilleure compréhension de la politique de la jeune nation au cours de cette période, il s'avère impérieux d'appréhender les conceptions et actions de ceux qui y ont rempli des fonctions exécutives. De 1804 – déjà depuis la fin des années 1790 – à 1825 et jusqu'en 1838, des actions notables ont été entreprises dans le sens de la construction et le renforcement d'un territoire souverain, un État, avec ses formes de gouvernement, ses institutions, ses lois et ses politiques. Cette étude porte donc sur les politiques des hommes d'État qui ont conduit aux destinées du pays au cours de la période fondatrice. Il s'agit de Toussaint Louverture, Jean-Jacques Dessalines, Henry Christophe, Alexandre Pétion et Jean-Pierre Boyer. Ils ont évolué dans des contextes différents. Certains d'entre eux ont été des collaborateurs immédiats ; d'autres des ennemis acharnés. Cependant, ils ont tous partagé les idéaux de liberté et d'autodétermination ; deux notions qui, en relations internationales, renvoient aux droits des peuples à disposer d'eux-mêmes[5].

I.- La liberté n'est pas négociable

En août 1793, Toussaint Louverture s'est formellement introduit comme un personnage central dans la lutte contre le système esclavagiste. Son nom n'a pas été retenu parmi les figures qui ont conduit les premières révoltes qui ont secoué la colonie à la suite de la cérémonie du Bois Caïman, en août 1791. Les chercheurs ont retrouvé les traces de celui qui était François Dominique Toussaint Bréda (du nom de l'habitation de sa naissance) dans les troupes de Georges Biassou où il a servi comme médecin. Il a été aussi commandant d'un petit détachement. Deux ans après Bois Caïman, il a déjà bâti sa réputation sous le patronyme Louverture. Dans les six phrases de sa célèbre déclaration de Turel (camp des noirs de Saint-Domingue), le 29 août 1793, Toussaint a présenté tout un programme politique qui a servi de fondement idéologique à la nation haïtienne : « Frères et amis, Je suis Toussaint Louverture ; peut-être mon nom s'est fait connaître pour vous. J'ai entrepris la vengeance. Je veux que la liberté et l'égalité règnent à St Domingue. Je travaille pour y arriver. Unissez-vous à nous, frères, et combattez avec nous pour la même cause »[6].

Au moment de faire la proclamation de Turel, Toussaint ainsi que les deux principaux chefs de la rébellion des esclaves, Jean-François Papillon et Georges Biassou, combattaient dans les rangs de l'Espagne. En effet, en janvier 1793, un grave conflit a éclaté entre l'Espagne et la France suite à l'exécution, en France, de Louis XVI, le cousin du roi Carlos IV d'Espagne. Ce dernier promettait la liberté ainsi que des terres et des esclaves aux officiers qui aidaient l'Espagne à lutter contre la France à Saint-Domingue où se prolongeait la guerre entre les deux puissances européennes qui se partageaient l'île. Attirés par la politique espagnole de liberté et de propriété, ne percevant aucune sécurité dans la conduite révolutionnaire de la France de la Convention, Toussaint et les autres leaders de la rébellion ont fait allégeance à la couronne espagnole. La présence des 'troupes rebelles' a permis à l'Espagne de maintenir de bonnes positions même dans la partie française de la colonie. Cependant, en dépit de son adhésion aux opinions politiques de la monarchie espagnole, Toussaint a vite épousé les idéaux de la révolution française. Dès 1792, il a été en contact avec le général français Étienne Bizefranc de Lavaux. Il s'est montré un vrai stratège et un négociateur habile. Il a compris qu'il pouvait jouer sur la rivalité entre la France et l'Espagne pour obtenir assez vite et dans les meilleures conditions l'abolition complète de l'esclavage dans la colonie. En se faisant un nom sur les champs de bataille et en imposant son leadership dans les régions qu'il contrôlait, Toussaint entrait certainement en concurrence avec les autres chefs rebelles. Les documents disponibles ne permettent pas d'attester les réactions des autres chefs rebelles, notamment Jean-François et Biassou, à la proclamation de Turel par laquelle Toussaint a inscrit sa marque dans la lutte pour la liberté et l'égalité. Cependant, la rupture a été effective avec la décision de Toussaint d'abandonner la couronne espagnole, en pleine guerre franco-espagnole, dans la poursuite de sa stratégie de liberté.

Le jour même de la proclamation de Toussaint Louverture, le commissaire français Léger Félicité Sonthonax, outrepassant son autorité, a annoncé, dans un élan stratégique, l'application de l'émancipation de tous les esclaves dans la colonie française de Saint-Domingue. Contrairement à l'attente de Sonthonax, cette mesure n'a pas incité les chefs de la rébellion à rejoindre les rangs de la France. Le 4 février 1794, le gouvernement révolutionnaire français a donné force à la démarche de Sonthonax en proclamant officiellement l'abolition de l'esclavage. En mai 1794, lorsque la décision du gouvernement français a été connue à Saint-Domingue, Toussaint a jugé que c'est la France qui pouvait l'aider à réaliser son idéal. Il a donc décidé de tourner dos à l'Espagne et rallier ses troupes à la République française.

En mai 1794, le drapeau républicain a été hissé aux Gonaïves. Rapidement, Toussaint a éliminé tous les supporters espagnols du cordon de l'Ouest, une position qu'il avait tenue au nom de l'Espagne. Ses anciens collègues de la rébellion, qui ne l'avaient pas suivi dans son revirement, se battaient maintenant contre lui pour l'Espagne. Parallèlement, il devait défendre les positions françaises contre les attaques des troupes britanniques qui ont débarqué à Saint-Domingue en septembre 1794. C'est au cours de cette période que Toussaint s'est donné les moyens de sa politique de liberté générale en constituant une armée qui avait dans ses rangs le frère de Toussaint, Paul, son neveu Moïse, ses lieutenants Jean-Jacques Dessalines et Henry

Christophe. La guerre franco-espagnole a pris fin avec le traité de Bâle de juillet 1795. La nouvelle est arrivée à Saint-Domingue au mois d'octobre. Dans l'intervalle, Jean-François et Biassou, qui continuaient à lutter contre Toussaint ont été vaincus. L'Espagne, ayant cédé sa partie de Saint-Domingue à la France, Jean-François et Biassou ont du quitter l'île pour s'installer dans la colonie espagnole de Floride. L'ensemble de leurs troupes a rejoint l'armée de Toussaint. Ils sont tous devenus des hommes libres de même que les autres esclaves de la colonie[7].

En janvier 1801, Toussaint a été obligé d'intervenir militairement dans l'ancienne partie espagnole de Saint-Domingue de manière à rendre effective l'abolition générale des esclaves. Cette tournée dans la partie orientale lui a permis d'étendre son autorité et son idéal de liberté sur l'île entière. Deux mois plus tard, Toussaint a formé une assemblée constituante pour rédiger une constitution pour Saint-Domingue. Le 7 juillet 1801, la première constitution de l'Amérique latine a été promulguée, dans la colonie française de Saint-Domingue. Cette constitution, tout en reprenant les idées de la révolution française, est allée plus loin que celle-ci en spécifiant avec clarté les notions de liberté et d'égalité. L'article 3 du texte a résumé l'idéal louverturien et sonné comme l'aboutissement de la proclamation de Turel : « Il ne peut exister d'esclaves sur ce territoire, la servitude y est à jamais abolie. Tous les hommes y naissent, vivent et meurent libres et Français ». La constitution a donc garanti l'égalité des races, l'égalité des chances et l'égalité de traitement en vertu d'une loi pour tous[8].

Il est important de souligner le caractère autonomiste de ce texte de loi publié dans une colonie sans avoir été dicté par la métropole. En s'adressant comme le premier des noirs à Bonaparte, qu'il a qualifié de 'premier des blancs', en se proclamant gouverneur général à vie, en s'octroyant des pouvoirs absolus dont celui de choisir son successeur, en publiant la constitution avant de soumettre le texte à l'approbation de la France, il était clair que dans l'esprit de Toussaint non seulement les hommes de la colonie étaient libres, mais la colonie elle-même était souveraine. Cependant, Toussaint n'a pas eu le temps de voir son pays évoluer selon son idéal de liberté, d'égalité et de souveraineté. Deux ans avant la promulgation de la constitution de 1801, Napoléon Bonaparte prenait le pouvoir en France et décidait de rétablir l'esclavage dans les colonies.

II.- La poursuite et l'étendue de l'idéal de liberté

Suite à l'arrestation et la déportation de Toussaint Louverture, résultats de l'entêtement de Bonaparte de ramener la colonie au *statuquo ante*, l'armée rebelle s'est organisée autour du général Jean-Jacques Dessalines et a donné une autre dimension à la lutte pour la liberté. Les troupes françaises dirigées par les généraux Victor Emmanuel Leclerc puis Donatien Rochambeau n'ont pu vaincre les soldats de l'armée rebelle qui entendaient «Vivre libre ou mourir». Le 1er janvier 1804, les anciens esclaves ont proclamé leur indépendance et fondé un État souverain. La France a perdu sa colonie[9].

Sur le plan de la politique intérieure, la période post-indépendance a servi à édifier des forteresses à travers le pays dans le but de sécuriser le territoire contre une éventuelle attaque des forces coloniales. Une politique exclusiviste a été systématiquement mise en place, interdisant aux blancs (c'est-à-dire les étrangers, selon le langage haïtien) de posséder des terres dans la République noire de manière à écarter toute possibilité de conflits internationaux. Parallèlement, et de manière paradoxale diraient certains, le pays a été une terre de refuge pour ceux qui fuyaient l'oppression, peu importe leur couleur de peau.

L'une des plus grandes réparations faites à la race noire et plus généralement à l'humanité, en opposition avec la tendance raciste dominante de la période, a été inscrite dans l'article 14 de la Constitution impériale de 1805 qui a stipulé : « les Haïtiens ne seront désormais connus que sous la dénomination générique de noirs ». Cette 'dénomination générique' ne s'est pas limitée aux anciens esclaves et affranchis de l'ancienne colonie française. Comme le soutient Leslie Manigat, les pères fondateurs ont redéfini l'appartenance à la race noire en y incluant des blancs (d'Europe et d'Amérique du Sud) et les Amérindiens. Les Polonais et les Allemands, qui avaient abandonné l'expédition Leclerc pour épouser la cause de la liberté, ont eu le privilège d'obtenir des propriétés ainsi que la nationalité haïtienne avec tous les droits y afférant. Ce même privilège a été octroyé aux Africains et aux Amérindiens qui, en foulant le sol haïtien, devenaient libres, citoyens et propriétaires. Ils ont tous été « désormais connus que sous la dénomination générique de noirs ».

Ces garanties, entre autres, ont encouragé les Afro-Américains à fuir l'esclavage et la ségrégation aux États-Unis pour s'établir en Haïti pendant le 19e siècle. Les pères fondateurs n'ont pas lésiné sur les efforts et les moyens pour aider les noirs à se soustraire de la maltraitance et l'humiliation aux États-Unis en les accueillant dans la terre de la liberté. L'empereur Jacques (Dessalines) Ier a offert aux marins qui faisaient la route américaine 40 dollars pour chaque noir emmené sur l'île. Le président Alexandre Pétion a offert d'accueillir et de donner du travail rémunéré à tout afro-américain qui déciderait de s'émigrer en Haïti. Il a même promis de payer les frais de voyage, 40 dollars par adulte et 20 dollars par enfant, à ceux qui n'en avaient pas les moyens. Le Roi Henry (Christophe) Ier, aidé de l'abolitionniste afro-américain Prince Saunders, a lancé une vibrante campagne sur la côte nord des États-Unis, notamment à Philadelphie, encourageant les noirs américains qui souhaiteraient fuir la ségrégation à s'émigrer en Haïti, leur offrant du travail et une place dans l'armée. Christophe a mis à la disposition de philanthropes américains des bateaux et un budget de 25.000 dollars en vue d'assurer le transport des afro-américains qui souhaiteraient migrer en Haïti. En 1824, le président Jean-Pierre Boyer a fait comprendre aux États-Unis qu'il était disposé à faciliter l'établissement de milliers d'afro-américains en Haïti en subventionnant leur voyage et leur séjour.

L'ouverture affichée par le gouvernement haïtien pour accueillir les noirs des États-Unis a porté à la création de la « Société pour la Promotion de l'Emigration des Gens de Couleur Libres vers Hayti » (Society for Promoting the Emancipation of Free Persons of Coulour to Hayti). Au mois de novembre 1824, une vingtaine de navires ont quitté le port de Philadelphia en direction d'Haïti, avec environ 2.000 candidats à l'immigration à bord. Arrivés en Haïti, ils ont été repartis à Port-au-Prince, au Cap-Haitien et à Samana dans le territoire de l'Est (actuelle République dominicaine). Dans les années suivantes, plusieurs milliers de noirs venus de différentes régions des Etats-Unis ont pu faire le voyage et s'installer en Haïti avec la subvention de l'administration Boyer. Joseph Bernard Jr avance le chiffre de 13.000 afro-américains qui se seraient installés en Haïti durant les années 1820, « en quête d'une meilleure vie, pour eux et leur progéniture ». Mais la grande majorité, pour des raisons diverses, n'est pas restée longtemps en Haïti[10].

Le triptyque fondateur – liberté, citoyenneté, propriété – a renforcé le caractère internationaliste de la révolution haïtienne. Les nouvelles recherches montrent aussi qu'un nombre considérable d'esclaves ont fui les colonies voisines pour être libres en Haïti. Le cas le mieux documenté, parce qu'il a été l'objet de disputes internationales, est celui des esclaves de la colonie britannique de Jamaïque. En janvier 1817, sept esclaves de la Jamaïque, en quête de liberté, ont saisi un bateau sur lequel ils servaient et l'ont conduit en Haïti. Ils y ont trouvé la protection légale et joui de tous les privilèges octroyés par la Constitution haïtienne. Le président Alexandre Pétion n'a pas cédé aux pressions des 'propriétaires' d'esclaves et des autorités britanniques pour que les sept fussent rendus à leur 'maître' et retourner en esclavage en Jamaïque. Pétion a notamment évoqué l'article 44 de la constitution de 1816 stipulant « Tout Africain, Indien et ceux issus de leur sang, nés dans les colonies ou en pays étrangers, qui viendraient résider dans la République seront reconnus Haïtiens », c'est-à-dire libre et citoyen[11].

Les pères fondateurs n'ont pas mesuré leur support aux luttes pour la liberté et l'indépendance dans la région et ailleurs. Le gouvernement haïtien a fait don de 25.000 livres de cafés et ainsi que des dizaines de soldats pour prendre part à la guerre de l'indépendance de la Grèce. Haïti est le premier pays à reconnaître la Grèce indépendante, le 15 janvier 1822. Par ailleurs, la jeune République noire a accueilli et aidé Francisco de Miranda à lancer le processus d'indépendance de l'Amérique du Sud. Dans le courant des années 1810, beaucoup de leaders indépendantistes de la région se sont retrouvés en Haïti en quête de support pour leur lutte contre le système colonial. Parmi les plus illustres, on retrouve le révolutionnaire argentin Manuel Dorrego qui, pendant son séjour en Haïti, a rencontré des survivants de l'armée rebelle et s'est imprégné des idéaux et stratégies des pères fondateurs dans leur lutte pour l'indépendance. Quand l'Argentine s'est libérée de la colonisation espagnole, Haïti a été le premier pays à reconnaître son indépendance. Francisco Javier Mina et Pedro Labatot ont obtenu des aides de Pétion pour des expéditions respectivement en direction du Mexique et de la Nouvelle Grenade. C'est en Haïti que Javier Mina a rencontré celui qui est devenu le Libertador, Simon Bolivar qui, avec les aides reçues d'Haïti a pu mener ses luttes décisives pour les indépendances du Venezuela, de la Colombie, du Pérou, de la Bolivie et de l'Equateur[12].

Haïti a donc une part considérable dans la lutte pour la liberté en Amérique latine, incluant la République dominicaine. Beaucoup de leaders latino-américains ont mis leur famille en sûreté en Haïti au moment de leur lutte pour la liberté dans leur pays. Des historiens avancent que plus de 600 familles d'indépendantistes de Carthagène et de Caracas ont trouvé refuge aux Cayes durant les années 1810. Les dirigeants haïtiens n'ont fait aucune exigence territoriale aux combattants sud-américains, ce qui devrait être leur priorité s'ils étaient animés par un quelconque idéal impérialiste. La seule demande de Pétion à Bolivar a été de proclamer la libération des esclaves, une sollicitation conforme à la politique des pères fondateurs de la nation haïtienne[13]. Après avoir proclamé sa liberté, tenté de sécuriser son indépendance et aidé ceux qui poursuivaient ces idéaux, la priorité d'Haïti a été son acceptation dans le système international.

III.- L'indispensable ouverture au monde

Les relations avec le monde ont été un élément de grande importance dans la politique des pères fondateurs. Elles ont été traitées au plus haut sommet et en toute autonomie. Toussaint Louverture, alors que le territoire était encore une colonie, a ménagé ses relations extérieures hors des contraintes d'alliances ou mésalliances de la puissance coloniale.

En 1798, la France et l'Angleterre se sont livrées une guerre pour le contrôle de positions stratégiques sur Saint-Domingue. Les troupes françaises commandées par Toussaint Louverture ont défait les britanniques commandés par le général Thomas Maitland. C'est Toussaint et non son supérieur, le général Hédouville, qui a négocié et signé les traités de reddition avec la Grande-Bretagne. Le 31 août 1798, après la capitulation des Britanniques au Môle Saint-Nicolas, Toussaint et Maitland ont secrètement signé un nouveau traité pour l'évacuation des troupes britanniques de tous les territoires de Saint-Domingue ; certains auteurs avancent que Toussaint avait l'agrément d'Hédouville. Par contre, il est clair que c'était de son propre chef que Toussaint a décidé de négocier la levée du blocus britannique sur Saint-Domingue en échange de la promesse de ne pas exporter la rébellion des esclaves à la Jamaïque[14].

Les négociations avec les États-Unis constituent une autre action diplomatique unilatérale qui confirme la volonté de Toussaint de conduire des relations internationales autonomes. Les États-Unis avaient suspendu leurs échanges commerciaux avec la France en 1798 en raison du conflit croissant en matière de piraterie. Les deux pays étaient au bord de la guerre, mais Toussaint et les dirigeants américains étaient favorables à des échanges entre Saint-Domingue et les États-Unis. Le 6 novembre 1798, Toussaint a entamé des négociations avec le président John Adams qui, dans un message, lui a donné la garantie que « le commerce nord-américain serait réellement assuré sous son administration, si les transactions maritimes renouaient le service de changement ». Toussaint, comme un chef d'État, a accrédité le commerçant Joseph Brunel comme son représentant personnel à Washington et ce dernier a été, en cette qualité, reçu par le secrétaire d'État Timothy Pickering et par le président Adams. Le 9 février 1799, le congrès des États-Unis a autorisé le président Adams à rétablir les relations avec Saint-Domingue. Le mois suivant, le secrétaire d'État Pickering a accrédité Edgard Stevens pour négocier avec Toussaint au nom du gouvernement des États-Unis. Toussaint Louverture a ainsi ménagé ses relations avec l'Angleterre et son ancienne colonie, les États-Unis, toutes deux en conflit avec la France[15]. Après l'indépendance, les autres dirigeants haïtiens ont eu beaucoup plus de mal à se faire des alliés sur la scène internationale.

Haïti a vécu les dix premières années de sa révolution sans statut clair au regard de l'ancienne métropole et surtout sans rapports formels avec les puissances de l'époque. Henry Christophe, quand il a fondé le royaume du Nord à la suite de sa division avec Pétion après la mort de Dessalines, a ouvert de nouvelles brèches pour intégrer Haïti dans le système international. Il a voulu que son pays coupât à jamais tout lien avec la France qui s'entêtait à considérer Haïti comme son ancienne colonie. Les émissaires français qui venaient négocier le statut de la nouvelle nation ont tout simplement été exécutés. Christophe a œuvré à l'éjection du système éducatif et de la langue de la France. En 1804, Jean-Jacques Dessalines, dans la lignée des bonnes relations extérieures entretenues par Toussaint Louverture, a essayé d'établir des relations commerciales solides avec la Grande-Bretagne. Les Britanniques ont refusé les offres de Dessalines et ont fait injonction aux navires haïtiens de ne pas dépasser leur eau territoriale. Arrivé au pouvoir, Christophe a tenté de nouer des contacts avec la Grande-Bretagne dont il a admiré la science et la culture. Certains historiens avancent que, étant né dans la colonie anglaise de Guyane, Christophe jouit d'un lien de proximité naturelle avec les Britanniques. Il a projeté de promouvoir la langue anglaise et fonder un système d'enseignement public, classique et supérieur, selon le système britannique et en faisant appel à des professeurs anglais pour l'enseignement des lettres, la science et la musique classique. Il a aussi révélé dans ses correspondances son désir de voir ses concitoyens embrasser les cultes réformés à travers l'Église anglicane au détriment du catholicisme. Des Anglais, dont le philanthrope abolitionniste William Wilberforce et le militant antiesclavagiste Thomas Clarkson qui ne résidaient pas en Haïti, ont fait partie du cercle de ses proches conseillers. Clarkson lui a facilité les contacts avec le Tsar de Russie, Alexandre Premier, et a été mandaté pour négocier avec le monarque russe l'établissement de relations diplomatiques entre la Russie et Haïti[16]. Christophe entendait se passer d'une quelconque reconnaissance de la France. Il a utilisé ses relations internationales, avec les Britanniques notamment, pour parachever la sortie de son pays de la tutelle la France à la fois politiquement et culturellement et pour contrecarrer la « propagande négative des Français contre l'indépendance d'Hayti », selon des propos qui lui sont attribués dans *The Haitian Papers*[17]. La mort de Christophe, en 1820, a porté un coup d'arrêt aux contacts avec les Britanniques et aux démarches auprès de la Russie.

Alors que le roi Henry Ier multipliait les contacts en Europe, le président Alexandre Pétion se faisait des alliés en Amérique du Sud. Les deux dirigeants, même s'ils ne se concertaient pas en raison de leur antagonisme, avaient la même approche de la politique internationale dont les finalités étaient de faire reconnaître et accepter l'indépendance d'Haïti. Mais Alexandre Pétion, en dépit de ses largesses en 1815-1816, n'a pas obtenu même une reconnaissance officielle des premiers dirigeants de l'Amérique du Sud qui avaient trouvé asile en Haïti du temps de leur révolution. Aussi bizarre que cela puisse paraître, les pays indépendants de la Grande Colombie n'ont pas établi de relations diplomatiques avec Haïti. Simon Bolivar n'a pas invité Haïti au congrès de Panama de juillet 1826. En plus de l'antagonisme des États-Unis, les nouvelles nations de l'Amérique du Sud qui cherchaient à se tailler une place dans le système international ne voulaient pas déplaire à la France qui se déclarait ennemie de toute nation qui reconnaîtrait l'indépendance de sa « colonie rebelle », Haïti[18].

Les mesures officielles d'ostraciser la République noire ont quelque peu ralenti, mais elles n'ont pas obstrué toute relation commerciale entre Haïti et les puissances régionales. Durant toute la période fondatrice, Anglais et Américains se sont fait la course pour entreprendre des échanges commerciaux avec Haïti. Ils ont acheté les produits agricoles d'Haïti et vendu au pays des produits variés et des matériels militaires. Ils ont jusqu'au milieu des années 1820 bénéficié de tout type d'avantage, incluant des tarifs préférentiels, au détriment des commerçants locaux. La situation géographique d'Haïti et sa neutralité dans les affaires internationales leur ont facilité le ravitaillement dans les périodes de conflits. Selon les besoins du moment, ils changeaient de pavillons, Anglais se faisant passer pour Américains et vice versa. Les Français aussi ont participé au commerce souterrain avec Haïti quelques années après l'indépendance. Le 27 mars 1816, Louis XVIII a autorisé le commerce entre la France et Haïti sous pavillon neutre. Des bateaux sont donc partis de, ou arrivés à, Bordeaux, Nantes, La Rochelle et d'autres ports français sous pavillon masqué. Une étude de Vertus Saint-Louis montre l'accroissement du commerce souterrain entre la France et Haïti entre 1816 et 1822.

Saint-Louis montre aussi qu'au début des années 20, « Haïti se place au sixième rang comme pays importateurs de marchandises américaines, après l'Angleterre, la France, Cuba, la Chine et l'Allemagne ». Cette forme d'ouverture sur l'extérieur, par le biais du commerce ouvert/souterrain en tout cas non-officiel, au lieu d'octroyer une position confortable à Haïti, a fragilisé l'indépendance de la jeune nation, soutient Vertus Saint-Louis. Même pour les puissances coloniales qui bénéficiaient du marché haïtien, il a été hors de question de signer un accord commercial avec cet important partenaire, ce qui lui aurait octroyé une reconnaissance internationale. La Grande-Bretagne a établi des relations diplomatiques avec Haïti seulement après la reconnaissance monnayée de l'indépendance par la France. Il a fallu environ soixante ans après la conquête de 1804 pour que la République noire fût enfin reconnue par les États-Unis, en 1862[19].

Il va sans dire que l'opposition de la France à l'existence de l'État d'Haïti a ralenti son insertion dans le système international et son acceptation dans le concert des nations, même si les prouesses de l'armée rebelle avaient déjà dépassé les frontières de la Caraïbe, éveillé les aspirations des peuples martyrs. Cependant, il manquait à la nation née de cette prodigieuse révolution la reconnaissance internationale nécessaire à son épanouissement. En 1825, la France, plus de vingt ans après sa capitulation militaire, a enfin décidé de reconnaître l'indépendance d'Haïti, dans des conditions les plus inconcevables : le paiement de 150 millions de franc-or.

Au cours de la période fondatrice, il y a eu deux points très clairs dans la feuille de route de la diplomatie haïtienne : trouver des ouvertures pour les affaires à l'international et promouvoir la reconnaissance de l'indépendance en négociant l'établissement de relations diplomatiques avec d'autres pays. Ce dernier point a été le plus épineux. Certains pays dont les États-Unis et l'Angleterre n'ont pas souhaité rompre les affaires avec Haïti, mais ils n'ont voulu que du commerce informel sans relations officielles avec l'État d'Haïti. L'attitude des nations de l'Amérique du Sud, qui ont refusé d'établir des relations diplomatiques avec le pays qui les a aidées à conquérir leur indépendance, a été plus scandaleuse encore. Les pays qui avaient des contacts avec Haïti ont voulu gérer certaines affaires avec la jeune République tout en gardant leurs bonnes relations avec la France. Le tsar Alexandre III a osé interpeller la France sur la question d'Haïti seulement pour lui demander de « vider le contentieux ».

Deux décennies après la proclamation de l'indépendance du 1er janvier 1804, le président Jean-Pierre Boyer a, dans les faits, accompli les idéaux des pères fondateurs. Il a réunifié l'île et donné au pays la mer pour frontière. Il a rendu effectif la fin de l'esclavage sur l'île entière. Il a obtenu la reconnaissance de l'indépendance et, par ce fait, réalisé l'insertion d'Haïti dans le système international. Dès l'acceptation par la France de l'indépendance d'Haïti, des puissances de l'Europe dont la Grande-Bretagne, la Suède, la Hollande et le Danemark ont établi des relations diplomatiques avec Haïti et envoyé des consuls dans le pays. En dépit de cette performance, l'historiographie haïtienne garde une image assez mitigée, à la rigueur négative, de Jean-Pierre Boyer pour avoir accepté de verser une indemnité à la France pour la reconnaissance de l'indépendance d'Haïti. Son acceptation de l'Edit de Charles X ainsi que ses exigences financières a été l'une des décisions les plus contestables de son administration. D'autant que le coût financier pour le pays a été très lourd et s'est étendu sur un siècle. Gusti Gaillard-Pouchet, dans une étude sur la dette dite de l'indépendance, évoque « une production caféière pillée ». Il y a eu aussi un coût politique important pour le président Boyer. Avec cette reconnaissance, quoique très attendue, l'opposition à Jean-Pierre Boyer a pris une ampleur considérable à la fois dans l'armée et au sénat. Il y a eu aussi un prix moral non négligeable. Se référant aux survivants de la Guerre de l'indépendance, Jacques Nicolas Léger écrit, en 1889, « On peut donc juger de l'effet que [cette reconnaissance monnayée] dû produire sur les vieux généraux et les vaillants soldats ». Pour Léger, Boyer a péché en ayant « le malheur d'accepter un tel acte »[20]. C'est à peu près l'avis de tous les penseurs du 19e siècle qui se sont penchés sur la question.

---

[1] Eduardo Grüner, « Haití: una olvidada revolución filosófica », *Revista Sociedad, No 28*, Buenos Aires, 2012 ; Susan Buck-Morss, *Hegel, Haiti and Universal History*, Pittsburg, 2009 ; Trouillot Michel-Rolph, *Silencing the Past. Power and the Production of History*, Boston, 1995 ; Abbé Grégoire, *De la noblesse de la peau ou du préjugé des blancs contre la couleur des Africains et celle de leurs descendants, noirs et sang-mêlés*, Paris, 1821.

[2] Julia Gaffield (dir.), *The Haitian Declaration of Independence: Creation, Context, and Legacy*, Charlottesville, 2016; Ada Ferer, *Freedom's Mirror: Cuba and Haiti in the Age or Revolution*, Cambridge, 2015; Alejandro E. Gómez, *Le Spectre de la révolution noire. L'impact de la révolution haïtienne dans le monde atlantique, 1790-1886*, Rennes, 2013 ; David P. Greggus (dir.), *The Impact of the Haitian Revolution in the Atlantic World*, Columbia, 2001.

[3] Leslie F. Manigat, *Eventail d'Histoire vivante d'Haïti, tome 1*, Port-au-Prince, 2001 ; Michel Hector et Laënnec Hurbon (dir), *Genèse de l'État haïtien (1804-1859)*, Port-au-Prince, 2009 ; Michèle Oriol, *Chronologie de l'histoire d'Haïti. Les années fondatrices 1804-1843, tome 2,* Port-au-Prince, 2014.

[4] Jean-Pierre le Glaunac, *L'armée indigène : la défaite de Napoléon en Haïti,* Port-au-Prince, deuxième édition, 2014 ; C.L.R. James, *The Black Jacobins*, New York, 1963.

[5] Abel N. Leger, *Histoire diplomatique d'Haïti 1804-1859,* Port-au-Prince, 1930 ; Eddy Etienne, *La vraie dimension de la politique extérieure des premiers gouvernements d'Haïti (1804-1843)*, Québec, 1982.

[6] Victor Schoelcher, *Vie de Toussaint Louverture*, Paris, réédition, 1982 ; Pierre Pluchon, *Toussaint Louverture*, Paris, 1989 ; Alain Foix, *Toussaint Louverture*, Paris, 2007. Philippe Girard, *The Slaves Who Defeated Napoleon: Toussaint Louverture and the Haitian War of Independence*, Tuscaloosa (USA), 2001.

[7] *Mémoires du général Toussaint Louverture, écrits par lui-même*, Paris, réédition 2009 ; Gérard Laurent, *Toussaint Louverture à travers sa correspondance (1794-1798)*, Madrid, 1953.

[8] *Le projet national de Toussaint Louverture et la Constitution de 1801*, Port-au-Prince, 2001 ; Philippe Girard, *Toussaint Louverture: A Revolutionary life*, New York, 2016.

[9] Julia Gaffield, *Haitian Connections in the Atlantic World: Recognition after Revolution*, Chapel Hill, 2015 ; Eduardo Gruner, *La Oscuridad y las Luces : Capitalismo, Cultura y Revolución*, Buenos Aires, 2010 ; David Patrick Geggus, Norman Fiering (dir.), *The World of Haitian Revolution*, Bloomington, 2009 ; Laurent Dubois, *Avengers of the New World. The Story of the Haitian Revolution*, Cambridge, 2004.

[10] Joseph Bernard Jr., *Hayti et l'influence des États-Unis d'Amérique. De l'indépendance à la Reconnaissance (1791-1864),* Port-au-Prince, 2013 ; Claire Bourhis-Mariotti, *L'Union fait la Force. Les Noirs américains et Haïti, 1804-1893*, Rennes, 2016.

[11] Ada Ferrer, "Haiti, Free Soil and Antislavery in the Revolutionary Atlantic," *American Historical Review,* Vol. 117, No. 1, February 2012, pp. 40-66; Jeremy D. Popkin, *You Are All Free: The Haitian Revolution and the Abolition of Slavery,* New York, 2010.

[12] Aîné Marion, *Expédition de Bolivar*, Port-au-Prince, 2014, première édition 1849 ; Sociedad Bolivariana de Venezuela, *Escritos del Libertador, VIII, Documentos Nos 1290-1313, 19 mayo-19 diciembre 1815*, Caracas, 1972.

[13] Sociedad Bolivariana de Venezuela, *Escritos del Libertador, IX, Documentos Nos. 1314-1738, 26 de diciembre-29 diciembre 1816*, Caracas, 1973; Paul Verna, *Pétion y Bolivar,* Caracas, réédition, 1980 ; John Lynch, *Simon Bolivar: A Life*, New Heaven, 2006 ; William Lewis, "Simon Bolivar and Xavier Mina: A Rendezvous in Haiti," *Journal of Inter-American Studies, Vol. 11, No. 3*, July 1969, pp. 458-465.

[14] C.L.R. James, *Les Jacobins noirs. Toussaint Louverture et la Révolution de Saint-Domingue*, (traduction française), Paris, 1983 ; Aimé Césaire, *Toussaint Louverture, la Révolution française et le problème colonial,* Paris, réédition, 1981.

[15] Rayford Logan Jr., *The Diplomatic Relations of the United States with Haiti, 1776-1891,* Chapell Hill, 1941; Gordon S. Brown, *Toussaint's Clause: The Founding Father and the Haitian Revolution*, Jackson (Mississippi), 2005; Ronald Johnson, *Diplomacy in Black and White: John Adams, Toussaint Louverture, and Their Atlantic World Alliance*, Athens, 2014.

[16] Leslie F. Manigat, *Henry Christophe, Alexandre Pétion, en deux médaillons distincts la politique d'Education Nationale du premier, la politique agraire du second*, Port-au-Prince, 2007.

[17] *Haytian papers: Collection Interesting of the Very Interesting Proclamations, and Other Officials Documents; Together With Some Account of the Rise, Progress, and Present State of the Kingdom of Hayti, London, 1816.*

[18] José del Pozo, *Histoire de l'Amérique Latine et des Caraïbes de 1825 à nos jours*, Québec, 2004.

[19] Vertus Saint-Louis, « Commerce extérieur et concept d'indépendance (1807-1820) » dans Michel Hector et Laënnec Hurbon (dir), *Genèse de l'État haïtien (1804-1859).*

[20] Jacques N. Léger, *La politique extérieure d'Haïti*, Paris, 1886 ; Gusti Gaillard-Pourchet, *L'expérience haïtienne de la dette extérieure, ou, Une production caféière pillée : 1875–1915*, Port-au-Prince, 1990.

12 mars 1806 : Création, à Jacmel, du drapeau du Venezuela par Francisco de Miranda

Haïti a une part considérable dans le processus d'indépendance de l'Amérique hispanique, en particulier de la Grande Colombie, de laquelle sont nés le Venezuela, la Colombie, l'Equateur et le Panama. La jeune nation haïtienne a été une étape importante dans l'Expédition lancée par Francisco de Miranda à la fin de 1805 pour libérer la Grande Colombie de la colonisation espagnole. En effet, après avoir essuyé les refus d'aides des puissances de la période pour lancer sa lutte indépendantiste, le général Miranda a décidé de chercher de l'aide auprès de la République noire. Miranda n'a certainement pas été en Haïti par choix. Dans une lettre qu'il avait envoyée aux dirigeants britanniques pour solliciter leur aide, Miranda avait mis en avant sa peur de l'extension de l'expérience haïtienne dans la région. « Je dois libérer le Venezuela rapidement », écrivait-il le 27 septembre 1804, « sinon il sera livré aux noirs et mulâtres haïtiens qui ont déjà leurs émissaires dans la région ». Les Britanniques ont décidé malgré tout de ne pas intervenir.

En 1805, Miranda, a laissé la Grande-Bretagne pour les États-Unis, toujours en quête d'aides pour mener sa lutte anticoloniale. A New York, le marin américain Samuel Ogden, qui voyageait souvent en Haïti, et le commerçant américain Thomas Lewis, qui avait de bonnes relations avec le général Alexandre Pétion, lui avaient convaincu de chercher de l'aide auprès d'Haïti. Ils lui avaient promis de faciliter son entrée en Haïti et lui permettre de bénéficier de la générosité des dirigeants de ce pays. Parti de New York, le 6 février 1806, avec deux-cents hommes à bord et équipé d'armes, de munitions et d'une imprimerie, le Léandre (nom du vaisseau-amiral de Miranda) est arrivé au port de Jacmel le 19 février 1806.

A Jacmel, le précurseur de l'indépendance sud-américaine a été accueilli avec beaucoup de bienveillance par le général Magloire Ambroise, commandant de Jacmel, et par les autres autorités locales. Durant son séjour en Haïti, le général Miranda a été reçu en audience par l'empereur Jean-Jacques 'Premier' Dessalines. Le chef d'État haïtien a notamment conseillé stratégiquement à Miranda de ne pas hésiter, dans le cadre de sa guerre contre l'Espagne, à « couper les têtes et incendier les maisons », selon la méthode qui avait donné des résultats positifs dans la guerre d'indépendance haïtienne contre la France. L'empereur a procuré à l'indépendantiste latino-américain des armes et des munitions. Le Léandre est parti de Jacmel, en mars 1806, avec deux autres goélettes, le Bacchus et le Bee.

Haïti a donc une présence active et symbolique, militaire et idéologique, dans le processus d'indépendance de l'Amérique latine. Le 12 mars 1806, la veille de son départ d'Haïti, Francisco de Miranda a créé, à Jacmel, le drapeau aux trois bandes horizontales (jaune, bleu et rouge) de la Grande Colombie qu'il a hissé au mât du Léandre et qui a été adopté comme le drapeau national du Venezuela. Le 12 mars est toujours considéré comme le jour du drapeau au Venezuela. Avant le départ de Francisco de Miranda, le général Alexandre Pétion lui a donné une épée pour l'accompagner dans sa lutte pour la liberté. Au moment de recevoir l'épée, Miranda a levé les yeux au ciel et a solennellement déclaré : « Peuple d'Haïti ! Je jure d'être fidèle et loyal au peuple libre d'Amérique du Sud, indépendant de l'Espagne, et de le servir honorablement et loyalement contre tous ses ennemis et adversaires ». Les hommes du général Miranda ont repris en chœur cette déclaration qui a été adoptée comme leur serment d'allégeance.

L'expédition de 1806, cependant, n'a pas permis de libérer la Grande Colombie. Le général Miranda, après son échec, a retourné l'épée, *La Espada Liberadora Haitiana*, au général Alexandre Pétion. Dix ans plus tard, Simon Bolivar qui avait participé au mouvement révolutionnaire de Miranda a repris le flambeau et achevé la lutte engagée par le précurseur, avec l'aide de la République d'Haïti et l'épée de Pétion.

Pour approfondir le sujet :

BOHORQUEZ Carmen, « L'Ambivalente présence d'Haïti dans l'indépendance du Venezuela », *Revue Outre-mers*, vol. 90 No 340-341, Paris, Société française d'Histoire d'Outre-Mer, 2007, pp. 227-240.

DALENCOUR François, *Francisco de Miranda et Alexandre Pétion,* Paris, Librairie Berger-Levrault, 1955.

MANIGAT Leslie, « Haïti, berceau du panaméricanisme » dans, *Eventail d'Histoire vivante d'Haïti*, t. 1, Port-au-Prince, Collection du CHUDAC, 2002, pp. 245-259.

Revista de la Sociedad Bolivariana, Volume 38, Nos. 129-132, Caracas, 1981.

24 décembre 1815 - 31 mars 1816 : Premier séjour de Simon Bolivar en Haïti – Départ de l'expédition des Cayes

Le *Libertador* Simon Bolivar a débarqué aux Cayes le 24 Décembre 1815 en vue de solliciter l'aide de la République d'Haïti dans le cadre de la poursuite de sa guerre d'indépendance contre l'Espagne. Depuis 1812, Bolivar essuyait des échecs dans sa tentative d'instaurer et de consolider la première indépendance du Venezuela. A la fin de 1815, il s'est retrouvé dans la colonie anglaise de la Jamaïque après son énième défaite militaire contre les loyalistes (partisans du maintien du territoire comme une colonie espagnole). Déprimé et sans ressources, le *Libertador* a décidé de chercher refuge en Haïti. Dans une correspondance adressée au président Alexandre Pétion, le 19 décembre 1815, en vue de lui annoncer sa visite, Simon Bolivar, alors réfugié en Jamaïque, a exprimé ses attentes en ces termes : « Les circonstances, Monsieur le Président, m'obligent heureusement pour moi, à me diriger vers l'asile de tous les républicains de cette partie du monde…J'ai l'espoir, Monsieur le Président, que nos affinités de sentiment dans la défense des droits de notre patrie commune me vaudront de votre part les effets de cette bienveillance inépuisable à l'égard de tous ceux qui jamais n'y ont eu recours en vain ».

En effet, bien avant l'arrivée de Bolivar en Haïti des Vénézuéliens, dont des membres de sa famille, avaient trouvé refuge en Haïti et y séjournaient aux frais de la République. Arrivés aux Cayes la veille de la Noël, comme il l'a précisé dans deux lettres envoyées depuis les Cayes le 26 décembre, le général vénézuélien et ses troupes ont été reçus avec beaucoup d'hospitalité. Le 31 décembre 1815, Bolivar est arrivé à Port-au-Prince et Pétion l'a reçu le 2 janvier 1816. Les deux hommes sont devenus amis et Bolivar, au cours des trois mois passés en Haïti, a séjourné plusieurs semaines dans la capitale haïtienne.

Bolivar est parti d'Haïti le 31 mars 1816. La première expédition bolivarienne à partir d'Haïti, communément appelée l'expédition des Cayes, a reçu de l'État haïtien des aides matérielles et militaires de première importance. D'abord, le 26 février, Pétion a ordonné au général Marion de tirer des arsenaux de la République une cargaison de 2.000 fusils, baïonnettes ainsi que la quantité de cartouches et de munitions nécessaires, et de les donner au général

Bolivar. Peu de temps après, le président haïtien a ordonné que lui soit donné une livraison équivalente à celle du 26 février et a autorisé que des volontaires haïtiens rejoignirent les rangs des combattants sud-américains. Avant de laisser le pays, en mars 1816, Simon Bolivar a reçu de l'État haïtien une troisième cargaison de fusils ainsi qu'une importante somme d'argent. Dans une lettre qu'il a écrite aux Cayes, en date du 27 mars 1816, Bolivar a souligné à l'intention de son ami le colonel Leandro Palacios : « Je t'avise qu'après-demain, nous devons partir d'ici pour notre terre avec une expédition de quatorze bateaux de guerre, deux mille hommes, des armes et munitions suffisantes pour faire la guerre pendant dix ans ». Au nombre de ces bateaux se trouvaient le 'Wilberforce', le puissant vaisseau de guerre haïtien, armé de vingt canons, que Pétion a mis à la disposition du *libertador*.

Pour approfondir le sujet :

BOHORQUEZ Carmen, « L'Ambivalente présence d'Haïti dans l'indépendance du Venezuela », *Revue Outre-mers*, vol. 90 No 340-341, Paris, Société française d'Histoire d'Outre-Mer, 2007, pp. 227-240.

BOLIVAR Simon, *Obras Completas, 2 volumes,* La Habana, Editorial Lex, 1947.

HALL Alin Louis, *La Péninsule insulaire. Une plaidoirie pour le Grand Sud*, Port-au-Prince, C3 Editions, 2014.

MARION Aîné, *Expédition de Bolivar*, Port-au-Prince, Editions Fardin 2014, première édition 1849.

Revista de la Sociedad Bolivariana, Volume 38, Nos. 129-132, Caracas, 1981.

Sociedad Bolivariana de Venezuela, *Escritos del Libertador, Vol. IX, Documentos Nos 1314-1738, 26 diciembre 1815 – 28 diciembre 1816*, Caracas, Centenario de la Ciudad de Caracas, 1973.

VERNA Paul, *Pétion y Bolivar,* Caracas, Ediciones de la Presidencia de la Republica, rééd., 1980.

18 décembre 1816 : Fin du second séjour de Simon Bolivar en Haïti – Départ de l'expédition de Jacmel

Simon Bolivar, à la tête de l'expédition des Cayes (voir 31 mars 1816), a remporté des succès militaires significatifs durant les mois de mai et de juin 1816. Cependant en juillet 1816, il a été mis en déroute à Ocumare de la Costa. Indexé par certains généraux vénézuéliens, eux-mêmes victorieux sur d'autres fronts, d'être responsable de la déroute de l'entreprise indépendantiste – le deuxième de Bolivar dans le cadre de cette guerre contre l'Espagne – le *Libertador* a de nouveau trouvé asile en Haïti, auprès de son ami Alexandre Pétion. Dans une correspondance adressée à Pétion le 4 septembre 1816, depuis Jacmel, Bolivar, a fait état de son désespoir : « J'ai osé me présenter une deuxième fois en Haïti. J'ai bon espoir que Votre Excellence est suffisamment magnanime pour continuer ses générosités envers ma patrie. J'attends ici la réponse de Votre Excellence comme l'ultime décret de mon existence politique ». En réponse, Pétion, dans une correspondance datée du 7 septembre, a encouragé Bolivar : « Si le destin s'est moqué de vous à deux reprises, j'ai le pressentiment qu'il vous sourira à la troisième tentative. Pour ma part, si je peux faire quelque chose pour calmer votre douleur, vous pouvez compter sur moi dans toute la mesure de mes possibilités ».

Bolivar est entré à Port-au-Prince à la fin du mois de septembre, à l'invitation de Pétion. Il y séjourna deux mois. Au cours de cette période, il s'est entretenu avec de nombreux chefs indépendantistes latino-américains qui se réfugiaient en Haïti. Plus important encore, il a profité de ce séjour pour préparer minutieusement l'expédition qui a abouti à la grande victoire contre la colonisation espagnole.

Au cours de son second séjour en Haïti, le *Libertador* a reçu une aide plus substantielle que celle qui lui avait été octroyée pour sa deuxième expédition. Dans une correspondance datée du 11 novembre 1816, Bolivar a précisé que son expédition se préparait à la fois à Port-au-Prince, aux Cayes et à Jacmel. Le 16 novembre, il a écrit : « J'emporte avec moi vers la patrie de nouvelles ressources en hommes, en armes, en munitions et en bateaux ». Le 18 décembre, l'expédition de Jacmel a mis le cap sur l'Amérique du Sud. En plus de l'escadre militaire d'Haïti, Simon Bolivar a laissé le pays avec l'épée que le président Alexandre Pétion lui a donnée au cours de leur ultime rencontre le 5 ou 6 décembre 1816. C'est cette même épée, *La Espalda Liberadora Haitiana* (L'Epée libératrice haïtienne), que le précurseur de l'indépendance de l'Amérique du Sud, le général Francisco de Miranda, avait reçue dix ans plus tôt du général Alexandre Pétion.

La Espalda Liberadora Haitiana se trouve aujourd'hui au Musée Bolivarien de Lima, au Pérou. Selon les descriptions du Musée de Lima, il s'agit d'une épée en acier dont la lame est de 84 cm de long et 3,5 cm de large avec des décorations sur les deux côtés. Dans sa poignée, faite de bronze, il y a l'emblème de la République d'Haïti, la tête d'un lion et autre tête plus petite. Le pommeau est fait d'écaille de tortue. La gaine est faite de bronze avec les armoiries de la République d'Haïti et d'autres symboles guerriers en haut-relief. Sur un côté de la gaine, il a deux œillets pour attacher les sangles. Aujourd'hui encore, l'épée de Bolivar est l'une des reliques les plus célèbres et le symbole de résistance le plus significatif de l'Amérique latine.

Pour approfondir le sujet :

BOHORQUEZ Carmen, « L'Ambivalente présence d'Haïti dans l'indépendance du Venezuela », *Revue Outre-mers*, vol. 90 No 340-341, Paris, Société française d'Histoire d'Outre-Mer, 2007, pp. 227-240.

MANIGAT Leslie, *Eventail d'Histoire vivante d'Haïti*, t. 2, Port-au-Prince, Collection du CHUDAC, 2002.

BOLIVAR Simon, *Obras Completas*, La Habana, 1947.

HALL Alin Louis, *La Péninsule insulaire. Une plaidoirie pour le Grand Sud*, Port-au-Prince, 2014.

MARION Aîné, *Expédition de Bolivar*, Port-au-Prince, Editions Fardin 2014, première édition 1849.

Sociedad Bolivariana de Venezuela, *Los Escritos del Libertador, Vol. XI, Documentos No 1.314-1.738, 26 diciembre 1815 – 28 diciembre 1816*, Caracas, 1964.

VERNA Paul, *Pétion y Bolivar,* Caracas, Ediciones de la Presidencia de la Republica, rééd., 1980.

9 février 1822 : Réunification de l'île Ayti par le président Jean-Pierre Boyer

Dès la proclamation de l'indépendance, le 1er janvier 1804, les dirigeants haïtiens ont cru indispensable de réunifier l'île sous l'autorité de la République d'Haïti. Ils ont ambitionné, en y faisant même un vœu constitutionnel, de recouvrer l'ensemble du territoire d'Ayti (nom indien de l'île), séparé en deux entités par les Français et les Espagnols en application du Traité de Ryswick (20 septembre 1697), de manière à consolider l'indépendance de l'ancienne colonie française. En principe, l'indépendance d'Haïti contre la France devrait être effective sur l'île entière qui a été réunifiée par le traité de Bâle (1795). Cela n'a pas été le cas puisque des troupes françaises s'étaient retranchées dans l'ancienne partie espagnole de l'île où l'esclavage a été rétabli en 1802. Le général français Jean-Louis Ferrand, qui commandait ce territoire bien avant l'indépendance d'Haïti, a même osé publier un décret le 6 janvier 1805 annonçant que les Haïtiens qui traversaient la frontière seraient réduits à l'esclavage. Selon l'historien dominicain Jaime de Jesús Dominguez, il y avait encore environ neuf mille esclaves dans l'autre partie de l'île deux décennies après l'indépendance d'Haïti.

C'était donc une obligation d'unifier le territoire pour, d'une part, enrayer la survivance de l'ordre ancien et, d'autre part, consolider l'indépendance. En ce sens, Dessalines a poursuivi la stratégie de Toussaint qui consistait à étendre l'idéal de liberté et d'indépendance sur l'ensemble du territoire dont la mer devrait être la seule frontière. En février 1805, Dessalines, alors Jacques Ier, a décidé de mettre le cap sur l'ancienne partie espagnole de Saint-Domingue. Il a défait les Français dans plusieurs villes dominicaines. Au mois de mars, l'empereur se préparait à entrer à Santo Domingo quand, en plus du débarquement d'une escadre française à Santo Domingo, des rumeurs ont fait état de la présence française dans les eaux haïtiennes. Il a alors décidé de rebrousser chemin. Il est presque certain qu'il aurait personnellement repris ce projet s'il n'avait pas rendu l'âme au Pont-Rouge, le 17 octobre 1806, âgé seulement de 48 ans.

Seize ans après la tentative de Dessalines, la démarche d'unification est venue de l'autre partie de l'île. En réalité, le terme « invasion » utilisé pour évoquer la (ré) unification de l'île d'Ayti est abusif. Les notes d'archives montrent que les Dominicains ont été à l'origine de la demande d'unification de l'île sous autorité haïtienne. En effet, le 30 novembre 1821, une junte dirigée par José Nuñez de Cáceres a déclaré Saint-Domingue indépendante de l'Espagne. En fait, en 1815, la France, qui déjà ne reconnaissait pas l'indépendance d'Haïti, avait, en application du traité de Paris, perdu les territoires acquis après 1790. Cela a facilité une reprise par l'Espagne de la partie orientale de l'île qui, en conséquence de la capitulation des troupes de Rochambeau en 1803, avait de fait intégré le nouvel État d'Haïti. Cependant, après la mort de Dessalines, Alexandre Pétion et Henry Christophe, en raison de leurs luttes pour le pouvoir, ont établi deux États différents au Nord et à l'Ouest d'Haïti et abandonné la partie occidentale. Le 19 janvier 1822, dans une correspondance au président Jean-Pierre Boyer, Cáceres a affirmé que la municipalité de Santo Domingo et les militaires, réunis en assemblée la veille, « convinrent tous unanimement de se ranger sous les lois de la République d'Haïti et d'en arborer le pavillon en cette ville ». Bien avant cette demande, plusieurs municipalités dominicaines, dans l'objectif de consolider l'indépendance nouvellement acquise, avaient entrepris des démarches auprès des autorités haïtiennes de manière à être autorisé à arborer en leur commune le pavillon de la République d'Haïti. L'idée la plus répandue dans l'historiographie dominicaine est que, dans l'esprit des dirigeants dominicains de l'époque, arborer le pavillon haïtien revenait à se mettre sous la protection haïtienne, à avoir son assistance militaire au cas où il aurait fallu se battre à nouveau contre l'Espagne, mais non d'être sous la tutelle haïtienne.

Le 9 février 1822, le président Jean-Pierre Boyer s'est rendu à Saint-Domingue et a scellé la réunification de l'île. Il a été reçu à la Porte du Comte par les autorités dominicaines et les clés de la ville lui ont été remises par José Nuñez de Cáceres, chef de la municipalité de Santo Domingo. Au cours de la cérémonie, Boyer a promis aux Dominicains que son gouvernement mettrait tout en œuvre pour « garantir leur sureté et leur tranquillité ». Mais ces promesses n'ont pas été entièrement respectées durant les 22 ans d'unification de l'île. En 1844, profitant de l'instabilité politique qui a suivi la chute de Jean-Pierre Boyer, les Dominicains ont proclamé leur indépendance d'Haïti. Et depuis, malgré les tentatives haïtiennes, l'île d'Ayti est divisée en deux nations distinctes et différentes à plusieurs points de vue, la République d'Haïti et la République Dominicaine.

Pour approfondir le sujet :

BALAGUER Joaquín, *La Isla alrevés. Haití y el destino dominicano*, Santo Domingo, Fundación José Antonio Caro, 12e édition, 2013.

CORADIN Jean, *Histoire diplomatique d'Haïti 1804-1843. La reconnaissance de l'indépendance, t. 1,* Port-au-Prince, Edition des Antilles, 1988.

DOMINGUEZ Jaime de Jesús, *Historia Dominicana*, Santo Domingo, 2006.

ETIENNE Eddy, *La vraie dimension de la politique extérieure des premiers gouvernements d'Haïti (1804-1843)*, Sherbrooke, Editions Naaman, 1982.

LOGAN Rayford, *Haiti and the Dominican Republic*, London, Oxford University Press, 1968.

MARS Jean Price, *La République d'Haïti et la République Dominicaine. Les aspects divers d'un problème d'histoire, de géographie et d'ethnologie,* Port-au-Prince, Editions Fardin, rééd. 1998.

MEJIA-RICART Gustavo Adolfo, *Historia de Santo Domingo. Volumen IX: La dominacion haitiana (1822-1844)*, Santo Domingo, 2015.

PIANTINI William Paez, *Relaciones domínico-haitianas: 300 años de historia*, Santo Domingo, 2001.

PONS Frank Moya, *La Dominación haitiana (1822-1844)*, Santiago, 2e édition, 1972.

SILIE Ruben et SEGURA Carlos, *Una isla para dos*, Santo Domingo, 2002.

THEODAT Jean-Marie, *Haïti, République Dominicaine. Une île pour deux (1804-1916)*, Paris, Ed. Karthala, 2003.

17 avril 1825 : La France a décidé « d'octroyer » l'indépendance à Haïti moyennant le paiement de 150 millions de francs

En 1825, la France, plus de vingt ans après sa capitulation militaire, a décidé enfin de reconnaître l'indépendance d'Haïti. Cependant, le sang des esclaves et la bravoure dont ils ont fait montre sur les champs de bataille n'ont pas suffi à combler la rançon de la guerre. Il a fallu donc, selon une ordonnance du roi français Charles X, qu'Haïti versât « à la caisse fédérale des dépôts et consignations de France, en cinq termes égaux, d'année en année, le premier échéant au 31 décembre 1825, la somme de cent cinquante millions de francs, destinée à dédommager les anciens colons qui réclameront une indemnité » (art. 2). Et, comme s'il s'adressait à ses sujets et non à un peuple libre, Charles X a spécifié à l'article 1er de son ordonnance : « les ports de la partie française de Saint-Domingue seront ouverts au commerce de toutes les nations. Les droits perçus dans ces ports, soit sur les navires, soit sur les marchandises, tant à l'entrée qu'à la sortie, seront égaux et uniformes pour tous les pavillons, excepté le pavillon français, en faveur duquel les droits seront réduits de moitié ».

Les puissances occidentales ont toujours considéré l'indépendance haïtienne comme une anomalie. Au cours des années 1804 et 1814, le diplomate français Charles-Maurice de Talleyrand s'était donné la tâche d'ostraciser Haïti sur le plan international. De fait, Haïti a vécu les dix premières années de sa révolution sans statut clair aux yeux des puissances de l'époque, sans réels contacts ni problèmes avec l'ancienne métropole. Mais en 1814, les anciens colons sont revenus à la charge en France et ont décidé de poser la question statutaire d'Haïti. Les missions envoyées en Haïti entre 1814 et 1820 se sont heurtées au refus catégorique des Haïtiens de négocier un possible retour sous la tutelle de la France. En janvier 1821, le Conseil des ministres du Royaume de France a décidé d'entreprendre avec le gouvernement d'Haïti des pourparlers « secrets » qui, sous couvert d'un traité de commerce, ont tenu lieu de négociation en vue de la reconnaissance de l'indépendance d'Haïti. Mais la proposition française, de faire d'Haïti un protectorat, a été rejetée par les Haïtiens. En mai 1824, le président Boyer a dépêché en France le sénateur Larose et le notaire Rouanez en vue de finaliser les négociations. Mais au lieu de parvenir à un accord avec Haïti, signé par les deux parties, la France a décidé de sortir une ordonnance.

La fameuse ordonnance que le roi Charles X, par la « grâce de Dieu », a publié à Paris, au château des Tuileries, le 17 avril de l'an de grâce 1825, loin d'être l'aboutissement de pourparlers entre les deux parties, a été une décision unilatérale et une provocation que le président Jean-Pierre Boyer n'a pas eu le courage ou les moyens de rejeter. Le caractère prescriptif de l'ordonnance est apparu à la fois dans le texte et le moyen utilisé pour sa transmission à Haïti. En effet, le document a été apporté en Haïti par le baron de Mackau, escorté par une douzaine de navires. L'imposante présence des bateaux de guerre français a paralysé toute activité à la rade de Port-au-Prince. Le message a été qu'Haïti serait l'objet de représailles au cas où son gouvernement refuserait d'accepter la décision du roi Charles X. Au lieu de tenir tête à la France, l'État haïtien s'est soumis. L'ordonnance a été acceptée par le pouvoir exécutif puis votée au cours d'une séance secrète du Sénat haïtien.

Dans le but de payer le premier cinquième de la dette, Boyer a envoyé une délégation en France, auprès de la Banque Gandolphe & Cie, pour emprunter la somme nécessaire (30 millions de francs) au taux de 6% l'an. La banque française, après avoir soustrait les frais de gestion ainsi que le premier intérêt, a donné aux représentants haïtiens 24 millions de francs, qui sont restés en France. Le 6 mai 1826, Boyer a fait voter un Code rural contraignant les paysans haïtiens à rester sur leurs plantations, y travailler et fournir à l'État ce qui lui est dû. Cette mesure devrait permettre au gouvernement de récolter les fonds nécessaires au paiement de la « dette ». Les dirigeants de la période pensaient que cette reconnaissance monnayée de l'indépendance d'Haïti allait placer Haïti sur la carte mondiale, comme nation libre et souveraine, et propulser le pays vers la voie du développement. Cela a été tout autre : Haïti est entré de préférence dans le fameux cycle de dégradation économique du pays et de sa dépendance de l'emprunt extérieur.

En janvier 1838, devant l'incapacité du trésor haïtien de faire des versements réguliers pour satisfaire les termes de l'indemnité, la France a envoyé une délégation en Haïti en vue de négocier un « nouveau » traité avec le gouvernement. Au terme des négociations, l'indemnité a été réduite à 60 millions de francs. Ce traité, incluant la reconnaissance de l'indépendance, a été signé en Haïti le 23 janvier et ratifié à Paris le 23 mai 1838. Les derniers centimes de la « dette de l'indépendance » ont été payés plus d'un siècle plus tard.

Pour approfondir le sujet :

BRIERE Jean-François, *Haïti et la France, 1804-1848. Le rêve brisé*, Paris, Karthala. 2008.

CORADIN Jean, *Histoire diplomatique d'Haïti 1804-1843. La reconnaissance de l'indépendance, t. 1,* Port-au-Prince, Edition des Antilles, 1988.

ETIENNE Eddy, *La vraie dimension de la politique extérieure des premiers gouvernements d'Haïti (1804-1843)*, Sherbrooke, Editions Naaman, 1982.

GAILLARD-POURCHET Gusti, *L'expérience haïtienne de la dette extérieure, ou, Une production caféière pillée: 1875-1915*, Port-au-Prince, Henri Deschamps, 1990.

JOACHIM Benoit, *Les Racines du sous-développement en Haïti*, Port-au-Prince, Henri Deschamps, 1979.

DOUYON Frantz, Haïti. *De l'indépendance à la dépendance*, Paris, L'Harmattan, 2004.

LEGER Jacques Nicolas, *La politique extérieure d'Haïti*, Paris, Marpon et Flammarion, 1886.

LOGAN Rayford, *Haiti and the Dominican Republic*, London, Oxford University Press, 1968.

PIERRE-CHARLES Gérard, *L'Economie haïtienne et sa voie de développement*, Port-au-Prince, Henri Deschamps, 1993.

TAUBIRA Christiane, *L'Esclavage raconté à ma fille*, Paris, Bibliophane, 2002.

22 juin-15 Juillet 1826 : Congrès de Panama – Simon Bolivar n'a pas invité Haïti

Après avoir achevé les indépendances de l'Amérique du Sud, Simon Bolivar a convoqué un congrès interrégional, à Panama, dans l'objectif de jeter les bases d'une coopération entre les pays libres de la région. Bolivar, en convoquant ce congrès, a souhaité non seulement créer une confédération des Républiques hispanophones mais aussi inciter l'ensemble des nations indépendantes du Nouveau Monde, dont l'Argentine, le Brésil et les États-Unis, à réfléchir sur la possibilité d'établir une collaboration républicaine et d'adopter une position commune en termes de défense de la liberté dans les Amériques. Toutefois, Bolivar n'a jugé bon d'associer la République Haïti à ce projet. Le *Libertador* a donc écarté du Congrès de Panama ce pays qu'il avait considéré comme « l'asile de tous les républicains », cette terre dans laquelle il avait trouvé refuge à deux reprises, cette nation qui lui avait signifié « l'ultime décret de [son] existence politique » (voir 24 décembre 1815).

En réalité, cela n'a pas été le premier coup porté à Haïti par les Sud-américains. Comme le précurseur Francisco de Miranda, qui avait évoqué « le danger haïtien » à ses amis, le libérateur Simon Bolivar avait exprimé dans certaines de ses correspondances des opinions défavorables à l'image d'Haïti. Par exemple, dans une lettre à son bras droit Francisco de Paula Santander, le vice-président de la Colombie, le 23 décembre 1822, Bolivar lui a averti de la nécessité de protéger les côtes de la Colombie des colonies européennes ainsi que des « Africains d'Haïti dont le pouvoir est plus grand que le feu primitif ». Dans cette même lettre, Bolivar a ajouté, toujours parlant d'Haïti, que la situation est « si complexe et horrible que, sous quelqu'aspect qu'on la considère, elle ne présente qu'horreurs, malheurs et aucun espoir ». En 1824, la Colombie, pratiquement dirigée par le vice-président Santander mais dont Bolivar était le président, a rejeté la proposition haïtienne d'une alliance de défense, d'amitié et de commerce entre les deux pays. Pire, l'envoyé du président Jean-Pierre Boyer auprès du gouvernement de Colombie, Jean Desrivières Chanlatte, a appris du ministre colombien des relations extérieures, Pedro Gual, que son pays ne pouvait établir de relations diplomatiques avec Haïti.

Il ne fait aucun doute qu'Haïti a été mis en quarantaine sur la base de considérations géopolitiques et racistes. Dans son *Histoire de l'Amérique Latine et des Caraïbes de 1825 à nos jours*, José del Pozo explique qu'au Congrès de Panama, « Haïti ne fut pas invité parce que c'était une République dirigée par des noirs ». Selon Paul Farmer, dans *The Uses of Haiti*, les États-Unis avaient expressément exigé de Bolivar la mise à l'écart d'Haïti à la conférence. James A. Pradgett, rapportant des comptes-rendus des débats au Congrès des États-Unis sur la participation de ce pays au Congrès de Panama, note que beaucoup de « membres du Congrès étaient vigoureusement opposés à ce que les États-Unis envoient des délégués participer à n'importe quelle réunion où des noirs s'assiéraient avec des blancs ou qui reconnaitrait aucune nation où des noirs occupent des hautes fonctions dans l'État et dans l'armée ». D'autres recherches ont montré que Bolivar, dès la préparation du congrès en septembre 1825, n'a pas mis Haïti sur la liste des pays invités de même que les États-Unis et le Brésil. Mais plus tard, Santander, qui avait une image extrêmement négative de la République noire, a étendu des invitations aux États-Unis. Bolivar et Santander, qui s'opposaient souvent en raison de leur divergence d'idées politiques, se sont entendus pour écarter Haïti du congrès des nations libres de la région.

Le Congrès de Panama a été un échec. L'Argentine et le Brésil, estimant que cette réunion ne répondait pas à leur préoccupation du moment, n'y ont pas participé. Les États-Unis, après maintes hésitations concernant les visées de Bolivar, ont décidé d'y envoyer une délégation, mais le congrès était déjà terminé quand les délégués américains arrivaient à Panama. Le congrès, qui devrait être une conférence de tous les États libres de l'Amérique – sauf un, n'a finalement réuni que le Mexique, les États indépendants de l'Amérique Centrale, le Pérou et la Grande Colombie. De plus, les délégations présentes n'ont pas adhéré au projet bolivarien de création d'une fédération américaine pour la politique extérieure et la défense de la région, particulièrement face aux dangers espagnols.

La proscription d'Haïti du Congrès de Panama n'a fait que mettre à jour le Talon d'Achille du héros historique de l'Amérique latine, un homme de grande valeur qui a tenu les promesses faites à Pétion de proclamer l'affranchissement général des esclaves sur toutes les terres conquises, mais qui n'a pas su dépasser les pressions géopolitiques ni le racisme de son temps pour embrasser, dans ses moments de gloire, la République des noirs qui avait été l'objet de tant de reconnaissances dans ses correspondances.

Pour approfondir le sujet :

CLARCK Benjamin C., *Remarks upon the United States intervention in Hayti*, Boston, Eastburn's Press, 1853.

CORADIN Jean, *Histoire diplomatique d'Haïti 1804-1843. La reconnaissance de l'indépendance, t. 1,* Port-au-Prince, Edition des Antilles, 1988.

FARMER Paul, *The Uses of Haiti*, Monroe, Common Courage Press, 1994.

BOHORQUEZ Carmen, "L'Ambivalente présence d'Haïti dans l'indépendance du Venezuela", *Revue Outre-mers*, vol. 90 No 340-341, Paris, Société française d'Histoire d'Outre-Mer, 2007, pp. 227-240.

DEL POZO José, *Histoire de l'Amérique Latine et des Caraïbes de 1825 à nos jours*, Québec, Ed. du Septentrion, 2004.

DUVIVIER Ulrick, « Le Congrès de Panama et la République d'Haïti », *Revista de Historia de América,* Nos 37-38, Mexico, Instituto Panamericano de Geografía e Historia, 1954, p. 255-277.

GUTIEREZ-ARDILA Daniel, "La Colombie et Haïti, histoire d'un rendez-vous manqué entre 1819 et 1830", in *Bulletin de l'Institut Pierre Renouvin, No. 32*, Paris, automne 2010.

MAINGOT Anthony P., "Haiti and the terrified consciousness of the Caribbean", in OOSTINDIE Gert (dir.), *Ethnicity in the Caribbean. Essays in Honor of Harry Hoetink*, Amsterdam, Amsterdam Academy Archive, 1996, pp. 53-80.

MONTAGUE Ludwell Lee, *Haiti and the United States 1714-1938*, New York, Russell & Russell, 1966.

PADGETT James A., "Diplomats to Haiti and Their Diplomacy," *The Journal of Negro History,* Vol.25, No 3, (July, 19, 1940), pp. 265-330.

VERNA Paul, *Pétion y Bolivar,* Caracas, Ediciones de la Presidencia de la República, rééd., 1980.

18 mars 1843 : Jean-Pierre Boyer s'est exilé en Jamaïque – Début du cycle des Chefs d'États haïtiens exilés en terre étrangère

Le départ en exil du président Jean-Pierre Boyer à la Jamaïque, ensuite en France où il a fini ses jours, a inauguré un nouveau cycle dans l'histoire d'Haïti, celui des présidents forcés à l'exil. Dans toute l'histoire haïtienne, très peu de chefs d'État ont pu rester dans le pays au terme prévu ou provoqué de leur fonction. La très grande majorité des présidents haïtiens ont été non seulement chassés du pouvoir mais aussi contraints à l'exil. De fait, les représentations diplomatiques étrangères en Haïti ont été très souvent sollicitées pour accueillir les dirigeants haïtiens sur le départ. Ainsi, au fil du temps, les pays étrangers se sont trouvés impliqués dans la politique haïtienne de la nomination des candidats au choix de leur terre de chute au moment de leur départ du pouvoir.

Globalement, quatre pays ont principalement servi de terre d'accueil aux présidents déchus et exilés d'Haïti : la République Dominicaine, la Jamaïque, la France et les États-Unis. De ces quatre, la Jamaïque est celle qui a eu le moins de poids dans la politique interne d'Haïti. D'autres pays comme le Panama et le Venezuela ont aussi servi de terre d'accueil des dirigeants haïtiens, mais ils ont été moins sollicités que les quatre précités. Deux autres pays, l'Allemagne et la Hollande, ont eu un rôle particulier dans l'exil des hommes d'État haïtiens entre la fin du 19e siècle et le début du 20e siècle. L'Allemagne, à travers ses navires, a transporté beaucoup d'hommes politiques haïtiens qui ont été contraints de laisser leur pays. La Hollande, à travers son territoire, Curaçao, a accueilli beaucoup d'exilés haïtiens. Cependant, Curaçao a été plus une terre de passage qu'une destination définitive.

Parmi les chefs d'État haïtiens exilés, certains sont revenus finir leur jour au pays. Gardons aussi à l'esprit que les trois premiers chefs d'État haïtiens sont morts au pouvoir : Dessalines (1804-1806, assassinat), Pétion (1807-1818, mort naturelle) et Christophe (1807-1820, suicide). Ils sont rejoints dans cette liste par Philippe Guerrier (1844-1845), Jean-Baptiste Riché (1846-1847), Cincinnatus Leconte (1911-1912), Tancrède Auguste (1912-1913), Vilbrun Guillaume Sam (1915) et François Duvalier (1957-1971).

Tableau des Chefs d'État haïtien contraints à l'exil à l'étranger

-Jean-Pierre Boyer (1818-1843) : Jamaïque, puis France	-Dumarsais Estimé (1946-1950) : États-Unis
-Rivière Hérard (1843-1844) : Jamaïque	-Paul Eugène Magloire (1950-1956) : Jamaïque, puis France et États-Unis
-Faustin Soulouque (1847-1859) : Jamaïque	-Daniel Fignolé (1957) : États-Unis
-Fabre Geffrard (1859-1867) : Jamaïque	-Jean-Claude Duvalier (1971-1986) : France
-Sylvain Salnave (1867-1869) : République Dominicaine	-Henri Namphy (1986-1988) : République Dominicaine
-Michel Domingue (1874-1876) : Saint-Thomas, puis Jamaïque	-Leslie François Manigat (1988) : Venezuela
-Boisrond Canal (1876-1879) : Saint Thomas	-Prosper Avril (1988-1990) : États-Unis
-Lysius Salomon (1879-1888) : France	-Jean-Bertrand Aristide (1991) : Venezuela, puis États-Unis
-Tirésias Simon Sam (1896-1902) : France	-Raoul Cédras (1991-1994) : Panama
-Nord Alexis (1902-1908) : Jamaïque	-Jean-Bertrand Aristide (2001-2004) : Centrafrique, puis Jamaïque, puis Afrique du Sud
-Antoine Simon (1908-1911) : Jamaïque	
-Michel Oreste (1913-1914) : États-Unis	
-Oreste Zamor (1914) : Curacao	
-Davilmar Théodore (1914-1915): Curaçao	
-Elie Lescot (1941-1946): Canada	

Pour approfondir le sujet :

GENEUS Jean Victor, *La route jamaïcaine. Une chronique des relations historiques entre Haïti et la Jamaïque*, Massachussetts, Imprimerie Country Press, 2014.

GEORGES-PIERRE Anthony, *L'exil dans la politique haïtienne. De Toussaint Louverture à Aristide,* Port-au-Prince, C3 Editions, 2014.

SMITH Matthew J., *Liberty, Fraternity, Exile: Haiti and Jamaica after Emancipation*, Chapel Hill, The University of North Carolina Press, 2015.

27 février 1844: La République dominicaine a déclaré son indépendance d'Haïti

Le 27 février 1844, profitant de crise née de la « révolution de 1843 » qui a entraîné la chute du président Jean-Pierre Boyer (18 mars 1843), les nationalistes dominicains ont décidé de se soulever contre la présence haïtienne dans la partie orientale de l'île. Mené par Juan Pablo Duarte, le mouvement séparatiste dominicain n'a eu besoin que d'une journée pour chasser la garnison haïtienne de Santo-Domingo. Le jour suivant l'insurrection, le général Desgrottes a signé la capitula des forces haïtiennes et s'est mis avec ses hommes sous la protection des autorités consulaires françaises.

Les historiens sont unanimes à reconnaître que la gestion de la partie orientale de l'île par les Haïtiens a été catastrophique. Il en été d'ailleurs autant de la partie occidentale, où s'est trouvé le siège central de la présidence de l'île entière. De ce fait, il n'a pas fallu beaucoup de temps entre la publication du Manifeste du 16 janvier 1844, dans lequel les nationalistes dominicains ont fait état de leurs griefs, et la réalisation de leurs aspirations indépendantistes. Autre élément, les représentations diplomatiques étrangères, en particulier les consulats français tant à Santo-Domingo qu'à Port-au-Prince ont joué un rôle de premier plan dans le soulèvement ; ce qui n'a pas été sans conséquence sur l'issue finale. Enfin, les militaires haïtiens cantonnés de l'autre côté de l'île n'ont pas su donner une réponse adéquate aux séparatistes dominicains. La véritable « guerre » eut lieu sous forme de campagnes militaires haïtiennes entre mars 1844 et février 1856.

Le 15 mars 1844, le président Rivière Hérard a lancé la première campagne visant à réaliser l'unité territoriale avec une expédition de trente mille hommes. Cela a été un réel désastre. Les militaires haïtiens ont échoué sur tous les champs. Lors de la bataille de Santiago, les forces haïtiennes ont accusé des pertes humaines de plusieurs centaines de morts contre un seul pour les Dominicains. En septembre-décembre 1845, le président Louis Pierrot a lancé la deuxième campagne. Le résultat a été le même que sous Hérard. L'armée haïtienne n'a pas pu vaincre la résistance dominicaine lors des batailles terrestres principalement à Estrellita (17 septembre) et à Beler (27 octobre). La bataille navale qui a eu lieu devant Puerto Plata

(21 décembre) a été plus décevante encore. Elle a pratiquement consacré la fin politique du général Pierrot. Les deux dernières campagnes ont été lancées par Faustin Soulouque. La première, qui a eu lieu au début de l'année 1849, s'est soldée par un échec cuisant des forces haïtiennes à Las Carreras, le 21 avril. Cette bataille a été même surnommée le 'Waterloo haïtien'. La toute dernière tentative militaire haïtienne de réunifier le territoire national a été lancée au mois de décembre 1855. En février 1856, Soulouque, mis en déroute en République Dominicaine, a regagné Port-au-Prince à la tête d'une armée épuisée et ruinée aux termes d'une campagne longue de douze ans. Haïtiens et Dominicains se sont affrontés militairement sur d'autres terrains, en Dominicanie comme en Haïti, pendant ces douze ans et bien après la dernière campagne de Soulouque. Mais officiellement, la défaite de janvier 1856 a marqué la fin d'une époque. Haïti, à partir de cette date, a enterré toutes tentatives de marcher militairement sur Saint-Domingue en vue de réunifier l'île.

Pour approfondir le sujet :

BALAGUER Joaquín, *La Isla alrevés. Haití y el destino dominicano*, Santo Domingo, Fundación José Antonio Caro, 12e édition, 2013.

CORADIN Jean, *Histoire diplomatique d'Haïti 1804-1843. La reconnaissance de l'indépendance, t. 1,* Port-au-Prince, Edition des Antilles, 1988.

DOMINGUEZ Jaime de Jesús, *Historia Dominicana*, Santo Domingo, 2006.

LOGAN Rayford, *Haiti and the Dominican Republic*, London, Oxford University Press, 1968.

MANIGAT Leslie, « La question de l'Est de 1844 à 1859 », dans *Eventail d'Histoire vivante d'Haïti, Tome 5*, Port-au-Prince, Collection du CHUDAC, 2007.

MARS Jean Price, *La République d'Haïti et la République Dominicaine. Les aspects divers d'un problème d'histoire, de géographie et d'ethnologie,* Port-au-Prince, Editions Fardin, rééd. 1998.

PIANTINI William Paez, *Relaciones domínico-haitianas: 300 años de historia*, Santo Domingo, 2001.

THEODAT Jean-Marie, *Haïti, République Dominicaine. Une île pour deux (1804-1916)*, Paris, Ed. Karthala, 2003.

1er juillet 1857 : l'aventurier américain Peter Duncan a découvert du guano sur l'île de La Navase – Point de départ de l'appropriation par les États-Unis de cette partie du territoire haïtien

La Navase est un îlot de 5,2 km carré, situé sur la côte sud d'Haïti, à 40 km au sud-ouest de Jérémie et à 166 km des États-Unis. La date et le contexte de la découverte de La Navase ne sont pas précis. Certains historiens affirment que l'île aurait été découverte par Christophe Colomb en 1494, la même année que la Jamaïque. Pour d'autres, ce serait un peu plus tard, en 1504, quand Christophe Colomb, bloqué en Jamaïque, avait envoyé quelques membres de son équipage chercher de l'aide à Hispaniola. Au cours de la traversée, les marins espagnols auraient découvert l'îlot inhabité qu'ils appelèrent *Navasa* et le rattachèrent à Hispaniola, plus proche de l'îlot et plus importante pour l'Espagne, d'autant que la Jamaïque avait été considérée par Colomb comme un domaine familial et non une terre espagnole. Des cartes géographiques dressées au cours du 18e siècle font état de cette évidence. Citons en exemple celle dressée en février 1731 par le sieur d'Anville, géographe ordinaire du roi d'Espagne, dans laquelle La Navase (*La Navasa*) apparait comme une île adjacente de la partie occidentale d'Hispaniola au même titre que La Tortue (*La Tortuga*), La Gonâve (*La Gonabo*) et l'Île-à-Vache (*Abaque*). La *Navasa* a donc fait partie, en 1697, des possessions espagnoles obtenues par la France en application du Traité de Ryswick. Elle a été reconnue dans la Constitution de 1801, de Toussaint Louverture, comme faisant partie intégrante de Saint-Domingue. Et de fait, la Révolution qui a changé le statut de la colonie française de Saint-Domingue, en 1804, a fait passer automatiquement cet îlot de la propriété de la France à celle d'Haïti. Un demi-siècle après la révolution haïtienne, les États-Unis, sans pourtant avoir aucun lien avec ce territoire tant sur les plans à la fois historique, géographique et politique, ont réclamé leur souveraineté sur La Navase.

Le 18 août 1856, dans le but de faire face aux manques d'engrais dont souffrait l'agriculture nord-américaine depuis la fin des années 1840, le Congrès des États-Unis a adopté une loi dite le *Guano Act*, donnant au gouvernement le droit de s'approprier toute île contenant du guano, l'excellent engrais naturel, qui ne serait pas sous juridiction légale d'un autre gouvernement et qui aurait été découverte par un citoyen américain. Le 1er juillet 1857, moins d'un an après le vote de cette loi, l'aventurier américain Peter Duncan a débarqué à La Navase et découvert du guano évalué à 1 million de tonnes, à raison de 40 dollars la tonne. Le 3 décembre 1857, la compagnie Cooper, pour laquelle travaillait Duncan, a entamé des démarches auprès du Département d'État américain en vue de l'application du *Guano Act*. Au mois de mai 1858, l'empereur haïtien Faustin Ier, informé qu'une compagnie américaine exploitait illégalement une partie du territoire national, a envoyé une expédition militaire de 400 hommes dont deux bateaux de guerre rétablir l'ordre à La Navase. Le 21 mai, l'agent de la compagnie Cooper, John Frazier, a signé l'exigence faite par l'État haïtien d'obtenir une licence haïtienne en vue de l'exploitation du guano de La Navase et a arrêté les travaux. Le drapeau haïtien, salué par les deux bateaux de guerre, a été officiellement hissé à La Navase. En réaction à la démonstration de force d'Haïti, la compagnie Cooper a entrepris des démarches auprès du gouvernement des États-Unis qui a envoyé une importante force de la US Navy pour sécuriser les travaux de la compagnie à La Navase. Le 15 août 1858, devant les menaces haïtiennes d'utiliser la force contre l'exploitation de La Navase, la marine américaine est venue jusqu'à la rade de Port-au-Prince intimider le gouvernement d'Haïti. Faustin Soulouque, renversé par Fabre Geffrard en janvier 1859, n'a pas eu le temps de mener à terme le dossier de La Navase, en opposant la force aux prétentions américaines, comme il en avait montré le désir. Le 8 décembre 1859, le Département d'État a émis un certificat accordant la protection aux citoyens américains de la compagnie Cooper dans l'exploitation de l'île de La Navase, appartenant aux États-Unis. Mais le président Geffrard, contrairement à ses prédécesseurs, s'est très peu intéressé à l'unification du territoire national.

En 1870, sous le gouvernement de Nissage Saget, Haïti a engagé vainement une bataille diplomatique pour la reconnaissance de sa souveraineté sur La Navase. Les États-Unis, pour justifier leur occupation de La Navase, a prétexté que jusqu'en 1857, année à laquelle Duncan y avait mis les pieds, l'îlot n'avait jamais été effectivement occupé ni par l'Espagne, ni par la France, ni par Haïti. Le 21 octobre 1917, en pleine occupation d'Haïti (1915-1934), les Américains ont inauguré un phare sur la petite île. La constitution de 1918, rédigée par les États-Unis, est la seule constitution haïtienne à ne pas établir le statut de La Navase comme partie intégrante de la

République. A partir de 1932, les gouvernements haïtiens se sont faits le devoir de réclamer continuellement La Navase comme une partie du territoire haïtien ; certains ont, tant bien que mal, essayé de poser quelques actes de souveraineté dans l'îlot. En 1998, sous la première présidence de René Préval, l'affaire a eu un fort retentissement dans la presse lorsque le ministre des Affaires étrangères haïtien, Fritz Longchamp, a publiquement pris à contre-pied des déclarations de Timothy Michael Carney, ambassadeur américain en Haïti, qui avait parlé de La Navase comme une île « placée sous la souveraineté des États-Unis ».

Aujourd'hui, plus que le guano et les intérêts stratégiques – l'île étant placée sur la route reliant le Canal de Panama au port de New York – La Navase a une importance scientifique pour les États-Unis. En 1998, une mission dirigée par le Centre pour la conservation marine, basée à Washington, a décrit La Navase comme une importante réserve de biodiversité de la Caraïbe. On y a inventorié une variété de plantes rares, quatre-vingt-dix espèces d'araignées dont plus de vingt-cinq nouvelles espèces, deux-cents espèces de poissons dont plusieurs nouveaux spécimens.

Tout compte fait, le statut de La Navase est encore l'objet d'un contentieux non résolu entre Haïti et les États-Unis ; le premier fait valoir des réalités historiques datant du XVIe au milieu du XIXe siècle et le second se base sur le *Guano Act* adopté par son Congrès pour justifier des pouvoirs démesurés sur les territoires des autres.

Pour approfondir le sujet :

BERNARD Joseph Jr, *Hayti et l'influence des États-Unis d'Amérique. De l'indépendance à la Reconnaissance (1791-1864),* Port-au-Prince, L'Imprimeur, 2013.

Le Nouvelliste, « La question de La Navase », 11-13 juillet 1956.

LOGAN Rayford, *The diplomatic Relations of the United States with Haiti, 1776-1891,* Chapel Hill, The University of North Carolina, 1941.

MANIGAT Leslie, « L'Essentiel sur la Question de la Navase (un contentieux territorial haïtiano-américain ? », dans *Eventail d'Histoire vivante d'Haïti*, tome 5, Port-au-Prince, Collection du CHUDAC, 2007, pp. 48-494.

28 mars 1860 : Signature du Concordat entre le Vatican et Haïti

En 1860, le Saint-Siège et la République d'Haïti sont parvenus à un accord sur le fonctionnement de l'Église catholique sur le territoire. Il a fallu environ quarante ans de négociations et cinq missions vaticanes à Port-au-Prince pour parvenir à la signature de ce document qui a régulé la vie chrétienne catholique en Haïti et qui, dans une large mesure, a influencé la vie sociale et politique du pays.

La présence de l'Église catholique en Haïti remonte à la découverte de l'île par Christophe Colomb. Élément clé du maintien idéologique du système d'exploitation européen, les articles 2 à 6 du Code Noir (1685) en avaient fait la religion coloniale. La Constitution de 1801 de Toussaint Louverture avait confirmé son statut de religion officielle. Cependant, le grand vent qui avait soufflé sur le pays en 1804 s'était aussi répandu sur l'Église catholique. Beaucoup de prêtres avaient péri sous les armes des révolutionnaires. Parallèlement, la Constitution de 1805 avait consacré la tolérance religieuse, rejeté la notion de « religion dominante » et assuré la suprématie du pouvoir temporel sur le spirituel.

Malgré le développement de ce 'gallicanisme haïtien', l'Église catholique n'avait pas été moins sollicitée à différents niveaux de la vie nationale. Dessalines voulait d'un *Te Deum* pour être sacré empereur. La population dans les villes comme dans les campagnes demandait intensément les cérémoniales et sacrements catholiques qui autrefois régulaient leurs vies spirituelles et qui, dans certains cas, se révélaient indispensables aux pratiques du vodou. Cependant, le peu de prêtres qui avaient été épargnés, en 1804 et 1805, sous ordre strict de Dessalines, était numériquement insuffisant pour répondre aux besoins pastoraux du pays. Il se développait alors une nouvelle catégorie de célébrants catholiques, reconnue par l'État haïtien, constituée de prêtres européens autoproclamés et de curés mis au ban par le Vatican, ayant la réputation douteuse, vertement suspectés et même accusés de corruption et de vices charnelles. Le Saint-Siège jugeait donc indispensable de mettre de l'ordre dans sa troupe, même en Haïti à l'époque mis en quarantaine par les puissances occidentales. C'est le contexte des cinq missions que le Vatican avait dépêchées dans le pays au milieu du 19e siècle, sous la seule présidence de Jean-Pierre Boyer.

La première mission pontificale a été envoyée en Haïti en 1821. Dirigée par Mgr Glory, cette mission a duré cinq mois et n'a pas donné de résultat. Entre 1834 et 1837, le Vatican a envoyé trois missions dirigées par Mgr John England. Ces missions ont échoué en raison des idées diamétralement opposées défendues par les deux parties. De son côté, le Saint-Siège voulait rétablir la discipline ecclésiastique ainsi que l'autorité vaticane sur l'Église d'Haïti. Pour sa part, le gouvernement haïtien plaidait en faveur de la reconnaissance d'une église nationale placée sous contrôle de l'État haïtien. Au cours de la cinquième mission (1841-1843), les négociations étaient sur le point d'aboutir, mais le président Boyer, avec lui le projet de Concordat, a été emporté par la révolution de 1843.

Au milieu de ces négociations se trouvaient des enjeux à caractères religieux et politiques, mais aussi des intérêts diplomatiques assez importants. Dans cette période où le pays recherchait un trou d'air pour contrer l'asphyxie prédite par Talleyrand, négocier avec le Vatican, l'une des grandes puissances mondiales de par l'importance du christianisme dont il est le gardien, était en soi une démarche diplomatique de grande importance. Recevoir une mission pontificale était pour les dirigeants haïtiens une marque de la reconnaissance implicite de la République. Cependant, le Vatican, en négociant avec Haïti, était sous ses gardes et prenait les mesures appropriées pour ne pas déplaire aux puissances occidentales, la France en particulier. L'enjeu de ces négociations est résumé par Laënnec Hurbon : « Un clergé indigène formé dans un séminaire établi en Haïti, un évêque nommé à Port-au-Prince, en accord avec Rome et le gouvernement, des prêtres capables d'assister le président dans ses tournées, tel est le désir de Boyer. Mais Rome ne pouvait le combler, sans en même temps se mettre à dos la diplomatie française et internationale ».

Entre 1844 et 1859, négocier avec Rome ne faisait pas partie des priorités des gouvernements qui avaient succédé à Boyer particulièrement celui de l'empereur Faustin Soulouque. Les négociations ont donc été reprises sous la présidence de Fabre Geffrard. Cette fois, la partie haïtienne a été pressée de trouver un accord avec Rome. Le but du gouvernement, selon Leslie Manigat, était de disposer de prêtres pouvant implicitement l'aider à réduire, à travers la distribution de la parole, les éternels mouvements sociaux qui éclataient constamment dans divers coins de la République et dans lesquels le vaudou n'était pas trop étranger ou contre lesquels la religion ancestrale ne pouvait apporter aucune réponse. Il y avait également la volonté affichée de l'élite haïtienne d'effacer l'ère soulouquienne marquée par une mauvaise presse d'Haïti sur la scène internationale, d'en finir une fois pour toutes avec cette image de peuple barbare, noir et vodouisant et de projeter celle d'un peuple chrétien, francophone, bref civilisé. A cet effet, en juin 1864, l'année de sa prise de fonction sacerdotale en Haïti, le premier archevêque de Port-au-Prince, Mgr Testar de Cosquer, s'est écrié : « On se jette entre nos bras nous demandant de pacifier les âmes ».

Signé à Rome le 28 mars 1860, sous le pontificat de Pie IX, le Concordat a été paraphé par le président Fabre Geffrard le 10 mai 1860, aux Gonaïves, et ratifié par le Sénat le 1er août 1860, à Port-au-Prince. Le Concordat stipule que la religion catholique, apostolique et romaine, considérée comme la religion de la majorité des Haïtiens, doit être spécialement protégée, ainsi que ses ministres dans la République d'Haïti, et jouir des droits et attributs qui lui sont propres (art. 1). L'État haïtien doit, à partir du Trésor public, financer les ministres et lieux de culte, sans pour autant exercer aucune autorité sur eux (arts. 3-11). Les spécialistes sont unanimes à reconnaitre que ce texte, dont sa place prépondérante dans les annales diplomatiques haïtiennes est indiscutable, a été une large victoire des positions du Vatican sur celles d'Haïti.

Dans le document adopté en 1860, la diplomatie haïtienne a même renoncé à des avantages obtenus lors des négociations de 1841-1842. La France pour sa part a été l'un des principaux bénéficiaires de l'accord. En effet dans le cadre de l'application du Concordat, il a été confié au séminaire français Saint-Jacques, en Bretagne, subventionné par l'État haïtien, le recrutement des prêtres de l'Église d'Haïti. Jusqu'à la fin des années 1960, les prêtres et religieux français, éparpillés dans tous les coins et recoins du pays, en application du Concordat, ont été les responsables exclusifs de la formation des élites haïtiennes, les principaux distributeurs de l'eau de la parole et du pain de l'instruction qui ont nourri le cœur et l'âme de la jeunesse d'Haïti.

Pour approfondir le sujet :

CLORMEUS Lewis Ampidu (dir.), « État, religion et politique en Haïti », in *Histoire, Monde et Cultures religieuses, No 29*, Paris, Karthala, 2014.

CORADIN Jean, *Histoire diplomatique d'Haïti 1843-1870. Une gestion difficile de l'indépendance, t. 2,* Port-au-Prince, Edition des Antilles, 1993.

DELISLE Philippe, *Le Catholicisme en Haïti au XIXème siècle. « Le rêve d'une Bretagne Noire » (1860-1915)*, Paris, Ed. Karthala, 2003.

GREENE Anne, *The Catholic Church In Haiti: Political and Social Change*, East Landing (Michigan), Michigan State University Press, 1993.

HURBON Laënnec, *Religions et lien social. L'Église et l'État moderne en Haïti,* Paris, Cerf, 2004.

RAMSEY Kate, *The Spirit and the Law. Vodou and Power in Haiti*, Chicago, The University of Chicago Press, 2011.

6 juillet 1861 : L'insulte de l'Amiral Rubalcava

Les dirigeants haïtiens qui ont succédé à Boyer ont tenté vainement de reprendre le contrôle de Santo Domingo de manière à s'assurer que des troupes étrangères ne pourraient utiliser ce territoire pour mettre en danger l'indépendance d'Haïti. Fabre Nicolas Geffrard, arrivé au pouvoir en janvier 1859, à la chute de Faustin Soulouque, n'a affiché au début de sa présidence aucune volonté de procéder à la réunification du territoire national par la reconquête de Saint-Domingue. En réalité, les Haïtiens y pensaient de moins en moins depuis les sévères défaites de Soulouque en Dominicanie, en janvier-février 1856. Mais au début des années 60, des événements qui se produisaient en République dominicaine et qui pourraient affecter directement Haïti allaient guider les actes du gouvernement haïtien vers une intrusion dans les affaires dominicaines.

Le 18 mars 1861, le général-président dominicain, Pedro Santana, a annoncé officiellement le retour de Saint-Domingue sous la tutelle de l'Espagne. Fabre Geffrard a protesté vigoureusement contre la nouvelle présence de cette puissance occidentale dans l'île. Dans une proclamation à la nation, le 6 avril 1861, Geffrard a affirmé qu'Haïti ne pourrait tolérer la présence d'une force étrangère en République dominicaine, une action qui mettrait en cause sa sécurité intérieure. Le président a fait part de sa détermination à se battre pour la liberté de l'île entière. Le 18 avril, Geffrard, dans une autre adresse à la nation, a invité l'armée et le peuple aux armes au cri de « Liberté ou la mort ». Fort de l'appui qu'ils pourraient trouver en Haïti, plusieurs patriotes dominicains ont décidé de s'y réfugier. Dans ce groupe, il y a eu des nationalistes qui s'étaient battus contre Haïti, entre 1844 et 1856, mais qui, en 1861, recherchaient son appui dans leur lutte contre la décision de Santana de remettre Saint-Domingue sous la tutelle espagnole. Le président Geffrard a accepté d'apporter son aide, en armes et munitions, aux insurgés dominicains qui se battaient contre la « réincorporation » ; ce combat passait indubitablement par la chute du général Santana.

En riposte au soutien que le gouvernement de Geffrard a apporté aux patriotes dominicains contre Santana, les forces espagnoles ont décidé de s'en prendre directement à Haïti. L'amiral espagnol Gutierrez Rubalcava, à la tête d'une flotte, s'est présenté jusque dans la rade de Port-au-Prince et a sommé les autorités haïtiennes de payer, en 48 heures, une indemnité de 200 mille piastres et de donner un salut de 21 coups de canon au drapeau espagnol. Au début de l'ultimatum, Geffrard a fait signe de vouloir se quereller. Mais suivant le conseil du corps diplomatique, particulièrement du représentant britannique, Henry Byron, qui a joué le rôle de négociateur principal dans cette crise, le président Geffrard a payé l'indemnité, qui a été réduite à 5 mille piastres. Il a aussi fait les 21 coups de canons en salut à l'Espagne. Ce que les historiens appellent « l'affaire Rubalcava », la première grave humiliation subie par Haïti sur son territoire, a considérablement augmenté l'impopularité du président Fabre Geffrard. Malgré cela, Geffrard a gardé la même posture en 1868 lorsque des dirigeants dominicains ont projeté d'annexer leur territoire aux États-Unis. En somme, Haïti, par souci de protéger son indépendance, a été en quelque sorte le garant de l'indépendance de la République dominicaine.

Pour approfondir le sujet :

BAUR John E., « The Presidency of Nicolas Geffrard of Haiti », in *The Americas, Vol. 10, No 4*, Philadelphia, Drexel University, avril 1954, pp. 425-461.

DORSAINVIL Justin C., *Manuel d'histoire d'Haïti*, Port-au-Prince, Henri Deschamps, 1924.

LOGAN Rayford, *Haiti and the Dominican Republic*, London, Oxford University Press, 1968.

PIANTINI William Paez, *Relaciones domínico-haitianas: 300 años de historia*, Santo Domingo, 2001.

THEODAT Jean-Marie, *Haïti, République dominicaine. Une île pour deux (1804-1916)*, Paris, Ed. Karthala, 2003.

5 juin 1862 : Reconnaissance d'Haïti par les États-Unis

Au lendemain de l'indépendance, les dirigeants haïtiens, notamment Jean-Jacques Dessalines qui certainement connaissait les rapports entre John Adams et Toussaint Louverture, et Henry Christophe qui avait pris part à la bataille de Savannah, ont beaucoup misé sur une éventuelle relation avec la première nation indépendante du continent, les États-Unis ; d'autant que quelques années plus tôt, des dirigeants de ce pays avaient encouragé Toussaint Louverture à aller vers l'indépendance. Comble de désenchantement, les États-Unis ont suivi la France dans son désir d'asphyxier la République noire, selon la formule du ministre français des Affaires extérieures, Charles Maurice de Talleyrand.

En 1805, après différentes protestations du gouvernement français, le Congrès américain a voté une loi limitant le commerce avec Haïti. Il y avait en effet des contacts très avancés entre les autorités haïtiennes et américaines en vue de la conclusion d'accords commerciaux qui pourraient officialiser et augmenter le flux des échanges entre les deux pays. Le 28 février 1806, encore sous insistance de la France, une nouvelle loi du Congrès a interdit tout commerce avec la jeune nation. Cet ostracisme a été renforcé par la non-reconnaissance diplomatique du pays par les États-Unis qui, dès 1822, ont reconnu les autres nations nouvellement indépendantes de l'Amérique latine. Le gouvernement de Thomas Jefferson, souligne l'historien Mario Menéndez, en refusant tout contact avec Haïti, a montré les faiblesses du système américain et par là même récusait toute ressemblance révolutionnaire entre les deux nations. Les mesures officielles ont quelque peu ralenti, mais n'ont pas obstrué toute relation commerciale entre les deux pays. L'historien Benjamin Clarck note que, en 1851, le Mexique, dont la population était seize fois plus nombreuse que celle d'Haïti, avait importé annuellement des États-Unis $330.000 moins qu'Haïti. James A. Padgett conclu alors « quoique notre commerce avec Haïti était à cette période [1850] aussi florissant qu'il l'était avec le Venezuela, la Bolivie, l'Argentine, le Pérou et la République Cisalpine, nous avons refusé de reconnaître son indépendance, juste parce que ses leaders étaient des noirs ».

Il a fallu environ soixante ans après la conquête de l'indépendance pour que la République noire d'Haïti fût reconnue par les États-Unis, en 1862. La reconnaissance d'Haïti a été un acte stratégique d'Abraham Lincoln, abolitionniste convaincu, investi comme président des États-Unis le 4 mars 1861. Avant même de commencer à rédiger la proclamation d'émancipation des esclaves (19 juin 1862), en pleine guerre de sécession, Lincoln a apposé sa signature à la décision du Congrès reconnaissant les Républiques noires d'Haïti et du Liberia.

Le président Abraham Lincoln a agité la question de la reconnaissance d'Haïti et du Liberia à l'ouverture de la 37e session du Congrès, en 1861. Cette question a été l'objet de vives discussions au parlement américain. Au cours des débats qui ont eu lieu au printemps 1862, le sénateur républicain Charles Summer (Massachusetts), membre de la commission des Affaires étrangères, s'est illustré en fervent défenseur de l'établissement des relations diplomatiques avec les deux nations noires. C'est d'ailleurs lui qui a introduit la proposition de loi au Sénat, le 4 février 1862. Cependant, certains sénateurs démocrates, dont Garrett Davis (Kentucky), qui s'étaient fermement opposés à l'idée d'entreprendre des échanges diplomatiques avec Haïti, avaient soutenu que, même s'il fallait reconnaitre Haïti, « les milieux sociaux à Washington n'étaient pas prêts à accueillir un diplomate noir ».

Aussi, quand en juin 1862 la reconnaissance d'Haïti a été acquise, l'épiderme du diplomate qui devrait représenter la République noire était encore à discuter. Lincoln a nommé son représentant en Haïti avec moins de difficulté. Le 12 juillet 1862, Benjamin F. Whidden, un blanc du New Hampshire, a été désigné comme le premier représentant diplomatique des États-Unis en Haïti. Le 1er octobre 1862, il a remis ses lettres de créance au président Fabre Geffrard, au titre de Délégué (*Commissioner*) et Consul général des États-Unis en Haïti. Le choix du diplomate haïtien s'est effectué de manière peu ordinaire. Les États-Unis ont exigé du gouvernement haïtien de se faire représenter à Washington par quelqu'un de teints assez proches de ceux d'un blanc. Le président Geffrard a fait choix de son aide de camp, le colonel Ernest Roumain. Ce dernier est entré en fonction en janvier 1863 et a représenté Haïti à Washington en qualité de consul général et chargé d'Affaires.

Pour approfondir le sujet :

BERNARD Joseph Jr., *Hayti et l'influence des États-Unis d'Amérique. De l'indépendance à la reconnaissance (1791-1864)*, Port-au-Prince, l'Imprimeur, 2013.

CLARCK Benjamin C., *Remarks upon the United States intervention in Hayti*, Boston, Esatburn's Press, 1853.

LOGAN Rayford, *The diplomatic Relations of the United States with Haiti, 1776-1891,* Chapel Hill, The University of North Carolina, 1941.

MENENDEZ Mario, *Cuba, Haïti et l'interventionnisme américain. Un poids, deux mesures*, Paris, Editions CNRS, 2004.

MONTAGUE Ludwell Lee, *Haiti and the United States 1714-1938*, New York, Russell & Russell, 1966.

PADGETT James A., Diplomats to Haiti and Their Diplomacy, *The Journal of Negro History,* Vol.25, No 3, (July, 19, 1940), pp. 265-330.

TURNIER Alain, *Les États-Unis et le marché haïtien*, Montréal, Imprimerie Saint-Joseph, 1955.

20 mars 1864 : Les États-Unis ont mis fin au projet de relocalisation des noirs américains à l'Ile-à-Vache

Au 19e siècle, l'idée la plus répandue dans les milieux politiques et intellectuels des États-Unis, comme moyen de résoudre les problèmes raciaux que confrontait la nation américaine, a été la séparation des noirs et des blancs. Il s'agit ici de noirs libres. Pour certains penseurs blancs, étant donné que les noirs, de par leur infériorité raciale, étaient incapables de s'adapter à la civilisation blanche, il fallait les relocaliser. Pas à l'intérieur, mais à l'extérieur des États-Unis. Les noirs de leur côté estimaient que, puisque même libres – ceux qui l'étaient avant l'abolition de 1862 – ils étaient considérés comme des sous-hommes, il leur fallait trouver un endroit où s'épanouir et jouir pleinement de leur liberté. D'où les grands débats sur l'émigration des noirs américains qui ont animé la presse et les clubs américains ainsi que les dispositifs qui ont été mis en place, jusqu'au milieu des années 1860, pour favoriser ce déplacement. Deux territoires ont été privilégiés : le Liberia et Haïti. La République du Liberia, créée en Afrique de l'Ouest par des noirs ayant séjourné aux États-Unis, a été écartée à cause de la distance. L'attention a donc été portée sur la République d'Haïti.

Entre 1950 et 1964, il y a eu trois grandes tentatives d'immigration d'afro-américains en Haïti. La première est venue des noirs américains eux-mêmes. La grande majorité a défendu l'idée de rester aux États-Unis et lutter pour l'émancipation des afro-américains. L'homme politique et abolitionniste noir américain Frederick Douglass a été l'un des grands défenseurs de cette position. Pour Douglass, qui est né esclave, les noirs américains devraient rester dans leur pays, aux États-Unis, pour y mener le combat pour leur émancipation parallèlement au combat pour la fin de l'esclavage dans ce pays. Cependant, plusieurs centaines d'autres, décidant de fuir la misère et le racisme dont ils étaient victimes aux États-Unis, ont cherché refuge dans la République noire de la Caraïbe. Au milieu du 19e siècle, des Afro-américains ont vécu ce que les journaux de l'époque ont qualifié de « fièvre haïtienne » (*The Haitian Fever*). Le *Boston Journal* a même titré un de ses numéros : « *Haiti, the Blacks' Paradise* » (*Haïti, le paradis des noirs*). Tout, en Haïti, a attiré les Afro-americains : le climat tropical, la possibilité de travailler librement dans les champs, le respect en tant qu'être humain et la liberté de jouir de son droit de citoyen indépendamment de sa couleur de peau. Pour emprunter les mots de William Seraille, la République noire a représenté la « maison » des gens de couleur et « faisait l'honneur de plusieurs milliers d'afro-américains ».

A la fin des années 1850, environ 2.500 noirs des États-Unis ont immigré en Haïti. Plus d'un millier ont travaillé dans les plantations de coton dans l'Artibonite, particulièrement aux Gonaïves et à Saint-Marc. Les afro-américains qui ont immigré en Haïti ont été en grande majorité originaires de huit États : Kentucky, Virginia, Georgia, Pennsylvanie, Connecticut, Michigan, Massachusetts et New York. Cette liste a été publiée par le journal officiel haïtien, *Le Moniteur*, à la fin de 1859. Entre les années 1861 et 1863, très peu de noirs américains sont restés dans les plantations de coton haïtiennes. Certains se sont intégrés dans la population haïtienne. D'autres ont décidé de retourner aux États-Unis parce que la situation en Haïti a été différente de celle qu'ils avaient espérée.

La deuxième initiative d'immigration des Afro-américains en Haïti a été lancée par le gouvernement haïtien. Arrivé au pouvoir en 1859, le président Fabre Nicolas Geffrard a hérité d'un pays en manque de travailleurs des champs. Haïti, en dépit de sa totale dépendance de l'agriculture, manquait de bras pour labourer sa terre de la manière voulue par le gouvernement. Deux facteurs pourraient expliquer ce manque. D'abord, les Haïtiens, depuis la période révolutionnaire, abandonnaient les grandes plantations pour travailler leur propre parcelle de terre. Ensuite, le gouvernement misait sur la culture du coton, mais, au cours de cette période, les paysans ont eu du mal à emprunter cette voie. C'est ainsi que Geffrard, pour palier à cette situation, a décidé de faire appel à la force de travail des noirs américains. Pour les encourager à prendre la mer en direction d'Haïti, le président a adopté les mesures suivantes : prise en charge par l'État haïtien des frais de voyage des Afro-américains désirant immigrer en Haïti ; sur place, ils ont été logés pendant les huit premiers jours ; chaque famille a reçu approximativement deux carreaux de terres pour s'y installer ; leur liberté religieuse a été garantie et ils ont eu droit de former leur propre communauté ; des terres leur ont été octroyées pour la construction de leur école, église et structure sanitaire ; ils ont été exemptés de service militaire ; ils ont eu le privilège de devenir citoyens haïtiens après une année de résidence sur le territoire.

Cependant, ils devraient rester au minimum trois ans dans le pays. Dans le cas où ils souhaiteraient écourter ce séjour, ils devraient rembourser au gouvernement haïtien les frais de leur voyage et de leur prise en charge. Le président Geffrard a confié à James Redpath la tâche d'organiser aux États-Unis des campagnes d'information visant à encourager les noirs à immigrer en Haïti. Militant abolitionniste et journaliste au *New York Tribune*, James Redpath, bien connu dans les milieux intellectuels américains, a décidé de mener la campagne tant auprès du gouvernement qu'auprès des noirs américains. A ces derniers, il n'a pas manqué de présenter les possibilités qu'Haïti pouvait offrir aux Afro-américains : « Aux États-Unis, leur situation est dégradante, mais en Haïti ils pourraient être juges, généraux, auteurs, artistes et législateurs ». Mais en 1862, beaucoup d'Afro-américains qui s'étaient immigrés en Haïti sont retournés aux États-Unis et ont témoigné négativement de leur expérience dans les terres haïtiennes, particulièrement de l'incapacité du gouvernement à tenir ses belles promesses. La tentative de Geffard a échoué.

La troisième initiative visant à porter les noirs américains à immigrer en Haïti est venue du gouvernement des États-Unis et s'est déroulée en même temps que celle du président d'Haïti. Le président Abraham Lincoln a été l'un des défenseurs de l'idée d'expatrier les noirs américains vers d'autres territoires hors des États-Unis. Frederick Douglass et Abraham Lincoln, qui se sont alliés pour mettre fin à l'esclavage aux États-Unis, se sont radicalement opposés sur l'expatriation des afro-américains. En 1862, l'année à laquelle Haïti a été reconnu par les États-Unis, la chambre des représentants a créé le *Select Commitee on Emancipation and Colonization*, un organisme officiel qui a eu pour mission d'étudier la faisabilité de la relocalisation des noirs américains. En janvier 1863, les États-Unis ont entamé des négociations avec le gouvernement haïtien sur la possibilité d'envoyer 500 noirs en Haïti, précisément à l'Ile-à-Vache. Le citoyen américain Bernard Kock, qui a joué le médiateur entre les deux pays, a décrit l'endroit aux autorités américaines comme une terre bourrée de potentialités à la fois pour la plantation, le commerce et la relocalisation des noirs. Deux financiers au Wall Street, Paul Forbes et Charles Tuckerman, ont décidé de prendre le projet en main. Le 14 avril 1863, ils y ont débarqué à l'Ile-à-vache cinq cents noirs américains qui ont fait le voyage à bord du bateau *Ocean Ranger*. En réalité, il n'y a eu à cette date aucun contrat formel entre les deux pays sur la possibilité d'utiliser l'îlot pour accueillir les expatriés américains. Et le débarquement des afro-américains à l'Ile-à-vache en avril 1863 a semblé être le fruit du zèle de certains opportunistes qui n'avaient en vue que les intérêts économiques qu'ils pourraient tirer de cette affaire. Arrivés à l'Ile-à-vache, les cinq cents afro-américains ont été livrés à eux-mêmes. Ils ont vécu pendant neuf mois dans une misère noire, sans ressources, sans aucune aide ni des États-Unis, ni de l'État haïtien.

En janvier 1864, une commission du ministère de l'Intérieur des États-Unis s'est rendue dans l'îlot pour enquêter sur la situation des cinq cents. Peut-être a-t-il été question de constater officiellement l'avancée du projet de colonisation ? Les archives n'apportent aucune lumière sur cette interrogation. Sur place, les membres de la commission ont trouvé les cinq cents Afro-américains dans des situations pénibles. Ils ont porté les mêmes habits qu'ils avaient au moment d'embarquer à bord de l'*Ocean Ranger,* à Virginia. Les différences de langage et de religion ont été si profondes qu'ils n'ont pu vraiment bénéficier des largesses des habitants de l'îlot. Estimant que ce qu'ils ont enduré à l'Ile-à-vache était pire que ce qu'ils avaient connu du temps de l'esclavage, les Afro-américains ont exprimé leur désir de retourner vivre aux États-Unis.

Quand il a été officiellement avisé de la situation, le gouvernement haïtien a proposé de prendre les cinq cents Afro-américains sous sa responsabilité et de les disperser dans différentes villes du pays afin qu'ils se fondissent avec la population locale. Mais le gouvernement américain a préféré les rapatrier, dans le plus grand secret. Le navire '*Marcia Day*' chargé de l'opération de rapatriement est arrivé à l'Ile-à-vache le 29 février 1864 et dans les premiers jours du mois de mars les noirs américains qui l'ont souhaité y ont été embarqués. Le *Marcia Day* est arrivé aux États-Unis le 20 mars 1864. Suite à cette expérience plutôt négative, le président Lincoln a décidé de fermer le dossier d'expatriation des noirs américains vers Haïti.

Pour approfondir le sujet :

BERNARD Joseph Jr., *Hayti et l'influence des États-Unis d'Amérique. De l'indépendance à la reconnaissance (1791-1864)*, Port-au-Prince, l'Imprimeur, 2013.

BACHARAN Nicole, SIMONNET Dominique, *Les Secrets de la Maison Blanche,* Paris, Perrin, 2014.

BAUR John E., « The Presidency of Nicolas Geffrard of Haiti », *The Americas, Vol. 10, No 4*, Philadelphia, Drexel University, avril 1954, pp. 425-461.

BOURHIS-MARIOTI Claire, *L'Union fait la Force. Les Noirs américains et Haïti, 1804-1893*, Rennes, Presses Universitaires de Rennes, 2016.

FANNING Sara, *Caribbean Crossing: African-Americans and the Haitian Emigration*, New York, New York University Press, 2014.

HOLLY J. Theodore, HARRIS J. Denis, *Black Separation and the Caribbean*, Ann Arbor, University of Michigan Press, 1970.

LAPSLEY Arthur Brooks (dir.), *The Work of Abraham Lincoln*, Vol. 8, New York, Putnam, 1961.

LOCKETT James D., « Abraham Lincoln and Colonization: An Episode that Ends in Tragedy at l'Ile a Vache, Haiti, 1863-1864 », *Journal of Black Studies*, Vol. 21, No 4, Thousand Oaks, juin 1991, pp 428-444.

SOMMERS Jeffrey, *Race, Reality, and Realpolitik. U.S.-Haiti Relations in the Lead up to the 1915 Occupation*, London, Lexington Books, 2016.

TURNIER Alain, *Les États-Unis et le marché haïtien*, Montréal, Imprimerie Saint-Joseph, 1955.

9 novembre 1865 : Des navires anglais ont bombardé la ville du Cap

L'année 1865 a été marquée par la première intrusion directe de pays étrangers dans les affaires haïtiennes. Le 7 mai 1865, Sylvain Salnave a décidé de prendre les armes contre le gouvernement de Fabre Geffrard. A la tête d'un groupe formé en grande partie de Dominicains, Salnave s'est emparé facilement de la ville de Ouanaminthe, puis de celle du Cap. Ensuite, il a proclamé la sécession du nord et formé un gouvernement parallèle auquel s'est joint l'écrivain Demesvar Delorme. La guerre civile a duré cinq mois entre les insurgés menés par Salnave, qui ne sont pas parvenus à étendre leur mouvement jusqu'à la capitale, et les troupes régulières du président Geffrard, qui ont été incapables de rétablir l'autorité de l'État dans le nord.

Au début du mois d'octobre, les forces rebelles se sont accaparées d'un vaisseau de l'État, le Voldrogne. Quelques jours plus tard, ils l'ont utilisé pour s'attaquer à un bateau anglais, le Jamaica Packet, affrété par le gouvernement de Geffrard. Les rebelles ont obtempéré sous l'intervention de l'amiral Wake, commandant du vaisseau anglais le Bulldog, qui a menacé de faire couler le Voldrogne. Le lendemain, en réaction à l'intervention de l'amiral anglais, les troupes de Salnave s'en sont pris à la représentation diplomatique anglaise au Cap-Haitien et ont insulté le vice-consul. Le 23 octobre, avec l'autorisation et peut-être à la demande même du président Geffrard, dont l'Angleterre a été l'allié, le commandant Wake a débarqué à la rade du Cap et fait couler le Veldrogne ainsi que deux autres voiliers appartenus aux insurgés.

Le 9 novembre 1865, les forces du président Geffrard, appuyées par la marine britannique, ont décidé de déloger Salnave et sa troupe haïtiano-dominicaine de leur campement au Cap. Une flotte anglaise composée du Bulldog, auquel se sont joints, le Galatea et le Lily, a bombardé la ville du Cap jusqu'à faire sauter l'arsenal. Au même moment, Geffrard, à la tête de ses troupes, a marché sur la ville. Les deux principaux chefs de la rébellion, Sylvain Salnave et Demesvar Delorme, ont trouvé refuge sur un navire de guerre américain, l'USS DeSoto, qui se trouvait en rade du Cap. Mais avant de s'en aller, Salnave a ordonné à ses troupes d'incendier le Cap-

Haitien. La moitié de la ville a été réduite en cendres. Au final, les partisans de Salnave et ceux de Geffrard se sont accusés mutuellement d'avoir encouragé l'ingérence étrangère dans les affaires internes du pays.

Pour approfondir le sujet :

BAUR John E., « The Presidency of Nicolas Geffrard of Haiti », in *The Americas, Vol. 10, No 4*, Philadelphia, Drexel University, avril 1954, pp. 425-461.

CORADIN Jean, *Histoire diplomatique d'Haïti 1843-1870. Une gestion difficile de l'indépendance, t. 2,* Port-au-Prince, Edition des Antilles, 1993.

ETIENNE Sauveur Pierre, *L'Enigme haïtienne. Echec de le l'État moderne en Haïti*, Montréal, Les Presses de l'Université de Montréal et Mémoire d'Encrier, 2007.

JOACHIM Benoit, *Les Racines du sous-développement en Haïti,* Port-au-Prince, Henri Deschamps, 1979.

11 juin 1872 : l'insulte du capitaine Karl Batsch

Durant la deuxième moitié du XIXe siècle, Haïti a été largement victime de ce que Leslie Manigat appelle « l'industrie des réclamations étrangères ». Au moindre trouble, et ils étaient nombreux à cette période, des commerçants de nationalité étrangère (parfois, de double nationalité haïtienne et étrangère), prétextant accuser de lourdes pertes financières, ont fait appel à leur pays qui, sans l'ombre d'une peine, ont débarqué dans la rade de Port-au-Prince avec leur liste de demandes d'indemnisation accompagnée de menaces de détruire le palais présidentiel et de bombarder Port-au-Prince. Le couteau sous la gorge, les gouvernements haïtiens n'ont eu d'autres choix que de payer. On a assisté parfois à de « véritables comédies de famille dont la République d'Haïti payait les frais », écrit Jacques Nicolas Léger, un contemporain de la période.

Selon Paul Farmer, à la fin du 19e siècle, des gouvernements étrangers (Allemagne, Angleterre, États-Unis et France) ont réclamé et obtenu de l'État haïtien, sous les menaces des armes, 2.500.000 dollars en dédommagement aux prétendues pertes ou dégradations subies par leurs citoyens en Haïti. Il est difficile de dresser une liste exhaustive de toutes ces réclamations tellement elles ont été nombreuses. Les demandes d'indemnisation ont été aussi absurdes que les motifs. Les plus spectaculaires ont été celles de 1883, quand le gouvernement de Jules Ferry a exigé qu'Haïti dédommageât, à hauteur de 3.000.000 de francs, les commerçants français pour les pertes enregistrées lors du pillage de Port-au-Prince (22-23 septembre 1883) et 60.000 francs pour des pertes enregistrées au cours de la rébellion de Miragoâne. En 1887, l'Angleterre a réclamé qu'Haïti versât 682.000 dollars à la veuve haïtienne de Maunder, un citoyen anglais, qui avait accusé le gouvernement d'avoir violé le contrat signé avec son feu mari pour l'exploitation d'acajou dans l'île de la Tortue. En 1897, l'Allemagne a réclamé d'Haïti 20.000 dollars de dédommagement au germano-haïtien Emile Luders (voir 6 décembre 1897). L'Allemagne a été la première puissance à se lancer publiquement dans cette imposture qui a contribué grandement à l'appauvrissement d'Haïti.

En 1872, prétextant avoir fait faillite à cause des considérables pertes essuyées durant les troubles qu'a connus Haïti sous le gouvernement de Fabre Geffrard (1859-1867) et de Sylvain Salnave (1867-1869), deux commerçants d'origines allemandes, établis à Miragôane et au Cap-Haitien, ont fait appel à leur pays de manière à obtenir réparation du gouvernement haïtien. Malgré le fait que l'une de ces maisons de commerce (probablement celle du Cap) fût bombardée par des navires britanniques (voir 7 novembre 1865), l'Allemagne du chancelier Otto Van Bismarck, tout-puissant en Europe, a décidé de s'en prendre directement à Haïti.

Le 18 juin 1872, le capitaine Karl Batsch, à la tête de deux bateaux de guerre allemands, le Vineta et le Gazella, s'est présenté dans les eaux haïtiennes et, sans passer par les canaux diplomatiques, il a envoyé ses exigences directement au président Nissage Saget. Batsch a sommé les autorités haïtiennes de verser 15.000 dollars, en réparation aux commerçants allemands. Comme dans l'affaire Rubalcava (voir 6 juillet 1861), le représentant diplomatique anglais à Port-au-Prince a joué les médiateurs et le président haïtien a versé la somme exigée par le capitaine allemand.

Après avoir reçu la somme demandée, le capitaine Batsch a décidé de partir des eaux haïtiennes et de remettre les deux vaisseaux de guerre haïtiens qu'il avait saisis en signe de sa démonstration de force. Quand les Haïtiens ont récupéré les vaisseaux, ils les ont trouvés dans un état dégradant et le drapeau national de chacun d'eux a été souillé d'excréments. Au cours de l'affaire du capitaine Batch, la République, pour la première fois, a expérimenté « les méthodes de la diplomatie allemande », note Anténor Firmin.

Pour approfondir le sujet :

FARMER Paul, *The Uses of Haiti*, Monroe, Common Courage Press, 1994.

FLEURIMOND Kerns, *Haïti 1804-2004. Le Bicentenaire d'une révolution oubliée*, Paris, L'Harmattan, 2004.

JOACHIM Benoit, *Les Racines du sous-développement en Haïti*, Port-au-Prince, Henri Deschamps, 1979.

DOUYON Frantz, *Haïti. De l'indépendance à la dépendance*, Paris, L'Harmattan, 2004.

LEGER Jacques Nicolas, *La politique extérieure d'Haïti*, Paris, Marpon et Flammarion, 1886.

9 novembre 1874 : Traité de paix entre la République d'Haïti et la République dominicaine

L'indépendance de la République dominicaine était consommée depuis 1859, mais Saint-Domingue était trop instable et susceptible d'être livrée aux puissances étrangères pour qu'Haïti l'ait reconnue effectivement comme un État pouvant disposer de lui-même. Le président Nicolas Geffrard (1859-1867) contrairement à ses prédécesseurs n'a entrepris aucune campagne militaire en vue de réunifier l'île. Cependant, les rapports entre Haïti et Saint-Domingue n'avaient pas été vidés de toutes tensions. En 1867, huit ans après la dernière campagne militaire menée par Soulouque, le président Sylvain Salnave, dont les liens avec les Dominicains étaient très forts, ne parvenaient pas à convaincre le parlement haïtien de la nécessité de ratifier un traité de paix entre les deux pays. Les parlementaires haïtiens avaient encore en mémoire les difficiles relations qui existaient sous Geffrard entre Haïti et la République dominicaine placée sous tutelle espagnole. Mais en 1874, la situation des deux pays avait beaucoup évolué. Le 9 novembre, sous la présidence de Michel Domingue, qui est arrivé au pouvoir le 11 juin de la même année, la République d'Haïti et la République Dominicaine, dirigée par Ignacio María Gonzáles, ont conclu leur premier accord diplomatique : le Traité de Paix, de Commerce, de Navigation et d'Extradition.

Le Traité du 9 novembre 1874 a marqué la fin d'une époque et le début d'une nouvelle ère dans les relations entre les parties orientale et occidentale de l'île d'Haïti. Pour la première fois, les deux pays se sont entendus officiellement sur le partage de l'île en deux États distincts et ont décidé à cet effet d'établir des relations diplomatiques (arts. 25 à 30). Mais, tenant compte de leurs derniers contentieux (voir 6 juillet 1861), ils ont fait apparaître en première ligne la sensible question de la souveraineté nationale. Chacun s'est donné la responsabilité de maintenir l'intégrité du territoire, de n'en faire aucune concession à une puissance étrangère et de ne solliciter ni consentir aucune annexion étrangère. Cette dernière partie de l'article 3 du Traité a été une sorte de garantie donnée à Haïti par la République dominicaine. Il faut se rappeler que, au cours des années 1860, les dirigeants dominicains ont, en deux occasions, signé l'annexion de leur territoire avec l'Espagne (1861) et les États-Unis (1868).

Dans le Traité, les deux pays ont adopté des mesures visant à faciliter la libre circulation des biens et des personnes entre les deux territoires. La franchise douanière a été réciproquement accordée aux produits agricoles et industriels venant de l'une ou l'autre partie de l'île (art.10). Les deux gouvernements se sont mis d'accord pour financer la construction d'un chemin de fer reliant Port-au-Prince et Santo Domingo (art.11). Selon l'article 14, « les citoyens des deux nations peuvent entrer, demeurer, s'établir ou résider dans toutes les parties des territoires, et ceux qui le souhaitent auront droit d'exercer librement leur profession et leur industrie sans être assujettis à des droits autres ni plus élevés que ceux qui pèsent sur les nationaux respectifs. » Dans les derniers articles du Traité, les dirigeants des deux pays ont affiché leur volonté de consolider leur sécurité intérieure et réduire les mouvements des opposants à partir de la frontière. L'article 33 a fait état de l'engagement des deux gouvernements de ne jamais permettre ni tolérer que, sur leurs territoires respectifs, un individu, une bande ou un parti s'établisse dans le but de troubler l'ordre dans l'État voisin (comme ce fut le cas entre 1961 et 1968). Le Traité a aussi prévu l'extradition des personnes accusées de crime et l'expulsion de celles suspectées d'être à l'origine troubles ou de désordres sur le territoire voisin. Cependant, dans le but de faire table rase du passé, l'amnistie générale a été prévue en faveur de toutes personnes qui « auraient pris part aux événements politiques, civils et militaires qui ont lieu entre les deux peuples » (art. 32).

Dans l'opinion publique haïtienne, le Traité de paix avec la République dominicaine a été jugé comme un acte ayant engagé personnellement le président Michel Domingue et son homologue dominicain Ignacio González. En 1877, quelques mois après le renversement du président Domingue (15 avril 1876) et son remplacement par le président Boisrond Canal, le parlement haïtien a annulé tous les engagements pris sous son administration, incluant le Traité de paix du 9 novembre 1874. Ce traité a éventuellement été réactivé à la fin des années 90 sous les présidences de Tirésias Simon Sam en Haïti et d'Ulysses Heureaux en République dominicaine.

Pour approfondir le sujet :

BALAGUER Joaquín, *La Isla alrevés. Haití y el destino dominicano*, Santo Domingo, Fundación José Antonio Caro, 12e édition, 2013.

DOMINGUEZ Jaime de Jesús, *Historia Dominicana*, Santo Domingo, 2006.

MARS Jean-Price, *La République d'Haïti et la République Dominicaine. Les aspects divers d'un problème d'histoire, de géographie et d'ethnologie,* Port-au-Prince, Editions Fardin, rééd. 1998.

PENA BATLLE Manuel Arturo, *Historia de la Cuestión fronteriza dominico-haitiana,* Santo Domingo, rééd. 2012.

PIANTINI William Paez, *Relaciones domínico-haitianas: 300 años de historia,* Santo Domingo, 2001.

THEODAT Jean-Marie, *Haïti, République Dominicaine. Une île pour deux (1804-1916)*, Paris, Ed. Karthala, 2003.

VASQUEZ FRIAS Pastor, *Misiones Dominicanas en Haití. Primeras Misiones 1866-1876, tomo 1,* Santo Domingo, 2014.

VASQUEZ FRIAS Pastor, *Misiones Dominicanas en Haití. Primeras Misiones 1877-1887, tomo 2,* Santo Domingo, 2014.

VASQUEZ FRIAS Pastor, *El presidente Heureaux y los gobiernos haitianos (1887-1899)*, Santo Domingo, 2015.

1er juillet 1881 : Entrée d'Haïti dans l'Union Postale Universelle

L'union postale internationale a été créée le 9 octobre 1874. Jusqu'à cette date, le système postal entre les nations faisait l'objet d'accords bilatéraux. Le 15 septembre 1874, 22 pays se sont réunis à Berne (Suisse) dans le but de parvenir à un accord sur le système d'échanges de courriers au niveau international. Au terme de trois semaines de négociations, les nations participant à la conférence sont parvenues à la signature du Traité de Berne, créant l'Union générale des postes qui est devenue l'organe régulateur du système postal international. En 1878, l'Union générale des postes a été rebaptisée Union Postale Universelle (UPU). Elle a été la deuxième grande organisation créée au niveau international. La première, l'Union Télégraphique Internationale, rebaptisée Union Internationale des Télécommunications, avait été créée à Paris le 17 mai 1865. Haïti en est devenu membre le 10 octobre 1927.

Environ sept ans après la création de l'UPU, Haïti a signé le Traité de Berne et fait son entrée dans l'Union Postale Universelle, le 1er juillet 1881, sous la présidence de Lysius Félicité Salomon. Ce fut la première participation de la République d'Haïti à une institution internationale. Ce moment a marqué l'arrivée de la République noire, par la grande porte, dans le système international. Le pays a été autorisé à émettre ses premiers timbres. Ceux-ci ont été imprimés en France. Selon la petite histoire, c'est le portrait de l'épouse du président Salomon, une Française, qui a figuré sur les premiers timbres haïtiens.

Pour approfondir le sujet :

GAILLARD Roger, *La République exterminatrice. Une modernisation manquée (1880-1896)*, t.1, Port-au-Prince, le Natal, 1984.

http://www.upu.int/members/fr

8 novembre 1883 : Le président Lysius Félicité Salomon a offert l'île de La Tortue ou le Môle Saint-Nicolas aux États-Unis

L'offre de céder une partie du territoire national aux États-Unis, en novembre 1883, n'a pas été la première du président Lysius Félicité Salomon. Déjà en mai 1883, le président, en quête de protection, avait, par le biais de la représentation diplomatique américaine à Port-au-Prince, proposé aux États-Unis la concession de l'île de la Tortue.

Élu président de la République le 23 octobre 1879, Félicité Salomon a eu à répondre, dès 1880, à des menaces d'instabilité politique à la fois d'ordre interne et externe. Le général Salomon, comme ses prédécesseurs, a fait face à des insurrections qui se sont éclatées dans divers coins du pays. Le pouvoir autoritaire qu'il a établi lui a permis d'avoir raison des insurgés. A Saint-Marc par exemple, le président n'a eu aucune difficulté à tuer dans l'œuf une révolte fomentée par le général Mentor Nicolas, en novembre 1880. Les révoltés ont été condamnés à mort et exécutés.

En 1883, cependant, le gouvernement a été impuissant devant l'insurrection des libéraux commandés par Boyer Bazelais. Venu de la Jamaïque, où il s'était réfugié depuis 1879, Bazelais a débarqué à Miragôane, à bord du vaisseau Le Topic, en compagnie d'une centaine d'exilés. Ils se sont emparés de la ville et la population a soutenu le mouvement. Les forces gouvernementales dépêchées sur place, incapables de chasser les insurgés, ont assiégé la ville de Miragôane. Quelques jours plus tard, la ville de Jérémie s'est soulevée à son tour contre le gouvernement. Le président Salomon a accusé l'Angleterre de soutenir le mouvement de la 'bourgeoisie libérale' qui de toute évidence s'était préparé en Jamaïque, alors colonie anglaise, et de permettre le ravitaillement des assiégés toujours à partir de la Jamaïque. Ayant peur que l'Angleterre, qui appuyait ouvertement les libéraux, intervînt directement dans le conflit, donc contre son pouvoir, Salomon a fait appel à la protection américaine en échange de la cessation de l'île de la Tortue. C'était en mai 1883. Les États-Unis ont rejeté l'offre de Salomon.

La deuxième offre de Salomon, moins de six mois plus tard, s'est inscrite dans le même contexte. Vers la fin du mois de juillet, les libéraux de Jacmel se sont soulevés, ont pris l'arsenal et tué plusieurs partisans du président. Les tentatives des forces gouvernementales ont été sévèrement repoussées. Salomon a donc décidé d'assiéger Jacmel. Au mois d'août, les libéraux de Port-au-Prince ont tenté eux aussi de se soulever. En septembre, le ministre de la guerre de Salomon, Henri Piquant, a été tué à Miragôane. A la nouvelle de cet assassinat, les partisans du pouvoir s'en sont pris à la bourgeoisie mulâtre de Port-au-Prince. Il faut noter qu'en toile de fond de cette lutte pour le pouvoir, il y avait en fait une lutte de couleur entre les nationaux (le clan noir), au pouvoir, et les libéraux (le clan mulâtre), dans l'opposition, instigateurs des mouvements armés visant à renverser le président Salomon.

Malgré les appuis reçus des différents pays étrangers dont la France et l'Allemagne, en dépit du siège des villes rebelles, du blocus décrété par le gouvernement et de la sévérité avec laquelle il a réagi contre les insurgés, Salomon n'a pas pu venir à bout de ce mouvement initié depuis le printemps. Une fois de plus, le président a pointé du doigt l'Angleterre qu'il a accusée d'approvisionner les insurgés à Miragôane, à Jérémie et à Jacmel. D'autre part, Salomon a soupçonné Londres de vouloir s'accaparer de l'île de la Tortue. C'était en tout cas ce que le président avait laissé comprendre au représentant des États-Unis en Haïti. Dans le but de contrer toute intervention directe de l'Angleterre dans la crise tout en assurant son maintien au pouvoir, Salomon a proposé aux États-Unis, le principal rival de l'Angleterre, de lui céder, cette fois selon son choix, l'île de la Tortue ou le Môle Saint-Nicolas. En plus de la protection contre ses ennemis, sous couvert de garantie de l'autonomie et de l'indépendance d'Haïti, le président Salomon a demandé aux États-Unis, dans le cadre de son offre, d'octroyer à son administration l'argent nécessaire au paiement de la dette publique haïtienne et de le livrer deux navires de guerre ainsi que des artilleurs. C'était le 8 novembre 1883. Les États-Unis une fois de plus ont décliné l'offre du président haïtien.

Pour approfondir le sujet :

GAILLARD Roger, *La République exterminatrice. Une modernisation manquée (1880-1896)*, t.1, Port-au-Prince, le Natal, 1984.

LOGAN Rayford, *The diplomatic Relations of the United States with Haiti, 1776-1891,* Chapel Hill, The University of North Carolina, 1941.

MANIGAT Leslie, *L'avènement du général Lysius Félicité Salomon Jeune à la présidence d'Haïti*, Port-au-Prince, Imprimerie de l'État, 1957.

MONTAGUE Ludwell Lee, *Haiti and the United States 1714-1938*, New York, Russell & Russell, 1966.

NICHOLLS David, « The Wisdom of Salomon: Myth or Reality? », in *Journal of Interamerican Studies and World Affairs, Vol. 20, No 4*, Coral Gables, University of Miami, novembre 1978, pp. 377-392.

NICHOLLS David, *From Dessalines to Duvalier: Race, Colour, and National Independence in Haiti*, Cambridge, Cambridge University Press, 1979.

SAINT-JOHN Spencer, *Haïti ou la République noire*, Paris, Plon, 1886.

SOMMERS Jeffrey, *Race, Reality, and Realpolitik. U.S.-Haiti Relations in the Lead up to the 1915 Occupation*, London, Lexington Books, 2016.

TURNIER Alain, *Les États-Unis et le marché haïtien*, Montréal, Imprimerie Saint-Joseph, 1955.

VERAX Hannibal Price III, *La question haïtienne ou l'affaire du Môle Saint-Nicolas*, Port-au-Prince, C3 Editions, 2016.

27 août 1889 : Florvil Hyppolite, avec l'aide des États-Unis, est entré victorieux à Port-au-Prince

La victoire du général Florvil Hyppolite, appuyé par les États-Unis, sur le général François Denys Légitime, allié de la France, a marqué, selon l'expression de Leslie Manigat, le début de la fin de la prépondérance française et la montée de l'hégémonie américaine en Haïti.

Le 10 août 1888, le président Lysius Félicité Salomon a été renversé du pouvoir laissant le pays comme « un cigare à deux bouts », selon ses propres mots. Le général Seide Télémaque, principal instigateur de la chute de Salomon, est entré en force à Port-au-Prince à la tête des troupes du Nord et a été placé à la présidence d'un gouvernement provisoire. Le 28 septembre 1888, une dizaine de jours après avoir assuré la présidence effective du pays, le nouvel homme fort d'Haïti a été tué en pleine bataille. Ses partisans ont accusé son principal rival et successeur à la présidence, le général François Denys Légitime, d'avoir été l'auteur principal de sa mort. La disparition de Télémaque a envenimé davantage la situation dans le pays, notamment à Port-au-Prince qui, depuis la chute de Salomon, a été comme un champ de bataille entre les forces de l'Ouest et celles du Nord. Une guerre civile a éclaté entre les forces du Nord, dirigées par le général Florvil Hyppolite, réclamant vengeance pour la mort de leur chef Télémaque, et les forces de l'Ouest pour la défense du pouvoir du général Légitime.

En novembre 1888, les fidèles de Télémaque ont formé leur propre « État » sous le nom de la 'République Septentrionale' en défi à la présidence provisoire du général François Denys Légitime, qui s'est installé au Palais national. Le général Florvil Hyppolite a été proclamé, au Cap, président de la 'République Septentrionale'. Cette guerre civile a été aussi, dans une certaine mesure, une guerre internationale. Les forces de l'Ouest ont été soutenues par la France, l'Angleterre et l'Espagne. Celles du Nord ont eu pour principal allié les États-Unis et, en second lieu, l'Allemagne. Après plusieurs mois d'affrontements tant navals que terrestres, les forces du Nord, grâce aux importantes aides financières et militaires reçues des États-Unis, sont sortis victorieuses de la guerre civile. Finalement, ce sont les Américains et leurs alliés qui ont eu le dessus. Le général François

Denys Légitime, qui s'était fait élire président pour sept ans le 16 décembre 1888, a capitulé et a abandonné le Palais national le 22 août 1889.

En entrant à Port-au-Prince, le 27 août 1889, les troupes du Nord commandées par le général Hyppolite ont affiché fièrement leurs liens avec les États-Unis. Le pavillon américain a été arboré en tête des trois corps d'armée qui ont constitué les troupes d'Hyppolite. Ils ont été accompagnés du représentant des États-Unis en Haïti John E. W. Thompson et de l'aide de camp de l'amiral Bancroft Gherardi, chef militaire des États-Unis en Haïti, en uniforme. Le drapeau étoilé ainsi que des officiers américains ont été aussi remarqués un peu partout dans la capitale. Le représentant diplomatique de la France en Haïti, le Comte de Sesmaisons, dans son rapport à ses supérieures hiérarchiques à Paris en date du 28 août 1889 sur l'entrée d'Hyppolite à Port-au-Prince, a écrit : « L'opinion unanime était que les Américains avaient l'air de prendre possession du pays sous le couvert des soldats de l'insurrection qui, équipés aux États-Unis, portaient ostensiblement sur leurs sacoches les initiales USA ». C'était vingt-sept ans avant le début de la première occupation américaine d'Haïti.

Pour approfondir le sujet :

LOGAN Rayford, *The diplomatic Relations of the United States with Haiti, 1776-1891,* Chapel Hill, The University of North Carolina, 1941.

MONTAGUE Ludwell Lee, *Haiti and the United States 1714-1938*, New York, Russell & Russell, 1966.

NICHOLLS David, *From Dessalines to Duvalier: Race, Colour, and National Independence in Haiti*, Cambridge, Cambridge University Press, 1979.

SOMMERS Jeffrey, *Race, Reality, and Realpolitik. U.S.-Haiti Relations in the Lead up to the 1915 Occupation*, London, Lexington Books, 2016.

VERAX Hannibal Price III, *La question haïtienne ou l'affaire du Môle Saint-Nicolas*, Port-au-Prince, C3 Editions, 2016.

22 avril 1891 : Anténor Firmin a avisé les États-Unis du refus d'Haïti de céder le Môle Saint-Nicolas

Environ deux ans après avoir aidé les forces du Nord du général Florvil Hyppolite et de l'emblématique Joseph Anténor Firmin à conquérir le pouvoir au détriment de celles de l'Ouest (voir 7 août 1889), les États-Unis ont essayé de mettre la main sur le Môle Saint-Nicolas. Au début des hostilités, le général Hyppolite, en quête du soutien américain dans sa lutte contre le général Légitime qui avait l'appui de la France, avait confié au consul américain au Cap-Haïtien sa disponibilité de céder le Môle Saint-Nicolas aux États-Unis. Une fois le gouvernement installé et le calme revenu au pays, Washington a décidé d'obtenir sa part du butin : le Môle Saint-Nicolas.

Situé entre le Passage du Vent qui le sépare de Cuba et le Canal Mona qui le sépare de Porto-Rico, le Môle Saint-Nicolas a été, à la fin du 19e siècle, l'objet de toutes les convoitises des puissances européennes et des États-Unis. Le grand voisin qui, en 1883, avait pourtant décliné l'offre du gouvernement de Lysius Salomon (voir 8 novembre 1883), a décidé huit ans plus tard de s'emparer du « Gibraltar du Nouveau Monde » pour en faire un dépôt de charbon pour les navires de la marine américaine. Sous le gouvernement de Florvil Hyppolite, les États-Unis espéraient dans le meilleur des cas obtenir l'affermage du Môle ou, dans le pire, saisir l'îlot et mettre les Haïtiens devant le fait accompli. Aussi l'administration du président Benjamin Harrison a-t-elle décidé d'utiliser à la fois démarches diplomatiques, par le biais de Frederick Douglass, ministre résident et consul général des États-Unis en Haïti, et pressions militaires, par l'entremise de l'amiral Bancroft Gherardi, le chef militaire de la mission américaine en Haïti.

Imbu des réactions anti-gouvernementales que pourrait susciter la cession du Môle Saint-Nicolas au sein de la population, le gouvernement du président Hyppolite a tout fait pour retarder l'ouverture des négociations avec les États-Unis sur ce sujet. Le chancelier haïtien, Joseph Anténor Firmin, a opté pour la discrétion des discussions. Parallèlement, il a confié aux représentants diplomatiques d'Haïti aux États-Unis la mission de sonder Washington pour savoir si l'utilisation de la force pour accaparer le Môle ferait partie des options américaines. A Port-au-Prince, des négociations serrées ont été menées de janvier à avril 1891 entre le président Hyppolite et le ministre Firmin, côté haïtien, le ministre Douglass et l'amiral Gherardi, côté américain.

En janvier 1891, au tout début des pourparlers avec les autorités haïtiennes sur les possibilités de cession de l'îlot, l'amiral Gherardi a fait une imposante démonstration de la force navale américaine dans la baie de Port-au-Prince. Au moins trois vaisseaux de guerre de la US Navy ont été constamment remarqués dans la rade de Port-au-Prince. Il s'agissait du vaisseau-amiral de Gherardi, le Philadelphia, qui fréquentait régulièrement les eaux haïtiennes depuis le mois de février 1888, et des vaisseaux le Petrel et le Kearsarge. Durant leur présence dans les eaux haïtiennes, les navires américains ont procédé à des exercices de tirs dans la baie de Port-au-Prince. Au milieu du mois d'avril, ces vaisseaux ont été rejoints par quatre autres : le Chicago, le Boston, l'Atlantic et le Yorktown ; ce qui devrait, dans une large mesure, servir à impressionner la population haïtienne qui a toujours été hostile à la cession même d'une parcelle du territoire national à un gouvernement étranger.

Au lieu de se laisser aller à la panique, la population a exprimé son opposition à ce qui était perçu par l'opinion publique comme des préparatifs pour le paiement d'un gage du gouvernement du président Hyppolite envers les États-Unis. Dans un rapport au Département d'État, en date du 20 avril 1891, Frederick Douglas a écrit : « [à Port-au-Prince] on exprime la crainte que, si d'un côté le Môle Saint-Nicolas nous est cédé ou affermé, le gouvernement ayant fait cette concession sera renversé par la population ; et si, d'autre part, la cession ou le bail n'ayant pas été accordé, le Môle est saisi par nos forces navales, il s'ensuivra des désordres internes, des violences et des soulèvements révolutionnaires ». Ce rapport rédigé par le diplomate américain, au moment même ou sept vaisseaux de guerre de la US Navy étaient dans la baie de Port-au-Prince (du 18 au 29 avril), a en quelque sorte prédit l'issue des négociations entre le gouvernement de Florvil Hyppolite et celui de Benjamin Harrison au sujet du Môle Saint-Nicolas. Devant les menaces populaires, le gouvernement haïtien n'a eu d'autres choix que celui d'apposer une fin de non-recevoir à la demande américaine.

En fin diplomate, le secrétaire d'État des Relations extérieures Anténor Firmin a utilisé une clause incluse dans la demande des États-Unis pour rejeter leur prétention sur le Môle Saint-Nicolas. Les États-

Unis avaient notamment exigé du gouvernement haïtien, en cas de location du Môle, de n'affermer « aucun autre port ou autre position de son territoire, ni n'en dispose autrement, n'y accordant aucun privilège spécial ou droits d'usage, a aucun autre Pouvoir, État ou Gouvernement ». Le 23 avril 1891, dans un très long télégramme au ministre et au chef militaire des États-Unis en Haïti, Douglass et Gherardi, Anténor Firmin a sèchement écrit : « L'acceptation de votre demande avec une telle clause serait, aux yeux du Gouvernement d'Haïti, un outrage à la souveraineté nationale de la République et une violation flagrante de l'article 1er de notre Constitution ; car en renonçant au droit de disposer de son territoire, il en aurait consenti l'aliénation tacite ». Le même jour, le ministre américain à Port-au-Prince, Frederick Douglass, a télégraphié à Washington le refus qui lui a été signifié en sept mots : « Haïti ne cédera pas le Môle Saint-Nicolas ».

Pour approfondir le sujet :

BERLOQUIN-CHASSAGNY Pascale, *Haïti : une démocratie compromise, 1890-1911*, Paris, L'Harmattan, 2004.

FIRMIN Anténor, M. *Roosevelt, Président des États-Unis et la République d'Haïti*, Port-au-Prince, Editions Fardin, 2014, Première édition 1905.

GAILLARD Roger, *La République exterminatrice. Une modernisation manquée (1880-1896)*, t.1, Port-au-Prince, Le Natal, 1984.

HIMELHOCH Myra, « Frederick Douglass and Haiti's Mole Saint-Nicolas », in *The Journal of Negro History, Vol. 56, No 3,* Washington, July 1971, pp. 161-180.

LOGAN Rayford, *The diplomatic Relations of the United States with Haiti, 1776-1891,* Chapel Hill, The University of North Carolina, 1941.

MONTAGUE Ludwell Lee, *Haiti and the United States 1714-1938*, New York, Russell & Russell, 1966.

SEARS Louis Martin, « Frederick Douglass and the Mission to Haiti », dans *The Hispanic American Historical Review, Vol 21, No 2,* Durham, Duke University Press, May 1941, pp. 222-238.

SOMMERS Jeffrey, *Race, Reality, and Realpolitik. U.S.-Haiti Relations in the Lead up to the 1915 Occupation*, London, Lexington Books, 2016.

VERAX Hannibal Price III, *La question haïtienne ou l'affaire du Môle Saint-Nicolas*, Port-au-Prince, C3 Editions, 2016.

6 décembre 1897 : L'affaire Luders

Le 20 septembre 1897, Emile Luders, un ressortissant germano-haïtien (né en Haïti, de père allemand et de mère haïtienne), impliqué dans une altercation avec la police, a été arrêté par les forces de l'ordre. Conduit par-devant ses juges naturels, il a été condamné à un mois d'emprisonnement pour voie de fait et refus d'obtempérer à l'ordre public. Le représentant diplomatique allemand à Port-au-Prince, le Comte Von Schwerin, non-content de la sentence qui a été prononcé contre Luders, a protesté auprès du gouvernement de Tirésias Simon Sam pour que le ressortissant allemand fût libéré et le juge révoqué. Le président a acquiescé concernant la libération. Par contre, il a rejeté la demande de révocation du juge. Emile Luders a donc été libéré et est parti (plausiblement déporté) d'Haïti quoique son nom fût lié à une importante maison de commerce du pays, la Th. Luders et Cie.

Arrivé en Allemagne, Emile Luders s'en est plaint directement auprès des autorités berlinoises qui ont décidé de s'en prendre au gouvernement haïtien. Une fois de plus, la puissante Allemagne a fait le choix de spolier Haïti par la force des canons (voir 11 juillet 1872). Le 6 décembre 1897, le capitaine Thiele, délégué par l'empire allemand, est entré en rade de Port-au-Prince, à la tête de deux navires de guerre, le Charlotte et le Stein, et a réclamé une indemnisation de l'État haïtien. Le capitaine allemand a exigé qu'Haïti versât dans l'immédiat une indemnité de 20.000 dollars, que Luders fût admis à retourner librement dans le pays, que le gouvernement haïtien présentât ses excuses officielles à l'empire allemand et que 21 coups de canon fussent tirés pour saluer le drapeau de l'empire. Cette fois encore, les canaux diplomatiques n'ont pas été utilisés par la marine allemande. En plein désespoir, le président Tirésias Simon Sam a fait appel aux diplomates amis, mais par peur d'affronter directement l'Allemagne ou par désir de ne pas se la mettre sur le dos, toutes les portes des puissances étrangères présentes en Haïti ont été fermées. Même les porteurs de la « Doctrine Monroe » n'ont pas réagi, comme en juillet 1872.

Devant les menaces de détruire le Palais national et de bombarder la ville de Port-au-Prince, le président Tirésias Simon Sam a décidé de répondre, dans le délai imparti (quelques heures), aux exigences que le capitaine Thiele lui avait faites : 20.000 dollars pour Luders, autorisation de revenir librement Haïti et lettre d'excuses au gouvernement de Berlin. Le salut des 21 coups de canon a été rendu à l'étendard de l'empire allemand qui a été, en cette humiliante circonstance, hissé au Palais national.

Pour approfondir le sujet :

BERLOQUIN-CHASSAGNY Pascale, *Haïti : une démocratie compromise, 1890-1911*, Paris, L'Harmattan, 2004.

FARMER Paul, *The Uses of Haiti*, Monroe, Common Courage Press, 1994.

FLEURIMOND Kerns, *Haïti 1804-2004. Le Bicentenaire d'une révolution oubliée*, Paris, L'Harmattan, 2004.

JOACHIM Benoit, *Les Racines du sous-développement en Haïti*, Port-au-Prince, Henri Deschamps, 1979.

MENOS Solon, *L'Affaire Luders*, Port-au-Prince, Editions Fardin, rééd., 1986.

PIERRE-CHARLES Gérard, *L'Economie haïtienne et sa voie de développement*, Port-au-Prince, Henri Deschamps, 1993.

13 août 1903 : Les Syriens d'Haïti ostracisés par le parlement

Le début du 20e siècle haïtien a été marqué par le déchaînement d'une profonde haine des immigrants syriens, appelés aussi « Syro-Libanais » ou « Levantins ». En Haïti, ces appellations renvoient aux personnes originaires du Proche-Orient. Fuyant la persécution politique et l'intolérance religieuse de leur pays, en particulier le Liban, la Palestine et la Syrie, les Levantins ont commencé à s'établir en Haïti vers la fin du 19e siècle. Selon la presse de l'époque, ils sont passés de quelques centaines à plus de 20.000 dans l'espace de quelques années (ces chiffres sont quand même à prendre sur mesure puisqu'ils proviennent de journaux qui avaient pris part à la campagne en faveur de l'expulsion des Syriens d'Haïti). On les rencontrait au bord de mer de Port-au-Prince, dans les grands centres commerciaux des différentes villes du pays ainsi que dans les profondes campagnes. Ils avaient, écrit Raymond Succar, adopté « une attitude isolationniste, vivant en marge des bourgeoisies urbaines, se groupant exclusivement entre eux ». Ils vendaient toutes sortes de produits, en gros et en détails, notamment par le colportage et avaient de la manière pour s'attirer des clients principalement les petites bourses. Leur expansion inquiétait à la fois les grands commerçants, majoritairement de nationalités étrangères, et des petits marchands haïtiens. Par contre, ils étaient très appréciés par les plus humbles consommateurs des bidonvilles et des campagnes.

Beaucoup de Levantins avaient pris la nationalité haïtienne de manière à se mettre en règle avec les lois relatives au commerce, à la propriété et la circulation des personnes. Durant la décennie 1893-1903, une centaine de Levantins se sont naturalisés Haïtiens. Il y a eu plus de quatre-vingts naturalisations pour la seule année 1904. Ils s'étaient aussi arrangés au sein de chaque famille à avoir des nationalités étrangères, particulièrement américaine, allemande, anglaise et dominicaine qui les garantissaient une protection contre les fréquents troubles que connaissait Haïti. Mais leur stratégie ne les a pas protégés contre la vaste campagne xénophobe qui a démarré au printemps 1902, sous la présidence de Tirésias Simon Sam, et qui a abouti, sous la présidence de Nord Alexis, à la loi anti-syrienne qui a prohibé l'immigration levantine et a facilité l'expulsion d'un grand nombre de commerçants d'origine levantine du territoire haïtien.

Déjà en 1893, sous la présidence de Florvil Hyppolite, les Syriens avaient été l'objet d'une sévère campagne qui s'était officialisée par l'adoption, en Conseil des Secrétaires d'État, de mesures visant à chasser les illégaux du territoire haïtien. On a surtout reproché à ceux qui n'avaient pas été naturalisés Haïtiens, et surtout à ceux qui vivaient illégalement dans le pays, de ne pas respecter la loi haïtienne qui interdisait aux étrangers « le colportage et la vente de pacotilles ». A partir du printemps 1902, l'animosité contre les Syriens, relayée par beaucoup de journaux haïtiens de l'époque, est devenue une question politique de première importance. L'arrivée au pouvoir le 22 décembre 1902 du général de Nord Alexis, nationaliste réputé, n'a fait qu'aggraver la situation des Orientaux. Le 13 août 1903, le parlement haïtien a adopté une loi interdisant l'émigration des Syriens dans la République, leur enlevant le privilège de devenir citoyens haïtiens, leur supprimant le droit de voyager à l'intérieur du pays et donnant aux commerçants un délai de quelques mois pour écouler leurs marchandises et laisser le pays. La loi a été signée par le président Alexis, le 1er août 1904, près d'un an après le vote de la Chambre.

La signature de cette loi xénophobe par le président Alexis a occasionné, sous couvert de la légalité, la chasse généralisée des Orientaux. Des émeutes anti-syriennes ont été enregistrées à Port-au-Prince dès le 2 août. La violence accompagnant cette haine s'est très vite exprimée dans divers coins du pays. Les Orientaux ont été partout attaqués de manière verbale, mais aussi à coups de pierres et de bâtons. La presse haïtienne de l'époque, nous apprend l'historien Roger Gaillard, a rapporté ces violences comme des manifestations de colère de la population, des « petites gens », contre « l'envahissement des Syriens ». Mais pour le *New York Times* du 5 août 1904, il s'agissait de « soulèvement semi-officiel », car les Syriens, en plus de la jalousie qu'ils éveillaient auprès des commerçants, n'étaient pas comptés au nombre des supporters financiers du gouvernement.

Au mois de septembre 1904, beaucoup de Syriens ont décidé de fermer boutique, mais la grande majorité a résisté avec l'assurance qu'en Haïti, pays de perpétuelle révolution, tout pouvait changer d'un instant à l'autre. Plusieurs de ceux qui avaient décidé de rester au pays ont fait valoir leur citoyenneté haïtienne. Le 19 octobre 1904, le gouvernement a publié une liste de 159 Syriens naturalisés Haïtiens. Les autres ont attendu vainement les résultats des interventions de leur ambassade. Le gouvernement du président Alexis n'a pas bronché malgré les démarches diplomatiques. Le 30 novembre, le ministère de l'Intérieur a enfoncé le clou en publiant un communiqué accordant aux Syriens, qui n'étaient pas naturalisés Haïtiens ou qui n'avaient pas reçu une autorisation spéciale du gouvernement, jusqu'au 1er avril 1905 pour fermer leur commerce et partir du pays.

En adoptant des mesures ciblées, le gouvernement a montré une certaine volonté de protéger la centaine d'Orientaux qui avait obtenu la nationalité haïtienne avant le vote de la loi de 1903. Néanmoins, les vagues de violence et de haine les frappaient beaucoup plus selon leur origine arabe que selon leur nationalité haïtienne ou autre. Ainsi, entre août 1904 et avril 1905, la très grande majorité de la colonie syrienne, victime de violences, mise hors-la-loi et incapable de poursuivre ses activités commerciales en Haïti, n'a eu d'autres choix que de traverser la frontière ou se rendre à Cuba. La campagne anti-syrienne s'est poursuivie dans le pays, de manière moins intense, jusqu'à l'occupation américaine. Cela explique pourquoi les premiers Haïtiens qui ont formellement supporté l'occupation américaine ont été ceux d'origine levantine.

Pour approfondir le sujet :

BERLOQUIN-CHASSAGNY Pascale, *Haïti : une démocratie compromise, 1890-1911*, Paris, L'Harmattan, 2004.

BERNARD Joseph Jr., *Histoire des colonies arabe et juive d'Haïti*, Port-au-Prince, Henri Deschamps, 2010.

GAILLARD Roger, *La République exterminatrice. Le grand fauve (1902-1908), t. 5*, Port-au-Prince, Le Natal, 1995.

NICHOLLS David, *From Dessalines to Duvalier: Race, Colour, and National Independence in Haiti,* New Brunswick, Rutgers University Press, 1996.

PLUMMER Brenda G., *Haiti and the Great Powers, 1902-1915*, Baton Rouge, Louisiana State University Press, 1988.

PLUMMER Brenda, « The Metropolitan Connection: Foreign and Semiforeign Elites in Haiti, 1900-1915 », in *Latin American Research Review, Vol. 19, No 2,* University of Pittsburg, Pittsburg, 1984, pp. 119-142.

SOMMERS Jeffrey, *Race, Reality, and Realpolitik. U.S.-Haiti Relations in the Lead up to the 1915 Occupation*, London, Lexington Books, 2016.

SUCCAR Raymond, *Haïti: L'héritage Levantin*, 2011.

9 août 1904 : Traité d'extradition entre Haïti et les États-Unis

Le 9 août 1904, les États-Unis et Haïti ont conclu un traité d'extradition mutuelle en vue d'empêcher aux criminels de ces pays de se soustraire à la justice en se réfugiant dans l'un ou l'autre territoire. Les deux pays se sont engagés à se livrer mutuellement les présumés criminels ainsi que les condamnés qui se seraient retrouvés sur leur territoire. Les personnes accusées de crime politique ont été exemptées de la procédure d'extradition, de manière à éviter les persécutions politiques. Cependant « L'assassinat, l'empoisonnement d'un Chef d'État, ou tout attentat contre la vie d'un Chef d'État, ne sont point considérés comme des crimes ayant un caractère politique ». L'attentat contre un chef d'État est considéré dans ce traité dans l'ordre de crime de droit commun. L'article 2 du traité spécifie les crimes pour lesquels l'extradition pourrait être accordée :

- Meurtre (assassinat, parricide, infanticide, empoisonnement et homicide volontaire) ;
- Contrefaçon des monnaies, soit métallique, soit papier ; émission ou mise en circulation de la fausse monnaie ou de la monnaie altérée sur le territoire de l'un des deux pays ;
- Contrefaçon de tous effets de l'un des deux pays, des titres ou coupons de la dette publique, des billets de banque ou autres instruments de crédit autorisés par la loi ;
- Emission, usage ou introduction sur le territoire de l'un des deux pays des susdits effets ou billets contrefaits ou falsifiés ;
- Faux en écriture publique ou privée ; usage de faux ;
- Vol commis soit à main armée, soit avec violences ou menaces ;
- Vol avec effraction, escalade, fausses clefs, ou commis la nuit dans un lieu habité ou servant d'habitation ;
- Détournements pratiqués par des officiers publics ou par des personnes prises à gages ou salariés au détriment de leurs patrons, pourvu que la valeur des objets détournés ne soit pas moins de deux cent dollars ;

- Destruction de chemin de fer, de tramways, de navires, d'édifices publics ou de toutes constructions, mettant en péril des vies humaines ;
- Faux témoignage ; subornation de témoins ; corruption ou l'acte de donner, d'offrir ou de recevoir une récompense pour influencer l'accomplissement d'un devoir imposé par la loi ;
- Incendie ; Viol ; Bigamie ; Enlèvement de mineurs ; Piraterie.

Selon le traité, les demandes d'extradition devraient être effectuées par voie diplomatique et présentées devant des juges compétents au pays sollicité. Les preuves d'implication du fugitif dans un crime ou le jugement de sa condamnation prononcée par les autorités judiciaires compétentes du pays demandeur devraient être clairement établies. Les quinze articles du traité, en plus de définir les crimes qui sont couverts par cette entraide judiciaire bilatérale, ont spécifié la forme et les délais des demandes d'extradition. Selon l'article 9, « L'arrestation et la détention provisoire du fugitif prendront fin et le prisonnier sera mis en liberté si la demande formelle de son extradition, accompagnée des preuves nécessaires du crime, n'a pas été faite conformément aux stipulations de la présente Convention et dans les soixante jours de la date d'arrestation ». L'article le plus court du traité, et qui est de loin l'un des plus importants parce qu'il a atténué ce dispositif d'extradition, est l'article 4 qui stipule : « Aucune des Parties Contractantes ne sera tenue de délivrer ses propres citoyens ».

Pour approfondir le sujet :

BERLOQUIN-CHASSAGNY Pascale, *Haïti : une démocratie compromise, 1890-1911*, Paris, L'Harmattan, 2004.

PLUMMER Brenda G., *Haiti and the Great Powers, 1902-1915*, Baton Rouge, Louisiana State University Press, 1988.

PRICE Hannibal, *Dictionnaire de Législation administrative haïtienne*, Port-au-Prince, 1923.

« Extradition, que disent la loi et les traités signés par Haïti », *Le Nouvelliste*, 8 avril 2015.

31 janvier 1908 : 15 opposants réfugiés au consulat des États-Unis ont été livrés au président Nord Alexis

Le 15 janvier 1908, des rebelles 'firministes' emmenés par Jean Jumeau ont débarqué aux Gonaïves et ont pris possession de la ville qui se déclarait en rébellion contre le pouvoir de Nord Alexis. Le même jour, le vent de la rébellion a soufflé sur la ville de Saint-Marc. Mais au grand dam des rebelles, la cargaison d'armes qui devraient servir à étendre le mouvement a été interceptée par les autorités américaines, à New York. Le 19 janvier 1908, les forces gouvernementales, venues de Port-au-Prince à bord de trois navires de guerre, ont repris le contrôle de la ville. Les leaders de la rébellion, en manque de renforts et de munitions, se sont réfugiés au consulat des États-Unis à Saint-Marc.

Le 22 janvier 1908, le secrétaire d'État Elihu Root a révoqué le consul américain de Saint-Marc, Charles Miot, pour sa position dans cette crise et lui a signifié de descendre le pavillon américain de sa résidence. Lors de la saisie à New York de la cargaison d'armes destinée à la rébellion, les autorités américaines s'étaient aperçues que le destinataire répondait au nom de Miot. Elles pensaient donc au consul Charles Miot alors qu'il s'agissait de son fils Emile Miot (33 ans), qui avait été très actif au sein de la rébellion. Le 28 janvier, Hugo Jergensen a été nommé consul des États-Unis en remplacement de Charles Miot. Dans le télégramme de nomination qui a été transmis au nouveau consul par le ministre des États-Unis en Haïti, Furniss Watson, il y a eu des instructions précises concernant le pavillon, les meubles, les archives, mais rien sur le transfert des quinze réfugiés qui se trouvaient sous la protection du consulat des États-Unis. Le consul Jergensen a alors demandé au chef de poste des instructions plus précises concernant du relogement des réfugiés. Le ministre Furniss Watson, dans un télégramme daté du 30 janvier, lui a donné pour toute réponse : « Les États-Unis n'assument aucune responsabilité quant aux réfugiés de chez Miot et le gouvernement haïtien en a été avisé. Vous ne transférez pas les réfugiés ».

Ce télégramme qui est arrivé à Saint-Marc le 31 janvier a constitué une carte blanche des États-Unis aux forces répressives du président Nord Alexis. Le jour même, les forces gouvernementales ont pénétré dans l'ancien consulat, la résidence de Charles Miot, y ont instauré un tribunal et ont jugé les réfugiés. Cinq d'entre eux ont été condamnés à mort et emmenés hâtivement au cimetière de Saint-Marc où ils ont été exécutés, sans même recevoir l'extrême-onction. Cette « tuerie sauvage », pour reprendre Roger Gaillard, a provoqué une vive indignation dans le pays tant à l'égard du gouvernement de Nord Alexis que son allié américain. Les rebelles qui s'étaient réfugiés au consulat des États-Unis aux Gonaïves, par peur d'être à leur tour livrés au gouvernement, ont abandonné le consulat au milieu de la nuit et se sont enfuis dans les bois.

Après avoir eu raison des réfugiés du consulat des États-Unis, Nord Alexis a cherché à avoir les têtes des rebelles qui avaient obtenu asile aux consulats de France aux Gonaïves et à Saint-Marc. La France n'a pas cédé aux pressions du gouvernement. Le refus de la France n'a pas donné un coup d'arrêt à l'« infamie de Tonton Nord », selon une expression de Roger Gaillard. Le président s'est permis de supprimer le droit d'asile en Haïti. Les démarches en ce sens ont avancé à grand pas avec les États-Unis. Cependant, la France, tout en admettant la possibilité de poser quelques balises, a refusé de révoquer le droit d'asile. Heureusement pour Tonton Nord ! Le 2 décembre de la même année, c'est lui qui a trouvé asile à bord d'un vaisseau de guerre français, le Duguay-Trouin. La populace a réclamé sa tête, mais les diplomates français, au nom du droit d'asile, ne l'ont pas livrée. Le 5 décembre 1908, Nord Alexis et ses proches ont embarqué à bord d'un navire allemand, le Sarnia, en direction de la Jamaïque.

Pour approfondir le sujet :

BERLOQUIN-CHASSAGNY Pascale, *Haïti : une démocratie compromise, 1890-1911*, Paris, L'Harmattan, 2004.

GAILLARD Roger, *La République exterminatrice. Le grand fauve (1902-1908), t. 5*, Port-au-Prince, Le Natal, 1995.

HEALY David, *Gunboat Diplomacy in the Wilson Area: The U.S. Navy in Haiti, 1915-1916,* Madison, University of Wisconsin Press, 1976.

PLUMMER Brenda G., *Haiti and the Great Powers, 1902-1915*, Baton Rouge, Louisiana State University Press, 1988.

SOMMERS Jeffrey, *Race, Reality, and Realpolitik. U.S.-Haiti Relations in the Lead up to the 1915 Occupation*, London, Lexington Books, 2016.

VASQUEZ FRIAS Pastor, *La Isla Montonera (1900-1916): República Dominicana Y Haití en la ruta de la ocupación,* Santo Domingo, 2016.

28 juillet 1915 : Début de la première occupation américaine d'Haïti

Le 28 juillet 1915, profitant du climat de violence résultant du désordre politique généralisé qu'a connu le pays, notamment avec le massacre de 167 prisonniers politiques suivi des violations des missions diplomatiques française et dominicaine et du lynchage par la foule du président Vilbrun Guillaume Sam, les États-Unis ont mis à exécution leur plan d'occupation d'Haïti, une étape cruciale dans le renforcement et l'imposition de leur statut de puissance.

Depuis l'énoncé de la Doctrine Monroe, en 1823, les États-Unis se sont donnés la latitude d'interférer unilatéralement dans les affaires internes des autres pays des Amériques. Dans le tournant du 20e siècle, les troupes américaines ont envahi le Nicaragua (1894), Cuba (1898), Porto Rico (1898), Colombie (1903), Nicaragua (1914), Mexique (1914) et République Dominicaine (1916). L'objectif a été de protéger les intérêts matériels et stratégiques des États-Unis dans les Amériques dans le contexte immédiat de la construction et la sécurisation du Canal de Panama. Le 3 avril 1912, le secrétaire d'Etat américain Philander Chase Knox, en visite en Haïti, a insisté sur la nécessité de créer une région stable de manière à « protéger le Canal de Panama ». Or, en Haïti, les luttes de clans qui s'accentuaient depuis le début du siècle se sont aggravées avec la mort du président Tancrède Auguste le 2 mai 1913. De plus, le pays avait des relations tant étroites que compliquées avec les puissances européennes, en particulier la France et l'Allemagne. La prépotence française sur la culture et l'économie haïtienne de même que la présence persistante, dans les eaux haïtiennes, de navires de guerre allemands qui ont souvent fait preuve d'agressivité, comme contre la Crête à Pierrot de l'Amiral Killick (2 septembre 1902), ainsi que dans la tuerie des 27 opposants par Nord Alexis (14-16 mars 1908) ont imposé aux États-Unis un partage des lieux.

En février 1914, le secrétaire d'État américain William J. Bryan a fait parvenir un télégramme au gouvernement haïtien lui signifiant que « Le gouvernement des États-Unis voudrait aider [Haïti] de n'importe quelle manière dans l'administration et le collecte des douanes et que les États-Unis désiraient y établir un phare dans la voie de la grande zone du canal ». Le 2 juillet, les États-Unis ont proposé à

Haïti la signature d'une convention douanière entre les deux pays. Ils ont profité de la faiblesse du général Oreste Zamor, élu président du pays le 8 février 1914 pour un mandat de sept ans. Le président Zamor, boycotté par le commerce et par l'international, a eu du mal à pacifier le pays qui faisait face à de graves problèmes financiers. Au mois d'octobre, il est parvenu à une entente avec les États-Unis sur les questions douanières, mais il a été renversé à la fin du mois.

Le 4 novembre, les États-Unis ont proposé au Comité de Salut Public, qui a comblé le vide présidentiel, une assistance pour ramener le calme dans le pays et organiser, sous leur supervision, les élections qui ont amené le général Joseph Davilmar Théodore au pouvoir. Le président Theodore a renforcé, évidemment, la « prépondérance américaine » sur les douanes, les chemins de fer et la banque même si la convention n'a pas été formellement ratifiée. Comme ses prédécesseurs, Théodorc n'est pas arrivé à maintenir l'ordre et payer les obligations du pays envers des créanciers haïtiens et étrangers notamment un consortium français qui, en 1910, avait refinancé la dette d'Haïti en échange d'un contrôle sur sa Banque Nationale. Le 17 décembre, un détachement de marines américains, de connivence avec les autorités haïtiennes, a enlevé la réserve des dix-sept caisses d'or de la Banque Nationale d'Haïti évaluée à 500 mille dollars us et l'a transportée à New York. Le drapeau étoilé a remplacé le bicolore haïtien aux bureaux de la banque, à la rue de Magasin de l'État. Les États-Unis se sont proclamés « protecteurs officiels » de la Banque Nationale d'Haïti. Le gouvernement haïtien a protesté pour ne pas mettre à nu sa complicité.

Les « protecteurs officiels » de la Banque n'ont pas pu cependant protéger leur allié, Davilmar Théodore, incapable de pacifier le pays et surtout de satisfaire les miliciens, les cacos, qui l'avaient aidé à arriver au pouvoir. Le « meneur de révoltes » et homme des cacos, Jean Vilbrun Guillaume Sam, est devenu président du pays le 22 février 1915. Par crainte d'être lui-même renversé par une révolte, Guillaume Sam a dirigé le pays d'une main de fer. La crise s'est amplifiée considérablement. Le lynchage du président Sam et du général Charles Oscar Etienne, en représailles à la folle tuerie des prisonniers politiques au pénitencier national, a sonné le glas de la souveraineté déjà limitée de la République d'Haïti. Le croiseur Washington commandé par l'amiral William B. Caperton, qui se trouvait depuis le 1er juillet dans les eaux haïtiennes, près du Cap-

Haitien, a débarqué les marines à Bizoton dans l'après-midi du 28 juillet 1915.

Pour approfondir le sujet :

CASTOR Suzy, *L'occupation américaine d'Haïti 1915-1934*, Port-au-Prince, Henri Deschamps, 1988.

GAILLARD Roger, *Les Blancs débarquent, II. 1914-1915. Les cent jours de Rosalvo Bobo ou une mise à mort politique*, Port-au-Prince, Presses Nationales, 1973.

HEALY David, *Gunboat Diplomacy in the Wilson Area: The U.S. Navy in Haiti, 1915-1916,* Madison, University of Wisconsin Press, 1976.

PLUMMER Brenda G., *Haiti and the Great Powers, 1902-1915*, Baton Rouge, Louisiana State University Press, 1988.

SOMMERS Jeffrey, *Race, Reality, and Realpolitik. U.S.-Haiti Relations in the Lead up to the 1915 Occupation*, London, Lexington Books, 2016.

TURNIER Alain, *Les États-Unis et le marché haïtien*, Montréal, Imprimerie Saint-Joseph, 1955.

VASQUEZ FRIAS Pastor, *La Isla Montonera (1900-1916): República Dominicana Y Haití en la ruta de la ocupación,* Santo Domingo, 2016.

21 janvier 1929 : Traité haïtiano-dominicain établissant le tracé de la frontière

La délimitation de la frontière a été objet de tractations et de conflits entre les deux pays pendant des décennies. En 1867, 23 ans après l'indépendance de la République dominicaine, les constituants haïtiens ont, pour la première fois depuis la constitution impériale de 1805, écarté l'article portant sur l'indivisibilité de l'île avec la mer pour frontière. La suite a été donc de tracer les limites des deux pays. Rappelons que le traité de Ryswick (20 septembre 1697) selon lequel l'Espagne cédait la partie occidentale à la France n'avait pas fixé les limites des frontières des deux colonies. L'unique instrument qui, de l'époque coloniale, avait marqué les frontières des deux territoires a été le traité d'Aranjuez, signé entre la France et l'Espagne, le 3 juin 1777. Selon ce traité, la frontière commençait, au nord, à l'embouchure du fleuve Dajabón (la rivière Massacre) et se terminait, au sud, par la rivière de Pedernales.

A partir de la reconnaissance de l'indépendance de la République dominicaine, les limites frontalières des deux nations se partageant l'île devenaient une nécessité. Les Dominicains souhaitaient l'application du tracé convenu dans le traité d'Aranjuez alors que les Haïtiens voulaient une prise en compte de la situation du moment. Au fil des années et des campagnes militaires visant à réunifier l'île, après la chute de Boyer, des communautés haïtiennes s'étaient installées dans des points qui appartenaient à la ligne espagnole en tenant compte du traité de 1777.

Dans les années qui ont suivi l'indépendance de la République dominicaine d'Haïti, cette question n'a pas été une priorité au fait des changements constants de gouvernements dans les deux pays et du peu d'incidents enregistrés à la frontière. Pendant environ une vingtaine d'années, les deux pays se sont positionnés par constitutions interposées sur ce que devrait être le tracé de la frontière. En 1895, ils ont sollicité l'arbitrage du pape Léon XIII en vue de trouver une entente sur la question frontalière. Cette négociation n'a pas abouti. Finalement, le 21 janvier 1929, les deux pays sont parvenus à leur premier accord sur la délimitation de la frontière, sous l'égide des États-Unis. Selon l'historien dominicain Alberto E. Despradel Cabral, « une des expressions dominantes de la politique imposée par la puissance étasunienne dans l'île fut la recherche de solutions aux conflits qui remettaient en question la paix de l'île, où [les États-Unis] implémentèrent et développèrent en un temps record des intérêts bien définis de l'empire, particulièrement des plantations de canne à sucre et des usines sucrières installées dans le pays par différentes compagnies américaines ».

Les 25 et 27 février 1929, le président dominicain Horacio Vásquez et son homologue haïtien Louis Borno ont signé le traité haïtiano-dominicain sur le tracé de la frontière. Les travaux de marquage ont commencé au mois de juin 1929, mais ont été suspendus l'année suivante. Les chutes de Vásquez (3 mars 1930) et de Borno (15 mai 1930) ont certainement facilité l'interruption du traité. En Haïti, cet accord a été, après coup, jugé préjudiciable aux intérêts du pays puisqu'il a concédé aux Dominicains des portions de terres occupées par des Haïtiens depuis environ un siècle. Les détracteurs de l'accord de 1929 ont surtout mis l'accent au fait qu'une si importante question ne pouvait être traitée sous occupation étrangère. Le traité a été en effet signé en pleine occupation d'Haïti et de la République dominicaine par les États-Unis.

En 1933, Leónidas Rafael Trujillo et Sténio Vincent, arrivés au pouvoir respectivement en août et novembre 1930, ont convenu de la nécessité de réactiver le dossier de délimitation de la frontière et régulariser la migration haïtienne vers la République dominicaine. Le 18 octobre 1933, ils se sont rencontrés à Dajabón et à Ouanaminthe et ont discuté, entre autres, de l'application de l'accord de 1929. Du 2 au 7 novembre 1934, Trujillo a séjourné à Port-au-Prince. Le 27 février 1935, Vincent à son tour a séjourné Santo Domingo où il a signé avec Trujillo le protocole d'accord rectifiant la ligne de frontière établie par le traité de 1929. Le 2 mars et le 14 avril 1936, Haïti et la République dominicaine ont ratifié un protocole de révision des deux accords précédant. Le protocole de 1936, le dernier accord frontalier entre les deux pays, a permis de régler définitivement cette épineuse question des relations haïtiano-dominicaines.

Pour approfondir le sujet :

BALAGUER Joaquín, *La Isla alrevés. Haití y el destino dominicano*, Santo Domingo, Fundación José Antonio Caro, 12e édition, 2013.

BLANCPAIN François, *Louis Borno President d'Haiti*, Port-au-Prince, 1998.

BLANCPAIN François, *Haïti et la Répulique dominicaine. Une question de frontières*, Matoury (Guyane française), 2008.

DESPRADEL CABRAL Alberto E., *Historia de las Relaciones Dominico haitianas: Tratados y las Fronteras*, Santo Domingo, 2004, 411.

DESPRADEL CABRAL Alberto E., *Las relaciones dominico haitianas Desde 1915 hasta nuestros días*, Santo Domingo, 2004.

MARS Jean Price, *La République d'Haïti et la République dominicaine. Les aspects divers d'un problème d'histoire, de géographie et d'ethnologie, 2 tomes*, Port-au-Prince, Editions Fardin, 1998 (1953).

PIANTINI William Paez, *Relaciones domínico-haitianas: 300 años de historia*, Santo Domingo, 2001.

PIANTINI William Paez, *Frontera domínico-haitiana: 6 zonas – 97 planos – 313 pirámides*, Santo Domingo, Impreso en la República Dominicana, 2013.

VASQUEZ FRIAS Pastor, *Éxodo ! Un siglo de migración haitiana hacia la República Dominicana*, Santo Domingo, Editorial Santuario, 2013.

VEGA Bernardo, *Trujillo y Haití*, Vol. I: 1930-1937, Santo Domingo, Fundación Cultural Dominicana, 1988.

21 août 1934 : Fin de la première occupation américaine d'Haïti

Le 12 août 1915, les Etats-Unis ont installé Philippe Sudre Dartiguenave comme président en titre d'Haïti. Formellement, c'est le parlement haïtien, 'élu' par les marines américains, qui a choisi le président. Au mois de septembre, le secrétaire d'État haïtien Louis Borno a signé, à bord du croiseur Washington, la convention officialisant l'occupation américaine. Le parlement haïtien ratifia le texte le 11 novembre. La convention, dans son préambule, a promis « la paix et la prospérité » à Haïti. Le 1er février 1916, les États-Unis ont mis sur pied une force répressive 'nationale' de 1500 hommes, la gendarmerie d'Haïti, qui a remplacé l'armée dissoute. Le 15 mai 1922, les marines ont installé Joseph Louis Borno comme président en titre.

Dans tous les pays occupés, les États-Unis se sont chargés directement des douanes, des finances, de la sécurité et des travaux publics ; laissant les domaines moins importants aux mains des collabos, même si en réalité « tout le monde reçoit des ordres », comme l'explique Dantès Bellegarde, qui a été ministre de l'Agriculture et de l'Instruction publique sous l'occupation. Ils ont imposé leurs lois par la force des armes. Ils ont pratiqué une politique raciste humiliante basée sur leur entendement de la prétendue supériorité raciale des blancs. Dans la constitution imposée à Haïti en 1918, les occupants ont aboli l'article qui, dans toutes les constitutions postérieures, interdisait aux étrangers de posséder des terres en Haïti. Ils se sont accaparés des propriétés publiques et privées du pays, notamment des terres des paysans, dont ils disposaient selon leur gré pour placer un camp, monter une usine ou percer une route arbitrairement. Les nouveaux maîtres d'Haïti ont aussi exigé de nouvelles impositions de la population dont de nouvelles taxes sur des produits agricoles, l'alcool et le tabac. En plus de s'accaparer de leurs terres et taxer davantage le peu qu'ils produisaient, les occupants ont, en juillet 1916, imposé aux paysans l'ignoble régime de la corvée.

L'occupation américaine d'Haïti ne s'est pas faite sans résistance de la part des Haïtiens notamment les cacos dans le nord et le Plateau central. La réaction des marines a été extraordinairement féroce. Ils ont utilisé des méthodes atroces à l'encontre des prisonniers de manière à semer la peur au sein de la population : pendaison par les parties génitales, absorption forcée de liquide, pression sur les tibias avec des fusils, exécutions publiques. Après les séances de torture, les prisonniers et blessés de la résistance ont été systématiquement exécutés. La population civile, incluant des femmes et des enfants, a été aussi l'objet de maltraitance et de massacre de la part des marines. Roger Gaillard note en autres des exécutions sommaires, viols, maisons mises à feu après y avoir enfermé des familles entières, pendaisons, civils brûlés vivants, personnes enterrées vivantes. En 1929, un contemporain de la période, Dantès Bellegarde, a établi à 3.500 le nombre de paysans victimes de « massacres » et « de supplices atroces » durant les quatre premières années de l'occupation. L'historien Roger Gaillard, qui a écrit une chronique complète de l'occupation américaine en sept tomes, a évalué à 15.000 le nombre total de victimes de l'occupation. Voici quelques dates à retenir :

26 septembre 1915, deux marines ont péri dans une attaque des cacos à Quartier Morin.

17 novembre 1915, les marines ont attaqué le bastion des cacos dans le nord. Une cinquantaine cacos ont été tués.

4 juin 1916, les marines ont exécuté le général caco Mizrael Codio et une dizaine de ses compagnons, à Fonds-Verrettes, après les avoir capturés et désarmés.

3 septembre 1918, Charlemagne Péralte a pris la tête d'un groupe de cacos et intensifié la révolte contre l'occupation américaine.

17 octobre 1918, les cacos ont affronté la gendarmerie de Hinche. Trente-cinq cacos et deux gendarmes ont été tués.

10 novembre 1918, les cacos ont attaqué la gendarmerie de Maïssade.

Janvier 1919, 19 prisonniers cacos ont été exécutés publiquement à Hinche.

6 octobre 1919, les cacos ont attaqué Port-au-Prince, ils ont été repoussés par la gendarmerie et les marines.

30-31 octobre 1919, les marines ont attaqué le campement de Charlemagne Péralte, à Grande-Rivière. Le leader des cacos a été abattu.

Novembre 1919, deux villages de la région de Thomazeau ont été mitraillés par des avions de l'armée américaine.

15 janvier 1920, le nouveau leader des cacos, Benoît Batraville, a attaqué Port-au-Prince. Les marines ont riposté et ont tué une soixantaine de cacos.

19 mai 1920, les marines ont attaqué la base de Benoît Batraville, dans le centre. Ils ont abattu le leader des cacos et le reste du groupe a été dispersé.

31 octobre 1929, des étudiants de Damien ont organisé les premiers mouvements ouverts, à Port-au-Prince, contre l'occupation.

5 décembre 1929, l'aviation américaine a bombardé la rade de la ville des Cayes.

6 décembre 1929, à Marchaterre, près des Cayes, les piquets ont conduit une manifestation pacifique contre l'occupation américaine. Une dizaine de personnes ont été tuées par les marines.

Le processus de désoccupation du territoire haïtien s'est enclenché à partir de 1930. Le président américain Herbert Hoover a confié à une commission, dirigée par le diplomate William Cameron Forbes, la tâche d'évaluer la situation en Haïti et d'étudier les possibilités d'un retrait des États-Unis du pays. La commission Forbes, après avoir auditionné des collaborateurs et des opposants à l'occupation, a recommandé un retour progressif des Haïtiens à l'administration de leur pays. Le 15 mai 1930, Eugène Roy a été choisi, conjointement par l'opposition et par les occupants, comme président provisoire en remplacement de Louis Borno, avec comme fonction principale l'organisation des élections. Les nationalistes sont sortis vainqueurs des élections législatives. Le 18 novembre 1930, les parlementaires ont élu Sténio Vincent président d'Haïti. En août 1933, les États-Unis ont remis le contrôle des finances aux Haïtiens. Le 5 juillet 1934, le nouveau président des États-Unis Franklin D. Roosevelt, en visite en Haïti, a consacré la fin de l'occupation. Un mois plus tard, les marines sont partis du territoire haïtien en y laissant une nouvelle armée, une administration publique moins archaïque, quelques infrastructures routières, militaires et administratives, une nouvelle classe politique, une économie appauvrie et des milliers de morts. Pour les contemporains de la période, le 21 août 1934, date de départ des dernières garnisons de marines, a été considéré comme la deuxième indépendance d'Haïti.

Pour approfondir le sujet :

BELLEGARDE Dantès, *L'occupation américaine d'Haïti. Ses conséquences morales et économiques*, Port-au-Prince, 2013.

BELLEGARDE Dantès, *La Resistance haïtienne. L'Occupation américaine d'Haïti,* Montréal, Editions Beauchemin, 1937.

BLANCPAIN François, *Haïti et les États-Unis 1915-1934. Histoire d'une occupation*, Paris, L'Harmattan, 1999.

CASTOR Suzy, *L'occupation américaine d'Haïti 1915-1934*, Port-au-Prince, Henri Deschamps, 1987.

GAILLARD Roger, *Les Blancs débarquent, III. Premier écrasement du Cacoisme,* Port-au-Prince, Le Natal, 1981.

GAILLARD Roger, *Les Blancs débarquent, IV. 1916-1917. La République autoritaire*, Port-au-Prince, Le Natal, 1981.

GAILLARD Roger, *Les Blancs débarquent, V. Hinche mise en croix*, Port-au-Prince, Le Natal, 1982.

GAILLARD Roger, *Les Blancs débarquent, VII, La guérilla de Batraville*, Port-au-Prince, Le Natal, 1983.

PLUMMER Brenda G., *Haiti and the United States: The Psychological Moment,* Athens (Georgia), The University of Georgia Press, 1992.

RENDA, Mary, *Taking Haiti, Military Occupation and the Culture of US Imperialism, 1915-1940,* Chapel Hill, University of North Carolina Press, 2001.

SCHMIDT Hans, *The United States Occupation of Haiti, 1915-1934*, New Brunswick, Rutgers University Press, 1971.

SPECTOR M. Robert, *W. Cameron Forces and The Hoover Commissions To Haiti (1930)*, Lanham, 1985.

SYLVAIN Georges, *Dix années de lutte pour la liberté 1915-1925,* 2 tomes, Port-au-Prince, 1955.

2-5 octobre 1937 : Massacre des Haïtiens en République dominicaine

Dans les premiers jours d'octobre 1937, le général Rafael Leónidas Trujillo a ordonné le massacre de milliers d'Haïtiens au cours d'une tournée dans les villes frontalières de Dajabón et de Monte Christi. L'historien Albert C. Hicks rapporte quelques passages du discours prononcé par Trujillo à Dajabón : « Je suis venu à la frontière voir comment je pourrais aider mes compatriotes qui y vivent. Je me rends compte que les Haïtiens y volent la nourriture et le bétail de nos paysans. Je trouve que les Dominicains seraient plus heureux si nous nous débarrassions des Haïtiens… Je vais corriger cette situation. Hier, trois cents Haïtiens ont été tués à Banica. Cela doit se poursuivre ! » Trujillo a donné le coup d'envoi du massacre le soir du 2 octobre, à Monte Christi, une ville fortement peuplée d'Haïtiens, au cours d'une fête réalisée en son honneur. Pendant trois jours, notamment durant les premières 36 heures, la République dominicaine a vécu le plus grand génocide de son histoire.

Selon les recherches effectuées par Jean Price Mars, alors qu'il était ambassadeur en République dominicaine (1947-1949), le massacre des Haïtiens a débuté dès la deuxième quinzaine de septembre. La tuerie s'est systématisée et amplifiée du 2 au 4 octobre. Toute personne noire qui ne pouvait correctement prononcer le mot espagnol *perejil* a été considérée comme Haïtien et son corps dépecé. Le massacre a eu lieu un peu partout dans le pays. Mais le plus grand nombre de victimes a été recensé dans les zones comprises entre la partie nord de la frontière et Mao, entre la partie sud de la frontière et Azua et aussi dans des lieux moins proches de la frontière comme Santiago, San Francisco de Macorís, Moca et Samaná. Les victimes ont été tuées à l'arme blanche de manière à donner au massacre l'apparence d'un soulèvement populaire spontané. Cependant, les données montrent que le génocide a été froidement planifié par le gouvernement dominicain.

Les meneurs de la tuerie ont été des militaires. A Santiago, l'armée dominicaine a procédé à l'arrestation d'environ deux mille haïtiens pour ensuite les décapiter à la machette. A Monte Christi, des milliers d'autres, les bras liés par l'armée, ont été conduits vers le port et poussés dans l'eau profonde où ils se sont noyés. A Dajabón, les corps de plusieurs milliers d'Haïtiens exterminés à la machette ont été jetés à la rivière Massacre. Les meurtres, commis grandement dans les villes frontalières, ont été aussi étendus à l'ouest vers la région de Cibao et à l'est jusqu'à la baie de Samana. Selon une description faite par l'historien Robert D. Crassweller, « Des corps obstruaient le fleuve [le long de la frontière]. Des corps étaient entassés dans de petites vallées obscures. Des corps gisaient dans les rues des villages et sur les routes de campagne comme dans des champs verts. Des sentiers de sang gisaient sur les chemins de campagne poussiéreux le long de la frontière. Du sang coulait des camions qui transportaient des cadavres dans des ravins isolés ». La plupart des victimes ont été des femmes, des enfants et des vieillards. Les journaliers haïtiens qui ont été embauchés dans les usines sucrières et les plantations agricoles et pour qui les industriels américains payaient des impôts pour pouvoir les employer comme *braceros* n'ont pas été inquiétés par les forces exterminatrices racistes de Trujillo. Des milliers d'Haïtiens et de Dominicains noirs ont pu échapper au massacre en traversant du côté haïtien de la frontière.

Le nombre de victimes est aujourd'hui encore difficile à déterminer. Les chiffres varient de 5.000 à 25.000 morts. Dans son ouvrage, l'historien Juan Manuel García met en évidence la disparité entre des sources de référence sur les chiffres du massacre : « Joaquín Balaguer a affirmé que Trujillo s'est converti en génocidaire en organisant le massacre de 17.000 Haïtiens en 1937. Des journaux dominicains de l'époque (Listin Diario et Opinión) n'ont pas publié la nouvelle, mais des médias d'informations à l'étranger ont évoqué des nombres variant entre 200 et 8.000 morts. Jean Price Mars a parlé de 12.136 morts et de 2.419 blessés, mais selon le calcul des historiens dominicains Valentín Peguero et Danilo de los Santos il y a eu entre 12.000 et 25.000 haïtiens assassinés. Rufino Martinez [historien dominicain] a rapporté plus de 10.000 morts ». Aujourd'hui encore, des historiens dominicains, soucieux d'une réévaluation à la baisse du nombre de victimes, ont estimé que le génocide n'a pas fait plus de 5.000 à 10.000 morts. De toute manière, ces chiffres, aussi disparates soient-ils, sont la preuve de l'étendue du massacre et montrent que son caractère spontané ne tient pas.

Les spécialistes avancent deux grandes raisons qui pourraient motiver ce carnage ordonné par Trujillo. D'abord, une question historique. Les Dominicains n'ont jamais tourné la page de la

« domination haïtienne ». Ensuite, le racisme de Trujillo. Comme le montre April J. Mayes, le général dominicain s'est donné de se blanchir et de blanchir son pays. Il n'a pas caché son inimitié envers les Haïtiens, noirs, créolophones et vodouisants. Il a activement prôné l'immigration de Portoricains, d'Espagnols, de Juifs et d'Asiatiques en République dominicaine. Parallèlement au massacre de 1937, Trujillo a conduit une politique incitant ses compatriotes à latiniser la frontière, à y renforcer la culture hispanique et la présence dominicaine par le biais de la langue espagnole, la religion catholique et une forte natalité. Il a récompensé les Dominicaines qui donnaient naissance à dix enfants. Dans les villes frontalières notamment, les écoles sont devenues des « laboratoires pédagogiques » pour accomplir « le travail d'hispanisation et de de-haïtianisation ».

Le 31 janvier 1938, après deux mois de tractations, Haïti et la République dominicaine ont signé une convention selon laquelle le gouvernement dominicain a convenu de payer une indemnité de $750.000 comme dédommagement pour le massacre. 250.000 dollars, constituant le paiement initial de l'indemnité, ont été versés à Haïti au moment de la signature de l'accord grâce à « un prêt de Trujillo au gouvernement dominicain ». Les 500.000 dollars restant devraient être payés par cinq quotas annuels de 100.000 dollars. En 1939, le nouveau ministre dominicain à Port-au-Prince, Anselmo Paulino Alvarez, a relancé des négociations avec les autorités haïtiennes qui ont accepté de recevoir un paiement unique de 275.000 dollars pour le reste de l'indemnité. En plus de ce montant versé en chèque, le ministre dominicain a distribué 25.000 dollars en cash pour l'achat du consentement des dirigeants haïtiens, selon l'historien dominicain Bernardo Vega. Le journaliste Albert Hicks, un contemporain de la période qui a évalué le nombre de victimes à 15.000, a indiqué qu'Haïti a accepté de Trujillo un paiement de 500 dollars par tête d'Haïtien. Mais selon l'intellectuel dominicain, Dr. Luis Arias Nuñez, au vu du montant qui a été réellement versé dans le trésor public haïtien, chaque Haïtien décédé a coûté 12 dollars.

Pour approfondir le sujet :

AUDAIN Julio Jean Pierre, *Les ombres d'une politique néfaste*, Mexico, 1976.

CASTOR Suzy, *Migrations et relations internationales : le cas haïtiano-dominicain*, Port-au-Prince, 1988.

CRASSWELLER D. Robert, *Trujillo: The Life and Times of a Caribbean Dictator,* New York, The Macmillan Company, 1966.

CUELLO Jose Israel H., *Documentos del conflicto domínico-haitiano de 1937*, Santo Domingo, 1985.

DESPRADEL CABRAL Alberto E., *El Consulado de Belladère en las relaciones dominicohaitianas 1931-1963*, Santo Domingo, 2005.

DORSINVILLE Roger, *Marche arrière*, Outremont (Canada), 1986.

GARCIA Juan Manuel, *La Matanza de los Haitianos. Genocido de Trujillo 1937*, Santo Domingo, Editora Alfa y Omega, 1983.

HICKS C. Albert, *Blood in the Streets: The Life and Rule of Trujillo*, New York, Creative Age Press, 1946.

MARS Jean Price Mars, *La République d'Haïti et la République dominicaine. Les aspects divers d'un problème d'histoire, de géographie et d'ethnologie, 2 tomes*, Port-au-Prince, Editions Fardin, 1998 (1953).

MAYES J. April, *The Mulatto Republic: Class, Race, and Dominican National Identity,* Gainesville, University Press of Florida, 2014.

ROORDA Eric Paul, *The Dictator Next Door: The Good Neighbor Policy and the Trujillo Regime in the Dominican Republic, 1930-1945*, Durham, Duke University Press, 1998.

VASQUEZ FRIAS Pastor, *Éxodo ! Un siglo de migración haitiana hacia la República Dominicana*, Santo Domingo, 2013.

SUPPLICE Daniel, *Zafra. Sucre, sueur et sang*, Port-au-Prince, Henri Deschamps, 2008.

VEGA Bernardo, *Trujillo y Haití*, Vol. II: 1937-1938, Santo Domingo, Fundación Cultural Dominicana, 1988.

8 Décembre 1941 : Haïti est entré dans la deuxième Guerre mondiale

Le 8 décembre 1941, le lendemain de l'attaque, par les Japonais, de la base navale américaine de Pearl Harbor, dans l'Océan Pacifique, Haïti a fait son entrée dans la deuxième Guerre mondiale en déclarant la guerre au Japon. Dans des décrets publiés les 8, 13 et 24 décembre 1941, le président Lescot a indiqué que son pays était en état de guerre avec le Japon, l'Allemagne, l'Italie, la Hongrie, la Roumanie et la Bulgarie.

Bien avant le début du conflit armé, le gouvernement haïtien adoptait un ensemble de mesures qui visaient à contrecarrer les politiques désastreuses d'Hitler et de Mussolini à l'égard des Juifs. Dès 1939, Haïti s'engageait à protéger les Juifs d'Europe en les accueillant comme réfugiés politiques dans ses représentations diplomatiques et en leur offrant de s'installer en Haïti. Il était possible aux Juifs de se naturaliser et obtenir un passeport haïtien dans les consulats d'Haïti en Europe. Dans un article publié en octobre 2013, *Israël Magazine* a rappelé qu'« Haïti a en effet été l'un des rares pays à avoir ouvert ses frontières aux Juifs fuyant le nazisme pendant la deuxième Guerre mondiale. Bien avant déjà, pendant l'Inquisition, Haïti avait aussi su accueillir les Juifs persécutés ». Le 29 mai 1939, le président Sténio Vincent publiait un décret octroyant la nationalité haïtienne aux Juifs qui bénéficiaient de l'asile des représentations diplomatiques haïtiennes en Europe, ce qui leur permettait de pouvoir circuler sans être inquiété.

Le changement de gouvernement en Haïti en pleine Guerre mondiale n'a pas modifié la position du pays dans ce conflit. Le gouvernement d'Elie Lescot a même durci la politique de son prédécesseur contre le danger du nazisme et en faveur des Juifs. Quatre jours après la déclaration de guerre aux pays de l'Axe, les ressortissants allemands et italiens vivant en Haïti ont été arrêtés et emprisonnés au Fort National. Le gouvernement a séquestré les biens des « ressortissants des puissances en guerre avec la République d'Haïti ». Quelque temps après son entrée en guerre, le gouvernement de Lescot a liquidé les biens séquestrés et a prélevé de leurs ventes « toutes valeurs nécessaires aux besoins de la Défense Nationale ». Le 28 juillet 1942, une unité marine a vu le jour au sein de l'armée haïtienne sous l'appellation des « Gardes-côtes d'Haïti ». Créée avec l'aide des États-Unis, cette unité a eu pour mission de participer à la défense la région contre une éventuelle attaque allemande. Un an plus tard, le 9 septembre 1943, le Corps d'aviation a été créé, toujours dans l'effort de guerre contre les pays de l'Axe. Le 30 juillet 1941, le gouvernement haïtien, sous l'incitation des États-Unis, a créé la Société haïtiano-américaine de Développement agricole (Shada) dans l'objectif de produire du caoutchouc à grande échelle ; la rareté de ce précieux matériau pouvait avoir des conséquences sur la suite du conflit mondial. Mais la Shada, le projet de tous les espoirs, a piteusement échoué provoquant, selon l'historienne Martha Gilbert, l'expropriation de centaines de paysans, le déplacement de 250.000 personnes, la coupe d'un million d'arbres fruitiers et de 200.000 pins.

Quelques ressortissants haïtiens ont participé à la Seconde Guerre mondiale sous des drapeaux étrangers, français en particulier. Mais des troupes haïtiennes à proprement parler n'ont pas combattu sur le terrain. Selon Georges Michel, « l'aéroport du Bowen-Field à Port-au-Prince aujourd'hui disparu avait été prolongé et asphalté afin de permettre aux avions américains de s'y poser dans le cadre du pont aérien reliant la Floride à l'Afrique du Nord via les Caraïbes, l'Amérique du Sud et l'Atlantique Sud pour ravitailler les troupes alliées qui se battaient contre l'Afrikakorps de Rommel, qui feront la guerre en Italie et qui débarqueront en Provence en 1944 (…) Dans le cadre de la loi Prêt-Bail, la Marine haïtienne fut renforcée de plusieurs unités et l'effectif de son personnel augmenté. Le service d'artillerie de la Garde d'Haïti fut organisé et une unité d'artillerie fut installée au Môle Saint-Nicolas avec plusieurs canons qui eurent maintes fois à ouvrir le feu sur des sous-marins allemands qui traversaient le Canal du Vent (…) De nombreux terrains d'aviation furent construits à travers le pays dont celui d'Anse-à-Pîtres, du Trou-Caïman ou agrandis comme celui de Belladère ».

Pour approfondir le sujet :

AUGUSTE Marcel B., *Elie Lescot. Coup d'œil sur une administration*, Québec, 2006.

BERNARD Joseph Jr., *Histoire juive d'Haïti*, Port-au-Prince, Henri Deschamps, 2013.

BERNARD Joseph Jr., *Histoire de la colonie allemande d'Haïti,* Port-au-Prince,

Henri Deschamps, 2011.

GILBERT Myrtha, *Shada: chronique d'une extravagante escroquerie*, Port-au-Prince, 2012.

MICHEL Georges, « Les Haïtiens dans les deux Guerres mondiales », *Le Nouvelliste,* 5 juin 2014.

« Haïti, un pays fier de ses Juifs », *Israël Magazine,* No 153, Paris, 2013.

27 avril 1945 : Haïti a porté le français comme langue de travail de l'ONU

A l'approche de la fin de la deuxième Guerre mondiale, les puissances alliées ont convoqué des conférences internationales de manière à discuter de la suite du conflit et déterminer la nouvelle marche du monde. Les conférences les plus importantes ont été celles de Dumbarton Oaks (septembre-octobre 1944) et de Yalta (février 1945) qui, selon l'expression d'un délégué américain, ont réuni les grandes nations, celles « qui ont versé leur sang pour le reste du monde ». C'est au cours de ces discussions, tenues entre les États-Unis, la Russie, la Chine et la Grande-Bretagne, qu'ont été posées les bases de la future Organisation des Nations Unies. La France, qui n'avait pas participé aux Conférences de Dumbarton Oaks et de Yalta, n'a pas fait partie des puissances invitantes à la Conférence de San Francisco tenue en avril 1945. De plus, la langue française n'a pas été utilisée pour rédiger les invitations.

A la Conférence de San Francisco (24 avril-26 juin 1945), la France a résolu d'œuvrer pour que le Français retrouvât la position privilégiée de langue diplomatique qu'elle a perdue avec la défaite de 1940. Sur la table de la conférence, il y a eu la proposition américaine selon laquelle : « Les actes finals et, en cours de conférence, les questions mises en discussion, seraient présentées dans les cinq langues (anglaise, française, espagnole, russe, chinoise) reconnues officiellement qui feraient foi, au même titre. Quant aux discours, ils seraient traduits en anglais (s'ils sont) prononcés dans une autre langue ; prononcés en anglais, ils ne seraient pas traduits ». Cette proposition devrait placer l'anglais comme langue principale de la conférence, donc de la future organisation mondiale. La délégation française dirigée par Georges Bidault s'est préparée à faire une contre-proposition au cours des discussions du 26 avril sur la question des langues entre les membres du comité directeur, composé des présidents de toutes les délégations. Les représentants français ont même prévu de « quitter la salle au moins pour les premières séances au moment où se produirait la traduction anglaise d'un discours prononcé en français ». Plusieurs délégations participant à la Conférence ont promis à la France de soutenir sa proposition. Mais le support de taille est venu du gouvernement d'Haïti.

Dans des télégrammes au Quai d'Orsay, les diplomates français en Haïti ont révélé que dès la préparation de la Conférence, le gouvernement haïtien a « pris l'initiative de charger sa délégation de demander l'admission de notre langue [la langue française] dans les délibérations de cette Assemblée Internationale ». La délégation haïtienne a été composée de huit personnalités dont le secrétaire d'État des Relations extérieures Gérard Lescot, fils du président Elie Lescot ; le secrétaire d'État de la Défense nationale Vely Thébaud ; le général Alfred Auguste Nemours, président du Sénat, ancien ministre d'Haïti à Paris et délégué à la Société des Nations ; l'ambassadeur d'Haïti à Washington André Liautaud ; le sous-secrétaire d'État des Finances et de l'économie nationale Pierre Chauvet. La démarche française, dans sa circulaire 49, invitant ses légations et ambassades à négocier dans leurs pays de résidence des appuis à la proposition de sa délégation, a été accueillie favorablement par Haïti.

La diplomatie haïtienne a servi de relais au Quai d'Orsay en entreprenant des démarches auprès des gouvernements représentés en Haïti leur demandant d'appuyer la proposition française. Au cours de la séance inaugurale de la conférence de San Francisco, le secrétaire d'État des Affaires étrangères d'Haïti, Gérard Lescot, a prononcé un discours en faveur de la France pour laquelle il a réclamé une place de premier plan dans la nouvelle organisation mondiale. La délégation haïtienne est parvenue à persuader certains pays que la France était incapable de convaincre, notamment des nations de l'Amérique latine et de l'Asie, de réfuter l'idée de la primauté d'une seule langue au sein de l'organisation. « La France vous doit une reconnaissance éternelle » a déclaré alors Georges Bidault, président de la délégation française, pour signifier la portée de cet acte et l'importance qu'il revêt pour la France. Le 27 avril 1945, le Comité directeur de la Conférence a admis le français, au même titre que l'anglais, comme langue de travail de l'Organisation des Nations Unies.

Pour approfondir le sujet :

ARTHUS Wien Weibert, *La Machine diplomatique française en Haïti (1945-1957)*, Paris, L'Harmattan, 2012.

DEBRAY Régis (dir.), *Haïti et la France. Rapport à Dominique de Villepin, ministre des Affaires étrangères,* Paris, Ed. La Table ronde, 2004.

DUROSELLE Jean-Baptiste et KASPI André, *Histoire des relations internationales de 1945 à nos jours,* Tome 2, Paris, Armand Colin, 13e édition mise à jour, 2002.

GAILLARD Gusti-Klara, *Les Ressorts des intérêts français en Haïti dans l'entre-deux-guerres, thèse de doctorat soutenue sous la direction du professeur Jacques Thobie, à l'Université Paris 8,* trois tomes, Paris, 1991.

LEWIN André (dir.), *La France et l'ONU : 1945-1995*, Paris, Aléa-Corlet, 1995.

TROUILLOT Henock, *Haïti entre la francophonie et l'américanisme XIX-XXème siècle*, Port-au-Prince, 1975.

24 septembre 1945 : Signature de l'accord culturel franco-haïtien

A la fin de la Deuxième Guerre mondiale, Haïti et la France ont décidé de rétablir leurs relations diplomatiques ; celles-ci avaient été interrompues lorsque la France, sous l'emprise des Allemands, n'était pas dans le camp des alliés. Le 28 juin 1945, le gouvernement provisoire de la République française s'est fait représenter en Haïti par un ministre plénipotentiaire ; ce qui a mis fin à environ cinq années d'absence diplomatique dans ce pays. Le 24 septembre, les deux pays ont signé un accord culturel dans l'objectif de « resserrer les relations culturelles entre la France et Haïti, de favoriser le rayonnement de la culture française et de promouvoir la collaboration entre les Universités françaises et l'Université d'Haïti ». Depuis, la culture a substitué à l'économie comme domaine privilégié des relations franco-haïtiennes.

L'accord de 1945 a été le premier accord bilatéral de l'après-Guerre signé entre Haïti et la France. Il a permis de concrétiser la reprise des relations diplomatiques entre ces deux pays. Les derniers accords signés entre les deux États, en 1938 et 1939, n'avaient pas pu être appliqués à cause de la guerre qui avait débuté en 1940 et occasionné la rupture diplomatique entre l'Haïti des alliés et la France de Vichy. L'accord signé à Port-au-Prince le 24 septembre 1945 est formellement appelé « Accord culturel franco-haïtien ». Mais par son contenu, il devrait être judicieusement intitulé « accord portant sur la création de l'Institut français d'Haïti ». De fait, la date du 24 septembre 1945 est considérée comme celle de la création de l'Institut.

Dans le cadre de cet accord, le gouvernement haïtien a pris l'engagement de mettre à la disposition du gouvernement français le local qui devrait servir de siège à l'Institut pour son fonctionnement immédiat et un terrain quand il serait question de construire un bâtiment pour le loger. Cet organisme a été exonéré d'impôts. Et c'est à la France qu'est revenue la charge de financer l'aménagement de son local ainsi que les frais d'administration et de fonctionnement. Inaugurés le 7 décembre 1945, les premiers locaux de l'Institut ont été une villa, située au numéro 3 de l'avenue Charles Summer, à Port-au-Prince. Le 3 mars 1952, l'Institut s'est installé dans un bâtiment beaucoup plus spacieux, situé au Bicentenaire, inauguré en présence du président haïtien Paul Eugène Magloire. Ce nouveau local a été constitué d'un auditorium-théâtre de 1.000 places, un hall d'exposition, des salles de cours, un laboratoire, une bibliothèque et une médiathèque. La bibliothèque de l'Institut a eu un fonds de plus de 20.000 ouvrages et périodiques. A partir de mars 1946, l'Institut a publié une revue *Conjonction*, présentée comme des « véritables cahiers littéraires et scientifiques franco-haïtiens. C'est la seule publication de ce genre existant en Haïti », selon le rapport du chef de la légation française à Port-au-Prince.

L'Institut est devenu rapidement un des principaux centres d'activités culturelles du pays où l'organisation de conférences, représentations théâtrales, exposition et émissions radiophoniques s'est intensifiée à un rythme important. L'Institut a évolué dans un cadre universitaire sans être un centre universitaire. L'accord lui a attribué la tâche d'organiser des conférences privées ou publiques d'ordre culturel et d'information générale ainsi que des expositions artistiques et des séances cinématographiques tant à Port-au-Prince qu'en province ; de constituer une bibliothèque française alimentée par le gouvernement français et les librairies françaises et destinée en tout premier lieu aux universitaires ; de publier un bulletin à caractère strictement universitaire ; de donner l'aide technique et matérielle nécessaire à la construction et au fonctionnement de laboratoire à l'université d'Haïti et de servir d'agent de liaison entre les universités françaises et haïtiennes. L'accord a interdit à l'Institut de délivrer des diplômes ou certificats à caractère universitaire. Malgré cela, l'Institut a été pendant des décennies le centre autour duquel ont tourné les échanges universitaires franco-haïtiens et, plus généralement, le cadre administratif et institutionnel de la politique culturelle de la France en Haïti.

Pour approfondir le sujet :

BERNARDIN Ernst A., *L'Espace rural haïtien : bilan de 40 ans d'exécution de programmes nationaux et internationaux de développement, 1950-1990,* 2ème Ed. Paris, Ed. L'Harmattan, 1993.

BERNARDIN Raymond, *Paul Eugène Magloire. Une biographie politique*, Montréal, Ed. CIDIHCA, 2000.

DEBRAY Régis (dir.), *Haïti et la France. Rapport à Dominique de Villepin, ministre des Affaires étrangères,* Paris, Ed. La Table Ronde, 2004.

GAILLARD Gusti-Klara, *Les Ressorts des intérêts français en Haïti dans l'entre-deux-guerres, thèse de doctorat soutenue sous la direction du professeur Jacques Thobie, à l'Université Paris 8,* trois tomes, Paris, 1991.

TROUILLOT Henock, *Haïti entre la francophonie et l'américanisme XIX-XXème siècle*, Port-au-Prince, 1975.

11 janvier 1946: Le président dominicain Leonidas Rafael Trujillo satisfait du renversement du président Elie Lescot

Le 15 mai 1941, Elie Lescot a succédé à Sténio Vincent à la présidence d'Haïti. Ancien représentant d'Haïti en République dominicaine, ses détracteurs lui ont reproché d'avoir été un protégé de Trujillo et, à ce titre, d'avoir fermé les yeux sur le génocide des Haïtiens en 1937 de manière à ne pas gêner le gouvernement dominicain. Trujillo et Lescot ont en effet été très proches. Trujillo a soutenu financièrement Lescot et sa famille pendant plusieurs années jusqu'à son ascension au Palais national. Quand Lescot a été élu président, toutes les sirènes de Ciudad Trujillo, la capitale de la République dominicaine, ont retenti en son honneur. Une importante délégation d'officiels dominicains a assisté à sa prestation de serment. Le 22 mai 1941, une semaine après son investiture, Lescot a chaleureusement accueilli Trujillo au Cap-Haitien. Tout a laissé penser que s'inaugurait l'âge d'or des relations haïtiano-dominicaines. Mais les choses ont basculé en 1942 en particulier sur la gestion de l'épineuse question de l'embauchage des travailleurs haïtiens en République dominicaine.

Les Haïtiens ont commencé à traverser la frontière pour aller travailler dans les usines dominicaines pendant l'occupation américaine. Dans les années 30, il y avait déjà plusieurs milliers d'Haïtiens dans les usines dominicains, les *bateys*, qui étaient pour la plupart des entreprises américaines. Les Haïtiens qui travaillaient dans les *bateys,* les *braceros,* avaient été épargnés au moment du massacre de 1937. Dans les années 40, Trujillo s'est lui-même transformé en entrepreneur sucrier et a paradoxalement basé le bon fonctionnement de ses entreprises et de l'économie dominicaine sur la force de travail des Haïtiens. En 1942, dans le cadre du projet de la Shada développé en Haïti dans le contexte de la deuxième Guerre mondiale, le président Elie Lescot a décidé de maintenir la main d'œuvre haïtienne en Haïti de manière à s'assurer la réussite de la Shada tout en évitant un remake de 1937. Le 11 septembre 1942, le président Lescot a publié un décret-loi interdisant la libre émigration des travailleurs haïtiens à l'étranger pendant toute la durée de la guerre. Ce décret, accompagné de mesures punitives contre les contrevenants haïtiens et d'un renforcement de la surveillance sur la frontière, a eu des conséquences néfastes sur l'industrie sucrière dominicaine en général et sur les investissements directs de Trujillo en particulier.

Lescot est passé du meilleur allié au pire ennemi de Trujillo. Le 1er novembre 1943, alors que les industries dominicaines s'apprêtaient à lancer la saison de *zafra* sans la main d'œuvre importée d'Haïti vu l'opposition du gouvernement haïtien, le généralissime Trujillo a publié une longue et embarrassante lettre ouverte au président Elie Lescot. Dans cette correspondance, Trujillo, montrant une colère froide, a reproché à Lescot ses agissements qui, selon le généralissime, ont mis en péril les intérêts de la République dominicaine. Trujillo a rappelé, en publiant de longs extraits de correspondances qu'il recevait de Lescot, les relations compromettantes qui avaient été entretenues entre eux notamment lorsqu'ils complotaient contre le président Sténio Vincent. La publication de cette lettre n'a pas conduit à un changement d'attitude de Lescot concernant l'embauchage des Haïtiens pour la *zafra*. Trujillo a alors ordonné l'assassinat de Lescot.

Au début du mois d'avril 1944, Trujillo a confié l'infâme mission au consul dominicain à Belladère, Augusto Ferrando, qui a réussi à embarquer dans son complot une quinzaine d'Haïtiens dont Max Audain, un journaliste, Dorelle Montas, un ancien député, et Excellent Desrosier, un ancien caco que Trujillo avait déjà utilisé pour déstabiliser le gouvernement de Sténio Vincent. Trujillo avait promis 30.000 dollars à la personne qui aurait assassiné Lescot. Le complot a été découvert en octobre, avec l'aide du juge de paix Marat Vincent. La police a arrêté les trois conspirateurs haïtiens qui ont été par la suite jugés puis exécutés. Le diplomate dominicain a eu le temps de traverser la frontière. En mars 1945, Trujillo a décidé de publier toutes les lettres compromettantes qu'il avait reçues de Lescot, sous forme d'un livret de sept pages. Des copies ont été envoyées à toutes les missions diplomatiques accréditées en République dominicaine. Un livret très élégant constitué des correspondances a été placé sur chaque siège des participants à la conférence de San Francisco, indique Robert Crassweller. En octobre, les différents postes diplomatiques dominicaines en Haïti ont distribué secrètement plusieurs copies, en français, de ces lettres sur le territoire haïtien.

Finalement, par un coup de main de l'armée haïtienne, le généralissime a été débarrassé de son désagréable voisin. La distribution, en octobre 1945, sur le territoire haïtien, des anciennes correspondances de Lescot, dont certaines sont datées de la période du massacre de 1937, avait gravement terni l'image du président haïtien. Lescot n'a jamais démenti l'existence de ces lettres ni récusé ses relations passées avec le tyran dominicain. L'ultime stratégie de Trujillo a envenimé la situation politique haïtienne déjà tendue avec l'échec du projet Shada, la tentative de prolonger le mandat présidentiel, la corruption et le népotisme, avec un penchant pour les mulâtres, qui ont été érigés en système dans l'administration Lescot. Le 7 janvier 1946, des étudiants ont lancé un mouvement de grève et de manifestations contre le pouvoir. Quatre jours plus tard, le président Elie Lescot a été destitué par l'armée. La République dominicaine a été le premier pays à reconnaître la junte militaire qui a renversé Lescot.

Pour approfondir le sujet :

AUGUSTE Marcel B., *Elie Lescot. Coup d'œil sur une administration*, Québec, 2006.

Collectif Paroles, *Pouvoir noir en Haïti*, Montréal, Editions CIDIHCA, 1988.

CRASSWELLER Robert D., *Trujillo : The Life and Time of a Caribbean Dictator*, New York, Macmillan, 1966.

GILBERT Myrtha, *Shada: chronique d'une extravagante escroquerie*, Port-au-Prince, 2012.

MARS Jean Price, *La République d'Haïti et la République dominicaine, tome II*, Port-au-Prince, Editions Fardin, 1998, (1953).

PEAN Leslie J. R., *Economie politique de la corruption. Le Saccage, (1915-1956)*, Paris, Maisonneuve et Larose, 2006.

3 janvier 1950 : Haïti a accusé le dictateur dominicain Leonidas Rafael Trujillo d'avoir attenté à la vie du président Dumarsais Estimé

Entre juin 1948 et décembre 1949, le dictateur dominicain Leonidas Rafael Trujillo y Molina a instigué plusieurs complots contre le pouvoir et la personne du président Dumarsais Estimé. Trujillo et Estimé n'ont jamais été amis, même s'ils ont ménagé leurs relations pendant les deux premières années de la présidence d'Estimé au point d'élever leurs représentations diplomatiques au rang d'ambassades. Trujillo n'a effectué aucune visite officielle en Haïti sous Estimé, ce qui a été une exception dans ses relations avec Haïti pendant ses trente ans de pouvoir (1930-1961). Par ailleurs, l'administration Estimé n'a pas réprimé ni livré à la police dominicaine les opposants de Trujillo qui se trouvaient en Haïti ; ce que Trujillo a considéré comme une menace pour la sécurité dominicaine. Parallèlement, le trafic des *braceros* haïtiens vers les plantations dominicaines a été considérablement réduit. Pour le tyran dominicain, il fallait se débarrasser de l'incontrôlable président haïtien avec « la conviction que la complète subordination d'Haïti à la République dominicaine était nécessaire et légitime », selon l'analyse de l'historien Robert D. Crassweller.

En décembre 1948, la police haïtienne a découvert un double complot haïtiano-dominicain visant à renverser le président Estimé. La première étape du complot, qui devrait être exécutée durant le mois de juin, consistait à assassiner le président haïtien notamment par empoisonnement. Elle a été déjouée par la police haïtienne. La deuxième étape du complot consistait à entreprendre une lutte armée contre le gouvernement. Côté dominicain, le secrétaire d'État de l'Intérieur et de la Police, Anselmo Paulino Alvarez, a été le principal instigateur du complot. Ancien consul dominicain au Cap-Haitien, Anselmo Paulino, bien connu du milieu haïtien, a été le bras droit de Trujillo. Côté haïtien, le colonel Astrel Roland a été le principal instigateur de ce complot qui a justement porté son nom. Cet officier, qui a été pendant un temps un allié du candidat Dumarsais Estimé, a été, après l'élection d'Estimé, envoyé à l'étranger comme diplomate en Argentine, aux États-Unis et en Equateur ; ce que plusieurs auteurs ont présenté comme un exil doré. L'officier haïtien s'est ligué avec les officiels dominicains pour se venger du président Estimé et assurer son retour au pouvoir dans son pays.

Après avoir minutieusement enquêté sur le complot, le gouvernement haïtien a relevé Astrel Roland de ses fonctions et a annulé son passeport diplomatique. Le colonel, formellement accusé de complot contre le chef de l'État haïtien, s'est aussitôt rendu sur les terres de ses alliés. Dès son arrivée à Ciudad Trujillo, Astrel Roland a entamé une active campagne de propagande contre Dumarsais Estimé sur les ondes de *Voz Dominicana*, la radio du gouvernement dominicain, en dépit des protestations de l'ambassadeur haïtien en République dominicaine Jean Price Mars. Le 23 février 1949, le gouvernement haïtien a dénoncé ce qu'il a qualifié « d'attitude délinquante » de la République dominicaine dans une plainte devant l'Organisation des États Américains (OEA). L'organisation hémisphérique, créée il y a seulement dix mois (30 avril 1948), s'est saisie de son premier dossier haïtiano-dominicain.

Alors que l'affaire Roland était en cours à l'OEA, il y a eu un nouveau complot haïtiano-dominicain contre Estimé. Prévu pour la fin de décembre 1949, ce complot consistait à assassiner des diplomates dominicains et incendier l'ambassade dominicaine à Port-au-Prince et imputer la responsabilité de ces actes au président Estimé ; ce qui fournirait à la République dominicaine un prétexte pour envahir Haïti. Le colonel Roland, qui s'est trouvé à Ciudad Trujillo depuis une année, devrait par la suite bénéficier de l'intervention dominicaine pour s'installer au pouvoir. En Haïti, en plus des diplomates dominicains, Roland a eu comme complices plusieurs de ses compatriotes dont son ami Jean Dupuy, un commerçant de Port-au-Prince, qui a reçu et stocké de l'argent et des armes venant de la République dominicaine. Finalement, à quelques jours de son exécution, le complot a été découvert par la police haïtienne. Les 25 et 27 décembre, le premier secrétaire de l'ambassade dominicaine, Rafael Oscar de Moya, qui a été impliqué dans le coup sans avoir les détails et le chargé d'affaires dominicain, Dr. Sebastián Rodríguez Lora, qui a toujours nié sa participation au complot, ont brusquement laissé Haïti lorsqu'ils ont appris qu'ils devraient constituer les dommages collatéraux du complot puisque leur assassinat faisait partie du plan macabre de Trujillo. La veille de son départ, le chargé d'affaires, comme pour s'innocenter, a révélé les détails de l'affaire au secrétaire des Affaires étrangères d'Haïti, Dr. Vilfort Beauvoir. Le 29 décembre, puis le 13 janvier 1950, il s'en est confié au Département d'État des États-Unis où il a indiqué que Jean Dupuy lui a permis d'avoir la vie sauve en informant Oscar de Moya des trames du complot. Dupuy pour sa part a été jugé puis exécuté par les autorités haïtiennes. Plusieurs autres complices haïtiens du colonel Roland ont été jugés et condamnés à mort.

Le 3 janvier 1950, Haïti a accusé Trujillo d'avoir violé le Traité de Rio, qui a été signé le 2 septembre 1947 par les États de la région. Face aux accusations d'Haïti, le Conseil de l'OEA a mis en place une commission d'enquête qui dans ses conclusions, le 13 mars 1950, a confirmé l'implication du gouvernement dominicain dans un complot visant à troubler la paix en Haïti et porter au renversement du gouvernement. Trujillo a été condamné par l'organisation hémisphérique. Mais deux mois plus tard, soit le 10 mai 1950, Dumarsais Estimé a été renversé par un coup d'état militaire.

Pour approfondir le sujet :

Collectif Paroles, *Pouvoir noir en Haïti*, Montréal, Editions CIDIHCA, 1988.

CRASSWELLER Robert D., *Trujillo: The Life and Time of a Caribbean Dictator*, New York, Macmillan, 1966.

GEORGES-PIERRE Anthony, *Dumarsais Estimé. L'homme, l'œuvre et les idées*, Port-au-Prince, 2010.

MARS Jean Price, *La République d'Haïti et la République dominicaine, tome II*, Port-au-Prince, Editions Fardin, 1998, (1953).

Organization of American States, *A Story of Peace Initiatives in the Americas*, Washington, 2009.

PEAN Leslie J. R., *Economie politique de la corruption. Le Saccage, (1915-1956)*, Paris, Maisonneuve et Larose, 2006.

ROLAND Astrel, *Le naufrage d'une nation*, Montréal, Imprimerie La Prairie, 1981.

VEGA Bernardo, *Trujillo y Haití. El complot contra Estimé. Volumen IV (1946-1957)*, Santo Domingo, Fundación Cultural Dominicana, 2009.

5 janvier 1952 : Accord haïtiano-dominicain sur l'embauchage des Haïtiens

En avril 1952, le vice-président dominicain Héctor Bienvenido Trujillo Molina, frère du dictateur Leonidas Rafael Trujillo, au cours d'une visite officielle de quatre jours en Haïti, a ratifié « L'Accord sur l'embauchage en Haïti et l'entrée en République dominicaine de journaliers temporaires haïtiens ». Le texte, constitué de dix-sept articles, est identifié dans les archives comme l'accord du 5 janvier 1952, en référence à la date de sa signature par les deux pays.

Ce texte était en discussion depuis 1947. L'ambassadeur d'Haïti en République dominicaine, Jean Price Mars (mai 1947–août 1949), le présentait comme un instrument qui pourrait permettre de réguler le passage à la frontière des travailleurs haïtiens, régulariser leurs situations migratoires et améliorer leurs conditions en République voisine. Jean Price Mars avait abandonné son poste de secrétaire d'État aux Affaires étrangères (août 1946–mai 1947) pour celui d'ambassadeur en République dominicaine. En inaugurant l'ambassade d'Haïti à Ciudad Trujillo, le 1er mai 1947, Price Mars pensait pouvoir mieux aborder et solutionner l'épineux problème migratoire entre les deux pays. En juin 1948, alors que les services diplomatiques préparaient la signature de l'accord, l'affaire Roland (voir 3 janvier 1950) est venue empoisonner jusqu'à rompre les relations entre les deux pays. A la chute du président Dumarsais Estimé, la question du recrutement de la main d'œuvre haïtienne est redevenue au centre des bonnes relations entre le général dominicain Leonidas Trujillo et le général haïtien Paul Eugène Magloire.

L'accord sur l'embauchage a été signé un an après l'élection de Magloire à la présidence. Il a satisfait les besoins en main d'œuvre des entreprises dominicaines tout en les rendant tributaires des tractations directes entre les deux gouvernements. Selon l'article 2 de l'accord, les entreprises sucrières qui souhaiteraient recruter des *braceros* haïtiens devraient adresser leur demande aux instances gouvernementales de la République dominicaine qui, de leur côté, auraient la charge de transmettre la demande au gouvernement haïtien par l'intermédiaire des canaux diplomatiques. L'accord a placé les ambassades et les consulats haïtiens à l'épicentre des embauchages. Les missions diplomatiques haïtiennes ont eu en ce sens plusieurs niveaux de responsabilité : relever, la liste complète de tous les journaliers incluant leurs numéros de permis de résidence, leurs cartes d'identité dominicaine et leurs cartes d'immatriculation ; fournir aux embauchés une carte d'immatriculation contenant leurs noms et prénoms tels que figurés sur la liste visée au moment du passage à la frontière ; être notifiées de la désertion par un travailleur du lieu de travail où il a été destiné durant l'embauchage ; couvrir les frais de rapatriement des travailleurs déclarés indésirables y compris des déserteurs remis par les services de police ; prendre acte des décès, mariages et naissances survenus parmi les embauchés ; être notifiées des accidents de travail ; apposer un visa de sortie aux travailleurs à la fin de la *zafra* et superviser le rapatriement des *braceros*.

Les responsabilités imposées aux entreprises sucrières ont été de différents ordres et se sont étendues sur le long du processus, de l'embauchage au rapatriement en passant par le séjour des travailleurs. Bien avant de procéder aux embauchages, les entreprises devraient se lier aux engagements suivants :

a) d'embaucher en Haïti, conformément aux lois haïtiennes en vigueur, le nombre de journaliers dont elles ont besoin, de payer les frais nécessaires à l'obtention de la carte d'identité, du permis de voyage et du certificat de santé de chaque journalier ;

b) d'assurer le transport des journaliers du lieu d'embauchage, jusqu'à l'endroit où ils doivent travailler, de supporter leurs frais de nourriture et de logement pendant la durée du voyage ;

c) de leur payer pour des travaux de même ordre, des salaires égaux à ceux payés aux nationaux dominicains selon l'échelle établie par les lois dominicaines ;

d) de mettre à leur disposition pour eux et leur famille des logements qui offrent les conditions hygiéniques et sanitaires légales ;

e) d'étendre aux journaliers haïtiens pour la durée de leur séjour, le bénéfice des lois dominicaines sur l'assurance sociale (assurances obligatoires, assistance sociale, accident de travail, maternité, loisir, etc.) étant entendu que si au moment du rapatriement d'un accidenté, il n'a pas encore reçu son exeat, il aura droit à tous les frais subséquents de traitement ;

f) de payer aux journaliers et à leurs parents l'impôt d'immigration, la carte d'identité dominicaine et la carte d'immatriculation au Consulat haïtien de la juridiction ;

g) de communiquer au Département d'Immigration et au Consulat d'Haïti de la juridiction l'abandon de l'établissement de travail par tout journalier ainsi que les décès, mariages, naissances survenus parmi les embauchés ;

h) de les rapatrier, avec paiements de frais de voyage et d'entretien, jusqu'au lieu d'embauchage, et donnant avis préalable à la Direction générale de l'Immigration et au consulat haïtien de la juridiction.

L'accord a été ratifié par le président Paul Eugène Magloire, le 21 avril 1952. Le parlement haïtien l'a sanctionné dans un décret adopté par l'Assemblée nationale, le 26 mai 1952. En République dominicaine, l'accord a été approuvé par le congrès national le 11 février 1953 et publié au journal officiel dominicain le 23 février 1953. Pour satisfaire les demandes des usines sucrières, le gouvernement haïtien a mis en place des centres d'embauche à travers le pays notamment dans les villes de Croix-des-Bouquets, Léogane, Jacmel, Petit-Goave et les Cayes. A chaque période de recrutement, des inspecteurs du gouvernement dominicain sont venus en Haïti pour superviser l'opération. Les centrales sucrières dominicaines ont toutes profité de cette aubaine de recruter les meilleures forces de travail de la République voisine durant les saisons de *zafra*. L'accord a été renouvelé en 1959 et en 1966 durant la présidence de François Duvalier. Il a été appliqué jusque dans les années 1990.

Dans l'ensemble, cet accord a été pavé de bonnes intentions. Il a ambitionné de protéger les travailleurs haïtiens en responsabilisant les entreprises sucrières et les autorités dominicaines notamment la police et l'immigration. A partir de cet accord, tous les travailleurs haïtiens en République dominicaine devraient être identifiés, assurés et rapatriés dans les temps. Aussi, il ne devrait plus exister de travailleurs illégaux haïtiens en République dominicaine. Même ceux qui s'y trouvaient avant 1952 ont été couverts par le chapitre dit spécial de l'accord en vue de la régularisation de leur situation et leur rapatriement aux frais des entreprises dominicaines.

Des décennies plus tard, le diplomate et historien dominicain Pastor Vásquez Frías a constaté que « les Haïtiens n'ont jamais eu de documentation, ils n'ont même pas été inscrits dans les registres civils ». De plus, les entreprises ont souvent négligé le chapitre portant sur le rapatriement des travailleurs. Plus de soixante ans après la signature de cet accord 'historique' entre les deux pays, des *braceros* haïtiens qui ont été embauchés et ont travaillé dans les plantations dominicaines en conformité avec cet accord sont déclarés illégaux par la République dominicaine.

Pour approfondir le sujet :

Ernst A. Bernardin, *Général Paul Eugène Magloire. Une bibliographie politique,* Montréal, 2000.

CASTOR Suzy, *Migrations et relations internationales : le cas haïtiano-dominicain*, Port-au-Prince, 1988.

Bernard Diederich, *Haiti's Bon Papa*, Port-au-Prince, 2009.

MARS Jean Price, *La République d'Haïti et la République dominicaine, tome II*, Port-au-Prince, Editions Fardin, 1998, (1953).

PEAN Leslie J. R., *Economie politique de la corruption. Le Saccage, (1915-1956)*, Paris, Maisonneuve et Larose, 2006.

SUPPLICE Daniel, *Zafra. Sucre, sueur et sang*, Port-au-Prince, Henri Deschamps, 2008.

VASQUEZ FRIAS Pastor, *Éxodo ! Un siglo de migración haitiana hacia la República Dominicana*, Santo Domingo, 2013.

VEGA Bernardo, *Trujillo y Haití. El complot contra Estimé. Volumen IV (1946-1957),* Santo Domingo, Fundación Cultural Dominicana, 2009.

14 juin 1956 : L'ambassade d'Haïti à Buenos Aires a sauvé des militaires argentins du massacre de juin 1956

Le 14 juin 1956, aux environs de 7 heures du soir, la résidence privée de l'ambassadeur d'Haïti en Argentine, Jean Brierre, a été prise d'assaut par un groupe de militaires en civil sous le commandement du général de division Domingo Quaranta, chef du Service d'Intelligence de l'État (SIDE). Ils étaient à la recherche d'un groupe de militaires et de civils qui avaient été impliqués dans une tentative de coup d'état contre le gouvernement quatre jours plus tôt.

Le 9 juin 1956, les généraux Raul Tanco et Juan José Valle avaient dirigé un soulèvement civilo-militaire contre le gouvernement militaire du général Pedro Eugenio Aramburu qui avait destitué le président Juan Domingo Perón le 16 septembre 1955. Le mouvement a échoué et a été sévèrement réprimé par l'armée. Le pouvoir militaire s'en est pris aux civils comme aux militaires proches ou sympathisants de Perón, liés ou non à l'insurrection. Le 10 juin, les corps sans vie d'une dizaine de civils ont été découverts dans la décharge publique de José León Suarez, une banlieue de Buenos Aires. L'armée a lancé une véritable chasse à l'homme. Une trentaine de civils et militaires ont été exécutés en trois jours. Ce fut la panique dans le camp des péronistes. Seule une poignée des insurgés a réussi à échapper à la mort. Le général Juan José Valle a été arrêté, jugé et exécuté le 12 juin, en dépit de l'intervention directe du pape. L'autre leader du coup, le général de division D. Raul Tanco, a eu la vie sauve en se réfugiant sous le drapeau haïtien. En plus du général Tanco, les colonels Fernando Gonzales et Augustin, le lieutenant-colonel Alfredo B. Salinas, le capitaine Bruno Nestor, l'adjudant Andrez Lopez et Efrain Garcia de la Confédération Générale des travailleurs (C.G.T) se sont retrouvés chez l'ambassadeur d'Haïti (Calle Monasterio), dans le quartier chic de Vicente Lopez, à Buenos Aires.

Pénétrant de force la résidence de l'ambassadeur, en violation de l'immunité diplomatique de la résidence, les hommes du général Domingo Quaranta ont exercé des pressions armées sur le personnel domestique, le forçant à révéler le lieu où se trouvaient les réfugiés. Les cris désespérés de la femme de chambre ont alerté l'épouse de l'ambassadeur, Hilda Brierre (née Vieux) qui est venue affronter les assaillants. Ceux-ci, déjà informés de l'endroit où se cachaient les réfugiés, se sont dirigés vers le site et leur ont adressé des menaces de mort afin de les forcer à se rendre. Suite à l'interposition de Madame Brierre, les réfugiés ont été conduits sur la cour de la maison et non sur la rue. L'épouse de l'ambassadeur a été traitée de manière très irrespectueuse en dépit des appels aux retenus de l'un des officiers supérieurs du groupe du général Quaranta. Aux ripostes répétées de Madame Hilda Brierre en ces termes : « Respectez ce lieu qui est le territoire haïtien ! », un des militaires lui a répondu : « Que le territoire haïtien aille se faire voir. Nous sommes ici en Argentine ! »

Soudainement, les assaillants ont tiré une rafale de mitraillettes pour semer la panique et profiter pour sortir les réfugiés de la résidence. Les prisonniers ont été mis en rang, les mains derrière la tête. Rapidement, un peloton d'exécution s'est formé, prêt à abattre les militaires loyalistes qui s'étaient mis sous la protection d'Haïti. Alors qu'ils se préparaient à ouvrir le feu sur leurs frères d'armes, l'épouse de l'ambassadeur est sortie promptement de sa maison, s'est placée devant les réfugiés à bras ouvert et a lancé aux militaires : « Il va falloir me tuer avant ». Compte tenu de la complexité de la situation, le général Quarante a ordonné à sa troupe de ne pas tirer, question d'éviter un grave conflit diplomatique. Le général a fait conduire les réfugiés à la prison la plus proche. Sur place, les gardes leur ont pris leurs effets personnels et leur ont fait faire leur ultime déclaration. L'ambassadeur Jean Brierre n'était pas en sa résidence lorsque les militaires y avaient pénétré de force pour emmener les réfugiés. Quand il a été informé de la situation, l'ambassadeur a protesté énergiquement auprès de la chancellerie et réclamé qu'on lui rendît les réfugiés. Alors que les militaires se préparaient à mettre en application le décret d'exécution des prisonniers, l'ambassadeur d'Haïti est apparu à la prison, en compagnie du sous-secrétaire d'État des affaires extérieures et le commandant en chef de l'armée, avec l'ordre du gouvernement argentin de remettre les prisonniers au représentant d'Haïti qui a décidé de leur octroyer l'asile politique. Les réfugiés ont été reconduits à la résidence de l'ambassadeur Jean Brierre qui a pris soin d'eux jusqu'à leur départ de l'Argentine.

Cinquante ans plus tard, deux survivants de cette épopée, le colonel Alfredo B. Salinas et l'adjudant Andrez Lopez, ont raconté leur histoire dans les grands journaux argentins avec un hommage appuyé à la République d'Haïti. Exprimant leur gratitude pour l'action salvatrice de l'ambassadeur d'Haïti et son épouse, les rescapés ont affirmé qu'ils ont pu « jouir de la liberté et entourés de l'affection d'une grande famille qui a la peau foncée, mais l'âme blanche, le cœur grand et l'esprit bienveillant, qui leur permettait d'être en vie ; alors que des blancs avec l'âme noire et les mains tâchées de sang étaient prêts à être leurs assassins (sic) ». Grâce aux actions humanistes et héroïques de l'ambassadeur Jean Brierre et son épouse, ces Argentins ont pu voir leurs descendants et vivre la fin de la dictature dans leur pays.

Pour approfondir le sujet :

BONASSO Miguel, *El presidente que no fue. Los archivos ocultos del peronismo,* Buenos Aires, Planeta, 1997.

BRION Daniel, *El presidente duerme. Fusilados en junio de 1956. La generación de una causa*, Buenos Aires, Editorial Dunken, 2001.

GAMBINI Hugo, *Historia del peronismo. La violencia (1956-1983)*, Buenos Aires, Javier Vergara Editor, 2008.

PAGE Joseph A., *Perón. Segunda parte (1952-1971),* Buenos Aires, Javier Vergara Editor, 1983.

Pagina 12, « Una deuda con Haití », 21 de junio de 2004.

WALSH Rodolfo, *Opération massacre*, Paris, Christian Bourgois Editeur, 2010 (1957).

29 octobre 1956 : L'armée cubaine a abattu dix opposants réfugiés à l'ambassade d'Haïti à la Havane

Au matin du lundi 29 octobre 1956, quatre jeunes rebelles cubains ont trouvé refuge à l'ambassade de la République d'Haïti, située dans le quartier chic de Miramar, à la Havane. Ils avaient, durant le week-end, assassiné le chef du service secret cubain, le colonel Antonio Blanco Rico, au cours d'une attaque au Cabaret Monmarte, à la Havane. A l'ambassade d'Haïti, se trouvaient déjà depuis quelques mois six autres jeunes révolutionnaires, activement recherchés par la police pour leur participation à l'attaque contre la Caserne Domingo Goicuria, dans la ville de Mantazas, le 29 avril 1956. Le 29 octobre, au moment où les diplomates haïtiens se trouvaient à l'extérieur pour déjeuner, la police cubaine a lancé l'assaut contre la représentation diplomatique d'Haïti. L'opération a été dirigée par le chef de la police cubaine, le brigadier général Rafael Salas Cañizares. Ce dernier a été mortellement blessé au cours de l'attaque. Il a succombé à ses blessures deux jours plus tard. Les dix jeunes rebelles ont été exécutés dans l'enceinte même de l'ambassade.

Le gouvernement haïtien, par le biais de son chargé d'Affaires, Dr. Gustave Borno, a protesté sévèrement contre la violation de son ambassade par la police cubaine. Le nouvel ambassadeur haïtien, Jacques Arthur François, était sur place mais n'avait pas encore remis ses lettres de créance. Le lendemain de l'attaque, le chargé d'Affaires a convoqué une conférence de presse pour démentir les informations officielles selon lesquelles la police a été sollicitée par l'ambassade. Il a affirmé que l'opération policière était « non sollicitée, non provoquée, et violait injustement le droit à l'immunité diplomatique ». Le président Paul Magloire, selon la chancellerie, a protesté « avec la plus grande sévérité » auprès du président cubain Flugencio Batista. L'affaire a retenti de façon considérable en Haïti. Les opposants au gouvernement ont tenté d'exploiter cet événement malheureux, en pleine campagne électorale, en exigeant du président Magloire une réaction plus sévère de manière à sauver l'honneur national. Pourtant, le président Magloire a été jusqu'à geler les relations diplomatiques avec Cuba.

En décembre 1957, François Duvalier, qui avait été l'un des plus farouches opposants à Magloire, a renoué les relations diplomatiques avec Cuba, deux mois après son arrivée au pouvoir. Le 27 février 1958, une mission du gouvernement cubain, dite d' « Ambassade spéciale et extraordinaire de bonne volonté », dirigée par le chancelier Gonzalo Guell y Morales, a séjourné en Haïti. La mission, au nom du gouvernement cubain, a présenté ses regrets au gouvernement haïtien pour l'incident du 29 octobre 1956 et remis à Duvalier l'ordre de Carlos Manuel de Céspedes, au grade de Crand-Croix Spéciale, la plus haute décoration cubaine. En été 1958, François Duvalier a envoyé à son tour une importante mission, dite Mission haïtienne de bonne volonté, conférer au président cubain la Grand-Croix de l'Ordre de Toussaint Louverture, nouvellement créé par Duvalier et dont Flugencio Batista a été le premier récipiendaire.

Pour approfondir le sujet :

APARICIO Carlos Urrutia, *Diplomatic Asylum in Latin America*, Washington, American University Press, 1960.

BONACHEA Ramon L. & SAN MATIN Marta, *The Cuban Insurrection : 1952-1959*, New Brunswick, Transaction Publishers, 1995.

Granma, « Aniversario 50 de la Masacre en la Embajada de Haití », 29 octobre 2006.

MARQUEZ-STERLING Manuel, *Cuba 1952-1959: The True Story of Castro's Rise to Power,* Kleiopatria Digital Press, 2009.

TUNZELMANN Alex Von, *Heat: Conspiracy, Murder, and the Cold War in the Caribbean*, New York, Henry Holt and Company, 2011.

http://www.latinamericanstudies.org/embassy/R7-260-10-31-1956.pdf

29 juillet 1958 : Création des tontons macoutes suite à la première tentative de coup d'État contre Duvalier

Le 28 juillet 1958, huit hommes armés ont débarqué clandestinement à Port-au-Prince et se sont emparés de la caserne Dessalines, située à quelques mètres du palais présidentiel. L'attaque a été si surprenante et si rapide que les forces officielles ne s'imaginaient pas que les assaillants fussent si peu nombreux. La tentative a échoué lorsque l'un des assaillants, ayant l'envie de fumer une cigarette locale de marque 'Splendide', a envoyé un des prisonniers lui en acheter deux paquets. Intercepté par les forces du régime, ce dernier a révélé que les attaquants du palais n'étaient qu'au nombre de huit. La nouvelle est arrivée à François Duvalier qui, pris de panique, avait déjà fait ses valises en vue de laisser le pays en compagnie de sa famille via l'ambassade de Colombie. Le président a alors ordonné l'attaque contre les envahisseurs. L'armée a quand même mis 10 heures pour venir à bout des huit assaillants : trois anciens officiers de l'armée : Alix Pasquet, Philippe Dominique et Henri Perpignan ; deux shérifs américains : Arthur Payne et Dany Jones ; trois mercenaires américains : Levant Kersten, Robert F. Hickey et Joe D. Walker.

Cette tentative, au lieu de renverser le régime, a raffermi François Duvalier dans sa nouvelle position d'homme fort d'Haïti. Le 31 juillet 1958, au moment où des milliers de manifestants hurlaient des slogans en faveur de Duvalier, le parlement a voté à l'unanimité une loi supprimant les garanties constitutionnelles et confiant au président les pleins pouvoirs de « prendre par décret toutes mesures nécessaires à la sécurité intérieure et extérieure de l'État et à la sauvegarde des intérêts de la nation ». Duvalier en a profité pour réorganiser l'armée, poursuivre la répression contre ses opposants politiques et régler sa vieille rancune avec l'ambassade américaine en Haïti, l'accusant d'être responsable de cette « échauffourée ». Mais la plus grande conquête du Duvalier, en rapport au coup du 28 juillet, a été l'institutionnalisation du corps des tontons macoutes.

François Duvalier a utilisé une force de sécurité parallèle à l'armée régulière dès le début de son mandat. Un groupe paramilitaire appelé les cagoulards avait été institué par le chef de la police secrète Clément Barbot et accomplissait les basses œuvres du pouvoir à visage masqué. Le 29 juillet 1958, Barbot et ses troupes avaient servi de renforts à l'armée régulière pour mater la première tentative de coup d'État contre le régime. Cette journée de victoire pour les duvaliéristes a été retenue comme la date d'anniversaire de la milice dont les membres ont été appelés, de manière officielle, les Volontaires de la Sécurité Nationale (VSN). Depuis, les cagoulards devenus des VSN plus connus sous le nom de tontons macoutes ont renouvelé annuellement leur allégeance à Duvalier lors de leur défilé festif du 29 juillet, alors que l'armée régulière commémorait son anniversaire le 18 novembre en souvenir de la Bataille de Vertières.

Il y a eu des tontons macoutes dans toutes les classes sociales du pays. Ils ont été reconnus par leur tenue vestimentaire : chemise de croisée coton, blue-jeans, brassard et foulard rouges, lunettes de soleil, revolver ou machette à la ceinture. Ils ont, à visage découvert, excellé dans les arrestations arbitraires, torture, viols, vols, enlèvements et exécutions sommaires comme moyens d'assurer la défense du régime. Principal symbole de la terreur de la dictature des Duvalier, les tontons macoutes ont été les cibles privilégiées de la vengeance populaire à la chute de Jean-Claude Duvalier, le 7 février 1986.

Pour approfondir le sujet :

CENATUS Bérard, DOUAILLER Stéphane & PIERRE-LOUIS Michèle (dir.), *Haïti. De la Dictature à la démocratie ?*, Montréal, Mémoires d'Encrier, 2015.

DIEDERICH Bernard, *Le Prix du sang. La résistance du peuple haïtien face à la tyrannie, tome I, François Duvalier (1957-1971)*, Port-au-Prince, Ed. CEDH, 2005.

FLORIVAL Jean, *Duvalier. La face cachée de Papa Doc,* Montréal, Mémoires d'Encrier, 2007.

GILOT Rony, *Au gré de mémoire. Duvalier le mal-aimé*, Port-au-Prince, Ed. Le Beréen, 2007.

HEINL Robert Debs Jr. & HEINL Nancy Gordon, *Written in Blood: The Story of the Haitian People (1492-1995),* New York, University Press of America, 2ème édition, 1996.

PIERRE-CHARLES Gérard, *Radiographie d'une dictature*, Port-au-Prince, Editions Le Natal, 1988 (1969)

SAINT-PAUL Jean Eddy, *Chimè et Tontons Macoutes comme milices armées en Haïti*, Montréal, Editions CIDIHCA, 2015.

22 décembre 1958 : Pacte entre François Duvalier et Rafael Leónidas Trujillo

Le lundi 22 décembre 1958, les villes de Malpasse et Jimani, situées respectivement des côtés haïtiens et dominicains de la frontière, ont accueilli la première et l'unique rencontre entre le président d'Haïti, le docteur François Duvalier et le 'Père de la nouvelle patrie de la République dominicaine', le généralissime Rafael Leónidas Trujillo Molina, accompagné de son frère et président en titre du pays, le docteur Hector Trujillo Molina. La délégation haïtienne a été composée d'une quarantaine d'officiels du gouvernement et de hauts gradés de l'armée. La délégation dominicaine a été tout aussi nombreuse.

Jusqu'à cette date, Trujillo et Duvalier avaient gardé leur distance parce qu'ils ne se considéraient pas comme des alliés. Des membres influents du gouvernement noiriste et nationaliste de Duvalier n'avaient toujours pas pardonné à Trujillo le massacre de milliers d'Haïtiens en 1937. Ils étaient aussi très critiques de l'embauchage des Haïtiens en République dominicaine. De plus, Duvalier était ministre du gouvernement de Dumarsais Estimé lorsque Trujillo avait tenté de le renverser, en 1949. Finalement, Trujillo était très proche du général Antonio Kébreau qui avait organisé les élections de septembre 1957 et qui, fort de l'appui dominicain, se comportait en véritable chef d'État alors que Duvalier, en début de mandat, peinait à prendre ses marques. En décembre 1958, l'heure de l'amitié avait sonné. Duvalier a été d'abord reçu par Trujillo à Jimani. Ensuite, il a reçu Trujillo à Malpasse. La rencontre a été scellée par la signature d'une déclaration conjointe dans l'objectif de « resserrer les liens d'amitié qui unissent les deux États qui se partagent la souveraineté de l'île ».

Duvalier et Trujillo ont signé un pacte essentiellement politique visant à engager mutuellement les forces de sécurité des deux pays pour le maintien au pouvoir des deux hommes. Les questions non-politiques ont été superflues même si dans le deuxième point de l'accord ils ont affirmé, en deux lignes, encourager l'échange culturel, l'assistance technique et la plus étroite collaboration économique entre leurs deux pays. Il a été cependant bien dit qu'aucune activité « subversive » d'opposants ne serait tolérée sur l'un des territoires contre l'autre. Duvalier et Trujillo ont eu un même besoin : neutraliser les menaces qui pourraient venir du territoire voisin.

A partir de la signature de ce pacte, la police de Trujillo a eu carte blanche pour traquer les opposants de Duvalier en République dominicaine et *vice versa*. Vu la grande capacité de l'armée dominicaine, Trujillo a pris pratiquement en charge la protection et la défense du territoire haïtien en cas de menaces extérieures. Au début de l'année 1959, des frégates de la marine dominicaine ont commencé à patrouiller jusque dans les eaux territoriales haïtiennes et se sont fait remarquer proche de la Baie de Port-au-Prince. L'aviation dominicaine a survolé l'espace aérien haïtien dans le cadre de ses missions de reconnaissance. Les militaires haïtiens ont reçu régulièrement des renseignements et suggestions des militaires dominicains quand ceux-ci concevaient que la vigilance devrait être renforcée dans un secteur du territoire haïtien. En août 1959, quand des Cubains ont envahi Haïti, loin des frontières avec la République dominicaine, Trujillo a offert à Duvalier l'aide militaire de son pays en application du pacte de 1958.

Sur le plan économique, les affaires ont fleuri entre les deux régimes. L'accord sur l'embauchage des travailleurs temporaires haïtiens a été renouvelé le 23 décembre 1959. Les entreprises dominicaines ont obtenu à un rythme régulier la main-d'œuvre haïtienne qui leur était nécessaire durant les périodes de la zafra. Les autorités haïtiennes ont, en plus de la gratification reçue des Dominicains, réduit le nombre de chômeurs dans leur pays. L'opération d'embauchage des *braceros* haïtiens a été coordonnée par les hommes de confiance du président. Clément Barbot, pivot de l'alliance entre le doc et le généralissime, a été un élément important de l'embauchage des Haïtiens. En juillet 1960, Barbot est tombé en disgrâce. Deux mois plus tard, à la conférence la VIe réunion de consultation des ministres des Affaires étrangères de l'OEA tenue à San José, au Costa Rica, Haïti a voté la mise au ban de la République Dominicaine. Le pacte Duvalier-Trujillo a été rompu. Quant à l'embauchage, c'est Juan Bosch qui, durant sa courte présidence (février – septembre 1963), a mis un frein momentané à cette infâme activité bilatérale.

Pour approfondir le sujet :

CRASSWELLER Robert D., *Trujillo: The Life and Times of a Caribbean Dictator*, New York, The Macmillan Company, 1966.

ESPAILLAT Arturo R., Trujillo*: The Last Caesar*, Chicago, Henry Regnery Company, 1963.

GALINDEZ Jesús de, *The Era of Trujillo*, Tucson, The University of Arizona Press, 1973.

GARCIA Juan Manuel, *La Matanza de los Haitianos. Genocido de Trujillo, 1937*, Santo Domingo, Editora Alfa y Omega, 1983.

MANIGAT Leslie F., *Haïti of the Sixties, Object of International Concern*, Washington, Washington center of foreign Policy research, 1964.

TUNZELMANN Alex Von, *Heat: Conspiracy, Murder, and the Cold War in the Caribbean*, New York, Henry Holt and Company, 2011.

24 décembre 1958 : Retour des Marines en Haïti

Le 24 décembre 1958, les États-Unis et Haïti ont signé un accord de coopération militaire portant sur l'installation en Haïti d'une mission militaire américaine en vue de professionnaliser l'armée haïtienne. Selon les termes de cet accord, Washington s'est engagé à mettre à la disposition des autorités haïtiennes des officiers de l'US Marine Corps pour travailler sur le terrain avec les éléments de l'armée d'Haïti. Le gouvernement haïtien de son côté s'est chargé de la totalité des frais de fonctionnement et d'administration de la mission navale, y compris les frais de voyage des militaires américains et de leurs familles. Les marines sont donc revenus en Haïti moins de vingt-cinq ans après la fin de l'occupation (1915-1934).

« L'accord de la Noël » a été l'aboutissement d'un processus négocié tout au long de l'année 1958 par le président nationaliste haïtien qui avait fait ses premières armes dans les rangs des anti-occupants. Après avoir profité des 'largesses' de l'armée pour arriver à la présidence, François Duvalier a saisi la nécessité de 'professionnaliser' cette institution, c'est-à-dire lui enlever le rôle d'arbitre du jeu politique. La veille de la signature de l'accord avec les États-Unis, Duvalier a fait le ménage au sein de l'institution militaire. D'abord, l'appellation « Armée d'Haïti » a été remplacée par celle de « Forces Armées d'Haïti » (FAD'H). Ensuite, la nouvelle institution qui a regroupé les forces terrestres, aériennes et navales a été placée sous le commandement unique de François Duvalier qui s'est accordé le nouveau titre de « Chef suprême et effectif des Forces Armées d'Haïti ». Enfin, le président a purgé l'armée de ses officiers supérieurs. Le chef d'état-major, le général Maurice Flambert, comme son prédécesseur, le général Kébreau (nommé en Italie), a été envoyé en France comme ambassadeur. L'état-major n'a été ni anti-Duvalier ni contre le retour des marines. Au contraire, les officiers supérieurs, faisant partie de la dernière promotion entraînée par les marines avant la fin de l'occupation, auraient retrouvé dans la mission d'anciennes connaissances de la Gendarmerie nationale. C'est certainement cette proximité que Duvalier a voulu éviter. Le président a préféré donner à l'armée de nouveaux cadres, avec l'aide exclusive de la mission de l'US Navy.

La première garnison de la mission militaire américaine est arrivée à Port-au-Prince en janvier 1959. Elle a été essentiellement composée de membres de l'US Marine Corps, de la Navy et de la Coast Guard. Le chef de la mission navale, le colonel Robert Debs Heinl, historien de l'US Marines, avait précédemment servi à Pearl Harbor, Iwo Jima et Corée. Au cours de l'année, une soixantaine d'officiers et sous-officiers du Marine Corps ont débarqué en Haïti. Ils ont obtenu du gouvernement haïtien les privilèges, franchises et immunités accordés aux diplomates. De plus, ils ont eu préséance sur les officiers haïtiens. Il est arrivé à ces derniers de recevoir des ordres de sergents et caporaux américains. Et pour couronner le tout, dans l'exercice de leurs fonctions, les membres de la Mission navale relevaient, en matière civile et criminelle, de la seule juridiction des autorités militaires américaines et non de l'état-major des FAD'H.

Les militaires américains ont travaillé sur plusieurs fronts. Au grand quartier général, ils ont siégé avec le haut état-major des FAD'H. Au Palais national, ils ont été les conseillers de la garde présidentielle, le corps qu'ils ont fondé et qui s'est spécialisé dans la sécurité du président. A l'hôpital militaire, ils ont prodigué des soins aux militaires et à quelques civils. A l'Académie militaire, au Camp d'application et aux Casernes Dessalines, ils ont assuré l'entraînement des militaires. Dans les postes de province, ils ont étudié les besoins en fournitures militaires des FAD'H. Ils ont pris part à la lutte contre l'invasion cubaine (voir 12 août 1959). Leur priorité a été la lutte contre le communisme. Les opposants de Duvalier les ont accusés de pourvoir à l'entraînement et l'équipement de la milice. Des officiers de la mission ont nié ce fait. Ils ont admis que le président Duvalier a tenté le coup en intégrant des civils dans l'armée et leur octroyant le grade d'officier pour qu'ils pussent jouir des avantages de la mission. Cependant, a affirmé le colonel américain Charles Williamson, un membre de la mission, si des tontons macoutes ont profité des entraînements des marines, c'était à l'insu de la mission.

La présence des marines n'a été accompagnée d'aucun rejet visible de la population. Celle-ci n'a pourtant pas manqué de les associer aux miliciens de Duvalier en les surnommant les « tontons macoutes blancs ». Ce qui était certain dans l'opinion publique, c'est que la Mission navale a été la preuve des bonnes relations entre Port-au-Prince et Washington. De fait, le 13 juillet 1959, le gouvernement a fait parvenir un télégramme secret au président Dwight Eisenhower, offrant aux États-Unis le territoire haïtien pour l'établissement de bases sous-marines et de camps d'entraînement pour les Forces armées américaines en remplacement de Guantanamo. En 1963, quand les relations sont devenues tendues entre les gouvernements américains et haïtiens, Duvalier a réclamé le renvoie de la mission dont il avait perdu le contrôle alors que le président américain John F. Kennedy était en train de l'utiliser pour mettre fin à la révolution duvaliériste.

Pour approfondir le sujet :

GILOT Rony, *Au gré de mémoire. Duvalier le mal-aimé*, Port-au-Prince, Ed. Le Beréen, 2007.

HEINL Robert Debs Jr. & HEINL Nancy Gordon, *Written in Blood: The Story of the Haitian People (1492-1995),* New York, University Press of America, 2ème édition, 1996.

TUNZELMANN Alex Von, *Heat: Conspiracy, Murder, and the Cold War in the Caribbean*, New York, Henry Holt and Company, 2011.

WILLIAMSON Charles T., *The U.S. Naval Mission to Haiti, 1959-1963*, Annapolis, Naval Institute Press, 1998.

12 août 1959 : Des rebelles venus de Cuba ont envahi Haïti

François Duvalier s'est trouvé dans le viseur de Fidel Castro bien avant la prise de la Havane, le 1er janvier 1959. Plusieurs raisons expliquent le sentiment d'inimitié qui a existé entre les deux hommes. D'abord, Duvalier a été un allié de Fulgencio Batista, le dictateur cubain contre lequel Castro avait pris les armes. Ensuite, dans le camp des Barbudos (ceux qui ont fait partie de l'armée rebelle dirigée par Fidel Castro et Ernesto Che Guevara), il y a eu des Haïtiens qui se proclamaient ennemis jurés de François Duvalier. Enfin, l'attitude profonde de la « révolution duvaliériste » face au communisme a été antipathique à la « révolution castriste » d'autant que Castro et Guevara n'ont pas caché leurs intentions d'étendre la révolution.

Dans la nuit du 12 au 13 août 1959, un groupe de Cubains a débarqué aux Irois, un village de 300 habitants situé sur la côte sud d'Haïti, à bord d'un voilier en provenance de Puerto Padre, un port situé sur la côte Est de Cuba. Le groupe a été composé d'une trentaine de combattants commandés par un franco-algérien, Henri d'Anton (ou Henri Fuentes). Ce dernier avait vécu longtemps en Haïti et s'était marié à un membre de la famille de Louis Déjoie avant de rejoindre le Mouvement du 26 juillet. Les Cubains, après s'être facilement emparés de l'avant-poste militaire, se sont faits guider par des paysans et ont atteint l'ancienne forteresse Goman, située dans les hauteurs du Massif du Sud. Il faut signaler que Cuba est situé au nord d'Haïti. Si les rebelles ont choisi de débarquer sur la côte sud, c'est parce qu'ils espéraient trouver l'appui de la population dont ont été originaires le principal opposant de Duvalier, Louis Déjoie, et, par lien marital, le chef de l'expédition, Henri « El Argelino » Fuentes. Cependant, contrairement au *campesinos* cubains, les paysans haïtiens ne se sont pas mis dans les rangs de la rébellion contre Duvalier. Les rebelles ont été mis en déroute après dix jours de combat. Ils ont été presque tous morts au combat ou exécutés à l'exception de cinq qui ont été faits prisonniers et ramenés à Port-au-Prince.

A Cuba, Fidel Castro a interrompu son intervention télévisée du mercredi pour annoncer la tentative d'invasion d'Haïti par un groupe de 25 à 30 Cubains sous la direction d'un aventurier algérien. Le gouvernement cubain, a affirmé Castro, tardivement informé de la préparation de cette invasion, ne pouvait l'en empêcher parce que l'armée était occupée ailleurs. Les armes, documents, uniformes et les prisonniers ont été incontestablement Cubains. Les derniers combattants ont été extradés à Cuba quelques années plus tard. Néanmoins, Castro a nié toute implication de son armée dans cette invasion.

Les États-Unis non plus n'ont jamais fait état, officiellement, de leur participation à l'opération qui a permis à Duvalier de faire échec à l'invasion cubaine. Cependant, les ouvrages des officiers américains Charles Williamson et Robert Heinl permettent de confirmer la participation des marines dans ces combats, beaucoup plus qu'à titre de conseillers. Les officiers américains ont participé au Conseil de guerre érigé par Duvalier dès l'annonce de l'invasion. Un hélicoptère de la Mission de la US Navy a effectué les missions de reconnaissance sur les lieux de combats. Le chef d'état-major haïtien, accompagné du colonel Heinl, s'est rendu sur place à bord d'un hélicoptère américain. Aussi, « les marines américains qui ont pris part à cette opération sont probablement les seules troupes des États-Unis à être engagées dans des combats terrestres contre les forces de Fidel Castro », a reconnu le chef de la Mission de la US Navy le colonel Robert Heinl dans son ouvrage *Written in Blood.*

La seule voix extérieure qui a affirmé ouvertement sa prise de position dans ce conflit international est venue de l'autre côté de la frontière haïtienne, en République dominicaine. Dès l'annonce de l'invasion, le quotidien dominicain *Diario Las Americas* a publié un câble du généralissime Leónidas Rafael Trujillo offrant au président Duvalier une aide militaire substantielle dans le but de l'aider à vaincre les forces cubaines. Trujillo, en plus de son pacte avec Duvalier, a conforté ses ressentiments anticastristes depuis la tentative d'invasion de son pays par des rebelles venus de Cuba, le 14 juin 1959. Duvalier, ayant déjà les marines sous la main et pour des raisons de politique intérieure, a décliné l'offre de Trujillo. En tout cas, l'échec de l'invasion cubaine a constitué une importante victoire stratégique pour Duvalier. Le président haïtien a mieux articulé son discours sur le danger communiste et s'est positionné davantage dans le camp occidental en gelant les relations diplomatiques avec le régime de Fidel Castro.

Pour approfondir le sujet :

AMERINGER Charles D., *The Democratic Left in Exile: The Antidictatorial Struggle in the Caribbean, 1945-1959*, Coral Gables, University of Miami Press, 1974.

HEINL Robert Debs Jr. & HEINL Nancy Gordon, *Written in Blood: The Story of the Haitian People (1492-1995),* New York, University Press of America, 2ème édition, 1996.

MANIGAT Leslie F., *Haiti of the Sixties, Object of International Concern*, Washington, The Washington Center of Foreign Policy Research, 1964.

TULCHIN Joseph S., SERBIN Andres, and HERNANDEZ Rafael (ed.), *Cuba and the Caribbean: Regional Issues and Trends in the Post-Cold War Era,* Wilmington, 1984.

TUNZELMANN Alex Von, *Heat: Conspiracy, Murder, and the Cold War in the Caribbean*, New York, Henry Holt and Company, 2011.

WILLIAMSON Charles T., *The U.S. Naval Mission to Haiti, 1959-1963*, Annapolis, Naval Institute Press, 1998.

24 novembre 1960 : Expulsion de l'archevêque de Port-au-Prince

Le 24 novembre 1960, l'archevêque français de Port-au-Prince, monseigneur François Poirier, a été expulsé d'Haïti. Ce fut la fin d'un long bras de fer entre le chef de l'État, François Duvalier et le chef de l'Église catholique en Haïti, François Poirier. Cette animosité entre les deux hommes s'est manifestée visiblement depuis la campagne électorale de 1957. Duvalier, dans ses mémoires, a rappelé « l'hostilité agressive que Monseigneur François Poirier manifestait à Port-au-Prince à [sa] candidature à la Présidence de la République ». L'archevêque était supporteur de Louis Déjoie. A mesure que Duvalier installait son pouvoir et éliminait ou forçait à l'exil ses opposants politiques, l'archevêque de Port-au-Prince devenait son principal ennemi et, selon certains témoins de l'époque, le seul à véritablement lui tenir tête. Le département Amérique du Quai d'Orsay, dans son analyse de la situation, a confirmé : « Il n'est pas impossible que certains prêtres aient outrepassé les limites de leur mission spirituelle, ce qui est regrettable ». Une faute que Duvalier n'a pas pardonnée aux religieux. Plusieurs curés étrangers, en particulier des français (80% du clergé étant constitué de prêtres français venus de Bretagne) ont avaient forcés d'abandonner leur paroisse et de quitter le territoire sous prétexte de leur intrusion dans la politique interne du pays.

François Duvalier a tenté de se débarrasser de l'archevêque depuis l'été 1958. A partir de l'automne 1959, les deux chefs n'ont plus caché leur animosité : Duvalier n'a plus assisté aux *Te Deum* à la Cathédrale de Port-au-Prince, Poirier ne s'est plus rendu au Palais national. L'irréparable a été commis à la fin de l'année 1959 : monseigneur Poirier s'est fait représenter par son auxiliaire, l'évêque haïtien Rémy Augustin, à la cérémonie des vœux au chef de l'État. Duvalier, plusieurs années après, n'a pas caché pas sa colère face à cet 'affront'. Il faut croire que depuis cet événement, l'expulsion de l'archevêque a été définitivement arrêtée. En automne 1960, Duvalier a trouvé les bonnes raisons pour chasser monseigneur Poirrier du pays.

A la fin de novembre 1960, les étudiants de l'Université d'Haïti se sont mis en grève pour protester contre l'arrestation de certains leaders de l'Union nationale des étudiants haïtiens (UNEH).

Le gouvernement a accusé monseigneur Poirier d'être de connivence avec les étudiants, des communistes selon le pouvoir, qui cherchaient à renverser le régime. En dépit de la menace d'excommunication brandie par le nonce, monseigneur Poirier a été arrêté et mis dans un avion en direction de Paris, via Miami et New York, sans avoir eu le temps de faire ses valises. Dans un communiqué annonçant l'expulsion de l'archevêque, le gouvernement l'a accusé d'avoir fait don de 7.000 dollars aux « étudiants communistes » en grève. Mais Rome n'a pas bu la coupe sans réagir. Dénonçant publiquement le « traitement injuste et humiliant accordé à l'archevêque » en « violation des droits sacro-saints de l'Église », le pape Jean XXIII a publié une bulle annonçant l'excommunication de tous les officiels du gouvernement impliqués dans cette expulsion y compris le chef de l'État. François Duvalier a été mis au ban de l'église jusqu'en 1966.

L'expulsion de Monseigneur Poirier et l'excommunication de Duvalier n'ont mis fin ni à la grève des étudiants ni à la détermination de Duvalier de mettre l'Église au pas. Le 9 janvier, le gouvernement a fermé le journal catholique *La Phalange.* Monseigneur Rémy Augustin, le premier haïtien à être nommé évêque et qui pourrait être la fierté des nationaux, a été à son tour chassé du pays quelques temps seulement après avoir pris en charge l'archevêché de Port-au-Prince en remplacement de l'évêque français. Le gouvernement lui a reproché, aussi, de prendre partie en faveur des étudiants en grève. Monseigneur Augustin a été expulsé (exilé) en compagnie de quatre prêtres français qui étaient proches de monseigneur Poirier. Quelques jours plus tard, 25 prêtres et 20 religieux étrangers ont été arrêtés et chassés du pays.

Durant son règne, Duvalier a utilisé tous les prétextes pour se débarrasser des éléments influents du clergé et, du même coup, réduire le nombre d'évêques étrangers dans la hiérarchie de l'Église catholique d'Haïti. Ce fut, dans les faits, la politique intérieure et non le désir d'installer à la tête de l'Église un clergé haïtien qui a été à la base des mesures adoptées par Duvalier contre le clergé catholique. Le gouvernement a clairement affirmé ne pas s'en prendre à l'église catholique mais « à certains prêtres français qui se sont mêlés de la politique intérieure contrairement au concordat passé entre Haïti et le Vatican ». Mais il n'y a pas eu que des religieux français à être chassés du pays par Duvalier. Des évêques haïtiens dont monseigneur Rémy Augustin, des protestants américains dont monseigneur Alfred

Voegeli (24 avril 1964), des ordres entiers (les jésuites le 12 février 1964, et les spiritains le 15 août 1969) ont été expulsés pour avoir entrepris des activités qui dérangeaient le régime.

Pour approfondir le sujet :

CLORMEUS Lewis Ampidu (dir.), *État, religions et politique en Haïti (XVIIIe – XXIe S.)*, Paris, Karthala, 2014.

DIEDERICH Bernard, *Le Prix du sang. La résistance du peuple haïtien face à la tyrannie, tome I, François Duvalier (1957-1971)*, Port-au-Prince, Ed. CEDH, 2005.

DURANT Frank, *Cent ans de Concordat – Bilan de faillite*, Port-au-Prince, Imprimeries de l'État, 1960.

DUVALIER François, *Mémoires d'un leader du tiers-monde. Mes négociations avec le Vatican*, Paris, Hachette, 1969.

GREENE Anne, *The Catholic Church In Haiti: Political and Social Change*, East Landing, Michigan State University Press, 1993.

GILOT Rony, *Au gré de mémoire. Duvalier le mal-aimé*, Port-au-Prince, Ed. Le Beréen, 2007.

HECTOR Cary (dir.), *1946-1976, Trente ans de pouvoir noir en Haïti*, Montréal, Collectif Paroles, 1976.

HURBON Laënnec, *Religions et lien social : l'Église et l'État moderne en Haïti,* Paris, Le Cerf, 2004.

NERESTANT Micial, *Religions et politique en Haïti,* Paris, Ed. Karthala, 1994.

NICHOLLS David, *From Dessalines to Duvalier. Race, Color, and National Independence in Haiti*, New Brunswick, Rutgers University Press, Edition révisée, 1996.

28 janvier 1962 : Le vote d'Haïti a expulsé Cuba de l'OEA

A la fin de l'année 1961, le président de la Colombie, Alberto Lleras Camargo, après avoir rompu les relations diplomatiques avec Cuba, a appelé à une réunion des ministres des Affaires étrangères de l'OEA en vue de traiter le problème cubain. Depuis que Cuba est devenu communiste, beaucoup de pays de la région, les États-Unis en tête, l'ont considéré comme une menace. Au mois de décembre, les membres du conseil de l'OEA dont Haïti ont voté la mise en débat de la question cubaine au cours d'une session spéciale de l'organisation, en janvier 1962, à Punta del Este, en Uruguay. De cette conférence, les États-Unis et leurs alliés n'attendaient qu'une chose : ostraciser le gouvernement de Fidel Castro. Pour exclure Cuba de l'organisation hémisphérique, il faudrait obtenir 14 voix, soit les deux tiers prévus par l'article 17 du Traité de Rio. Pour y arriver, John F. Kennedy a décidé de mettre la pression sur certains pays de la région. Ce fut la mission confiée aux plus figures importantes de la délégation américaine à Punta del Este : Dean Rusk, secrétaire d'État, Morrison de Lesseps, ambassadeur à l'OEA, Richard Goodwin et Arthur Schlesinger Jr., conseillers de Kennedy, Bourke Hickenlooper et Armistead Selden, respectivement membres du sénat et de la chambre des représentants. Cuba de son côté a été représenté par une délégation de 40 membres, incluant Che Guevara, dirigée par le président en titre du pays Osvaldo Dorticós.

Le 22 janvier 1962, les débats sont ouverts à Punta del Este. La plupart des pays de l'Amérique Centrale se sont rangés du côté des États-Unis dans la réclamation de sanctions sévères contre Cuba. Les ministres de ces pays, dans leurs interventions, ont décrit avec force comment, de manière collatérale, l'arrivée au pouvoir de Fidel Castro a désorganisé leurs territoires. Le Venezuela et la Colombie, s'estimant directement visés par l'intention de Castro d'étendre la révolution sur tout le continent, ont même menacé de boycotter la réunion au cas où l'organisation n'adoptait aucune mesure contre Cuba. De l'autre côté, les pays les plus peuplés de la région particulièrement le groupe ABC (Argentine, Brésil et Chili) ainsi que le Mexique ont été farouchement opposés à l'idée d'adopter des sanctions contre Cuba voire de l'exclure de l'organisation.

Au début de la conférence, la délégation haïtienne s'est positionnée dans le bloc des « *outer seven* », qui rejetait l'idée de sanctions même morales contre Cuba. Le 27 janvier, la position haïtienne a été renforcée dans le discours du ministre des Affaires étrangères, René Chalmers. Ses propos ont été considérés comme une véritable plaidoirie en faveur du régime de Fidel Castro. Aussi, la délégation américaine ne disposait pas des treize voix qui, ajoutées à la sienne, permettraient d'expulser Cuba de l'OEA. Le lendemain, contre toute attente, la délégation haïtienne a donné aux États-Unis la voix qui manquait. Cuba a été exclu de l'OEA. Les archives confirent que les États-Unis ont obtenu le vote d'Haïti à coup de millions de dollars.

Les deux gouvernements ont donné des versions divergentes de l'origine de la démarche de monnayer le vote d'Haïti. Selon Arthur Schlesinger Jr., membre de la délégation américaine, c'est le ministre des Affaires étrangères haïtien, René Chalmers, qui avait offert au Secrétaire d'État américain, Dean Rusk, de vendre le vote d'Haïti au États-Unis. Alors que dans ses mémoires, François Duvalier a soutenu que l'initiative de lier le vote d'Haïti à l'aide financière des États-Unis était venue des diplomates américains en Haïti et en Uruguay. Les versions américaine et haïtienne quant à l'origine de la démarche sont certes différentes, mais une chose est toutefois claire : le vote d'Haïti a coûté des millions de dollars à l'administration Kennedy. Dans leur rapport, cité par Arthur Schlesinger Jr., les délégués américains ont noté avec une pointe d'ironie les dépenses du secrétaire d'État, à Punta del Este, au cours de la journée du 28 janvier : $ 2,25 le petit déjeuner et le déjeuner avec le ministre haïtien $ 2.800.000,00.

De toute manière, certains éléments montrent que les États-Unis s'étaient bien installés dans cette démarche de payer des délégations pour se positionner contre Cuba au cours de la conférence de Punta del Este. Selon le magazine *Time*, les États-Unis avaient mis la pression sur certains de ses alliés réticents en évoquant la présence ou l'absence d'aide selon leur positionnement. L'ambassadeur de France en Uruguay a rapporté que les parlementaires membres de la délégation américaine n'avaient pas hésité à menacer publiquement de bloquer les aides financières qui devraient être accordés, dans le cadre de l'Alliance pour le Progrès, aux états qui voteraient en faveur de Cuba. Cette pression a bien sûr porté ses fruits et certains pays de l'hémisphère n'ont pas hésité à jouer le jeu. En guise d'exemple, le

Time rapporte que, au cours d'une réception, le président uruguayen, Victor Haedo, a « carrément demandé » au secrétaire d'État américain : « Dites-moi, cette aide que vous nous promettez, quand va-t-il arriver ? Rusk a répondu alors : « Très vite, monsieur le président. Dès que le congrès l'approuve ».

En Haïti, les retombées du *deal* de Punta del Este se sont matérialisées assez rapidement. Dès la fin de la conférence, les États-Unis ont annoncé des mesures pour augmenter le budget de l'USAID pour Haïti. Quelques semaines plus tard, le Development Loan Fund a accordé un prêt spécial au gouvernement haïtien pour la construction de la route du sud, reliant la ville des Cayes à Port-au-Prince. Le principal chantier que Duvalier s'attendait à inaugurer était la construction de l'aéroport de Port-au-Prince. Rusk l'avait promis à Punta del Este. Cependant, trois mois après la conférence, les États-Unis se sont à nouveau distancés du dictateur haïtien. Les duvaliéristes n'ont fait que constater amèrement que « l'Oncle Sam ne respecte pas son engagement ».

Pour approfondir le sujet :

ARTHUS W. Weibert, "The Challenge of Democratizing the Caribbean during the Cold War: Kennedy Facing the Duvalier Dilemma," *Diplomatic History*, Vol. 38, Oxford University Press, 2014.

ARTAUD Denise, *Les États-Unis et leur arrière-cour. La défense de la troisième frontière*, Paris, Hachette, 1995.

DUVALIER François, *Mémoires d'un leader du tiers-monde. Mes négociations avec le Vatican*, Paris, Hachette, 1969.

FLORIVAL Jean, *Duvalier. La face cachée de Papa Doc,* Montréal, Mémoires d'Encrier, 2007.

GILOT Rony, *Au gré de mémoire. Duvalier le mal-aimé*, Port-au-Prince, Ed. Le Beréen, 2007.

HEINL Robert Debs Jr. et Nancy Gordon, *Written in Blood: The Story of the Haitian People (1492-1995),* New York, University Press of America, 2ème édition, 1996.

PATERSON Thomas G. (dir.), *Kennedy's Quest for Victory: American Foreign Policy, 1961-1963*, New York, Oxford University Press, 1989, pp. 127-131.

SCHLESSINGER Arthur M. Jr., *A Thousand Days. John F. Kennedy in the White House*, Boston & Cambridge, Houghton Mifflin Company & The Riverside Press, 1965.

26 avril 1963 : Haïti et la République dominicaine au bord de la guerre

Le vendredi 26 avril, au moment où la limousine présidentielle déposait deux des enfants de Duvalier à l'entrée de leur établissement scolaire, le Collège Bird, des coups de feu ont été tirés et les soldats de garde ainsi que le chauffeur ont été tués sur le champ. Nicole (14 ans) et Jean-Claude Duvalier (7 ans) sont sortis indemnes de cet attentat. Sitôt la nouvelle répandue, la milice de Duvalier s'est déchaînée dans les rues. Des dizaines de personnes ont été froidement abattues. Des centaines d'autres ont été emprisonnées et disparus par la suite. La plupart des victimes ont été des anciens officiers des FAD'H ou leurs proches. La personne la plus recherchée était le lieutenant François Benoit. Selon le pouvoir, seul cet officier, médaillé plusieurs fois au championnat interaméricain de tir, pouvait mener une telle opération avec autant de précision.

Au moment de l'attaque, le lieutenant Benoit était réfugié à l'ambassade de la République dominicaine. Il s'y trouvait en compagnie de 22 autres officiers révoqués de l'armée le 10 avril sous accusation de complot contre le gouvernement. Les militaires et tontons macoutes, se méfiant de la présence de l'officier à l'ambassade dominicaine, se sont rendus directement à la maison de la famille Benoit. Ils ont incendié la résidence après avoir passé par les armes tous ses occupants. N'ayant pas trouvé le lieutenant Benoit, ils ont mis le cap sur l'ambassade de la République dominicaine. Ils ont pénétré avec fracas au siège diplomatique, saccageant les lieux et menaçant la secrétaire qui s'y trouvait. Ils n'ont pas trouvé les réfugiés qui étaient de préférence logés en la résidence de l'ambassadeur. Sitôt l'information obtenue, ils se sont mobilisés et se sont rendus chez le diplomate dominicain.

Cette situation a créé une intense panique dans plusieurs ambassades à Port-au-Prince. Au moment où les forces duvaliéristes s'en prenaient à la représentation diplomatique dominicaine, d'autres ambassades latino-américaines abritaient des anciens officiers ou leur famille. Un groupe d'officiers se trouvait à l'ambassade du Brésil depuis le début du mois. Il y en avait également dans les ambassades d'Argentine, de Colombie, d'Equateur et du Venezuela. C'est à l'ambassade du Guatemala que l'épouse du lieutenant François Benoit s'était réfugiée. L'ambassade des États-Unis a dressé une liste d'environ 150 personnes, dont des familles entières, qui se sont réfugiées dans des ambassades. Aussi, l'ensemble du Corps diplomatique est intervenu directement auprès de président Duvalier l'invitant à œuvrer au respect des conventions internationales consacrant l'immunité diplomatique.

Quant au président dominicain Juan Bosch, il a jugé les attaques contre les locaux de la représentation diplomatique dominicaine comme une attaque en règle contre son pays. Le 28 avril, il a lancé un ultimatum de 24 heures à Duvalier pour retirer ses troupes dans le voisinage immédiat de la résidence de l'ambassadeur dominicain et rendre des honneurs au drapeau dominicain. Dans le cas contraire, a-t-il menacé, le gouvernement dominicain prendrait « toutes les mesures nécessaires ». En d'autres termes, ce serait la guerre. En réaction à l'ultimatum de Bosch, Duvalier a rompu les relations avec la République dominicaine et a rappelé son ambassadeur à Saint-Domingue.

L'Organisation des États Américains, saisie de la question, a envoyé une mission dans l'île le 30 avril. Elle a été accueillie par des milliers de gens qui chantaient, dansaient et se saoulaient au tafia au cri de « Vive Duvalier ». Cet attroupement a contrasté avec la tension qui avait prévalu au pays quatre jours plus tôt et qui avait mis le Corps diplomatique en alerte. François Duvalier a reçu les membres de la mission en son palais et leur a promis sa pleine collaboration. Cependant, la suite des événements a montré que le président haïtien a accordé peu d'importance à l'intervention de l'OEA. Sans même attendre le rapport de la mission, Duvalier a décidé de se passer de l'arbitrage de l'OEA et porter l'affaire devant le conseil de sécurité de l'ONU. Duvalier avait fait l'expérience du poids des États-Unis, alliés de la République dominicaine, à l'OEA lors de la Conférence de Punta del Este. Il avait vu comment, au sein de l'organisation, un vote pouvait facilement être balancé en défaveur d'une nation. A l'ONU, cependant, Duvalier savait mieux comment trouver des alliés. Sa stratégie a été d'enfiler le costume de la victime en présentant l'ultimatum de Bosch comme un acte d'agression prémédité envers Haïti. L'argumentation de Duvalier s'est basée essentiellement sur la question raciale, un sujet qu'il maitrisait. Dans ses interventions au Conseil de sécurité, les 8 et 9 mai, le secrétaire d'État aux Affaires étrangères, René Chalmers, a présenté une thèse assez simple comme origine de la crise : la République dominicaine s'est fait « l'instrument » des États blancs qui cherchaient à détruire la seule République noire de l'hémisphère américain. Chalmers a fait référence au président américain John F. Kennedy qui exigeait le départ de Duvalier du pouvoir le 15 mai 1963.

Le premier pays à supporter l'initiative haïtienne auprès du conseil a été l'Union Soviétique. Dans ce contexte de guerre froide, Moscou soutenait tout ce qui pouvait affaiblir l'image des États-Unis. Quelques mois après le dénouement de la crise des missiles, l'URSS a trouvé une bonne occasion pour égratigner les États-Unis en présentant la crise haïtiano-dominicaine comme le résultat de la politique dominatrice américaine dans la région. Le Kremlin a accusé la Maison Blanche d'avoir délibérément créé ce foyer de tension à proximité de Cuba. Les deux autres fervents défenseurs de la démarche haïtienne auprès du conseil ont été le Ghana et le Maroc. Ces supports ont été certainement le fruit de l'appel à la « solidarité des peuples noirs » lancé par le ministre Chalmers au cours de ses interventions. Le président du conseil de sécurité Roger Seydoux a noté que même les pays africains qui n'avaient pas participé aux débats ont épousé la cause haïtienne.

Le 9 mai, le président du Conseil de sécurité a consacré la fin des débats et annoncé que la question haïtienne a été retenue à l'agenda du Conseil aux termes de l'article 52 de la Charte de l'ONU. La crise haïtiano-dominicaine n'était donc plus une affaire exclusivement interaméricaine. Carlo Désinor, dans un ouvrage sur cette crise, fait remarquer que Cuba n'avait pas obtenu un tel résultat en 1962. Avant même que l'ONU se penchât effectivement sur la crise haïtiano–dominicaine, fixât les responsabilités et fît des recommandations, Juan Bosch a été renversé du pouvoir en République Dominicaine au mois de septembre. Le nouveau gouvernement militaire dominicain s'est désintéressé de la question.

Pour approfondir le sujet :

BOSCH Juan, *The Unfinished Experiment,* New York, Frederick A. Praeger, 1965.

DESINOR Carlo, *Il était une fois : Duvalier, Bosch et Kennedy, 1963,* Port-au-Prince, L'Imprimeur II, 1989.

DIEDERICH Bernard, *Le Prix du sang. La résistance du peuple haïtien face à la tyrannie, tome I, François Duvalier (1957-1971)*, Port-au-Prince, Ed. CEDH, 2005.

DUVALIER François, *Mémoires d'un leader du tiers-monde. Mes négociations avec le Vatican*, Paris, Hachette, 1969.

ESPAILLAT Arturo R., Trujillo*: The Last Caesar*, Chicago, Henry Regnery Company, 1963.

GILOT Rony, *Au gré de mémoire. Duvalier le mal-aimé*, Port-au-Prince, Ed. Le Beréen, 2007.

HEINL Robert Debs Jr. et Nancy Gordon, *Written in Blood: The Story of the Haitian People (1492-1995),* New York, University Press of America, 2ème édition, 1996.

MARTIN John Bartlow, *Overtaken by Events: The Dominican Crisis from the Fall of Trujillo to the Civil War*, New York, Doubleday Company, 1966, p. 418.

MANIGAT Leslie F., *Haiti of the Sixties: Object of International Concern*, Washington, Washington Center of Foreign Policy Research, 1964.

14 juin 1963 : L'ambassadeur des États-Unis en Haïti déclaré persona non grata

Durant les premières années de sa présidence, François Duvalier a bénéficié de l'argent, des armes et de la tolérance du bloc occidental. Sous accusation de communistes, il a exécuté ou exilé des parlementaires, prêtres, militaires et professionnels de toutes catégories qu'il considérait comme des menaces potentielles. A partir du début des années 1960, le pays s'est vidé de ses éléments les plus valables. Vers la fin de 1960, les premiers boat people haïtiens ont été aperçus sur les côtes de la Floride. Au cours de cette même période, des milliers d'haïtiens se sont réfugiés dans plusieurs pays de la Caraïbe particulièrement la République dominicaine et les îles Bahamas. Le président haïtien, au nom de la lutte contre le communiste, a imposé la dictature la plus féroce de la région, sous le regard du grand voisin.

En été 1962, les États-Unis sont arrivés à la conclusion que le régime de Duvalier constituait une menace pour l'hémisphère occidental et plus important encore, pour reprendre les mots du secrétaire d'État Dean Rusk, une « préjudice à nos propres intérêts vitaux [ceux des États-Unis] ». Les raisons pour lesquelles l'administration américaine avait décidé de compter avec Duvalier devenaient les motifs selon lesquels son départ a été souhaité. Auparavant, les conseillers du président John F. Kennedy avaient trouvé en Duvalier un allié contre Castro et le communisme, en dépit des pratiques dictatoriales de son régime. Ils argumentaient beaucoup sur le fait qu'un départ précipité de Duvalier pourrait ouvrir la voie à l'intervention en Haïti de Castro ou Trujillo. Ce dernier a été assassiné en mai 1961. Il n'y avait plus de menace de ce côté. Par contre, Castro continuait d'obséder les États-Unis. Ils craignaient à présent que le caractère dictatorial du régime de Duvalier ne facilitât l'établissement en Haïti d'un pouvoir communiste, de la même manière que, selon le secrétaire d'État Rusk, Batista avait préparé la voie pour Castro à Cuba. A cet effet, l'ambassadeur américain Raymond Thurston a recommandé une « médecine préventive » pour barrer la route aux communistes en Haïti.

Ajouté au danger communiste, l'administration Kennedy se montrait concernée par le principal élément qui caractérisait le régime de Duvalier : la perpétuation au pouvoir. Selon les termes de la constitution de 1957, Duvalier devrait laisser le pouvoir le 15 mai 1963. Mais le 30 avril 1961, alors qu'il lui restait deux ans pour accomplir son mandat, François Duvalier s'était fait 'réélire' pour sept ans, au cours des élections législatives. A mesure que s'approchait la date du 15 mai 1963, Duvalier donnait des signaux clairs sur son désir de garder le pouvoir. A cet effet, l'administration américaine parvenait à la conclusion qu'il lui fallait provoquer le renversement de Duvalier.

En même temps que se déroulait la crise haïtiano-dominicaine (voir 26 avril 1963), Kennedy a tenté de résoudre le problème Duvalier. En plus d'appuyer vertement l'élan guerrier du président dominicain Juan Bosch contre Duvalier, l'administration Kennedy a mis en place différentes stratégies pour porter à un changement de régime en Haïti vers le 15 mai 1963. Les méthodes utilisées pour atteindre cette fin ont été révélées plusieurs années plus tard par le secrétaire d'État Rusk : « Nous avions entrepris tout type d'efforts pour apporter un changement en Haïti. Nous avons utilisé la persuasion, l'aide, la pression et à peu près toutes sortes de techniques de débarquement de forces extérieures, mais le président Duvalier était extraordinairement résistant ».

Au début du mois de mai, les États-Unis ont envoyé des bateaux de guerres dans les eaux territoriales haïtiennes, espérant que cela créerait de la panique en ville. Le 7 mai, la marine haïtienne a rapporté la présence constante d'une importante flotte de l'US Navy à quelques miles de la Baie de Port-au-Prince. A l'approche du 15 mai, la flotte américaine est devenue plus nombreuse et plus visible à partir de Port-au-Prince. Dans une note à l'ambassade des États-Unis, le gouvernement de Duvalier a protesté contre la présence de 10 navires américains localisés à proximité des côtes haïtiennes. Cette présence a été jugée « inamicale » d'autant que des hélicoptères venant des porte-avions survolaient le territoire en « simulant même des manœuvres de débarquement ». Parallèlement, l'ambassade américaine a procédé à l'évacuation de ses ressortissants en Haïti, en dépit des déclarations du gouvernement de Duvalier garantissant la protection des étrangers. L'établissement scolaire américain, l'Union School, a donné des vacances anticipées. Les entreprises gérées par des ressortissants américains ont fermé leurs portes. Les étrangers non américains aussi sont partis en trombe. Parallèlement, des troupes dominicaines ont été mobilisées sur la frontière. Des messages venant du pays voisin ont invité les Haïtiens à évacuer la capitale. Il y a régné un calme de cimetière dans la ville.

Le matin du 15 mai, l'ambassadeur américain à Port-au-Prince a accueilli une vingtaine de journalistes en sa résidence dans les hauteurs de Bourdon, en attendant le scoop du jour : la chute de Duvalier. Pour l'administration Kennedy, le départ de Duvalier était chose acquise. Le fait le plus probant a été une réservation faite au nom de la famille Duvalier qui partirait d'Haïti le 15 mai, à bord d'un vol de la compagnie KLM. Le plan détaillé du vol a été annoncé par la Voix de l'Amérique, publié dans le New York Times, fait l'objet de plusieurs télégrammes en provenance de Washington et confirmé par la CIA : les Duvalier, après leur transit à Curaçao, New York et Paris, devraient se rendre en Algérie où le président Ahmed Ben Bella aurait accepté de leur accorder l'asile politique. Cependant, en début d'après-midi, c'est le Palais national qui a convié les médias. Le président haïtien a tenu une conférence de presse. Il s'agissait bien du dictateur François « Papa Doc » Duvalier, encore au pouvoir. Les journalistes l'ont trouvé « calme et confiant ».

Au lendemain du 15 mai, les relations entre les États-Unis et Haïti ont été considérées comme « relâchées », pour reprendre l'expression de Duvalier. Côté américain, Kennedy a décidé de geler les relations diplomatiques avec le gouvernement haïtien. Ensuite, il approuvé les propositions de la CIA de rappeler l'ambassadeur Raymond Thurston à Washington pour consultation. Au moment de laisser Port-au-Prince, l'avion qui transportait l'ambassadeur américain a été immobilisé pendant plusieurs heures, sur le tarmac de l'aéroport international François Duvalier, par des appareils de l'armée haïtienne. Mais Kennedy, ne voulant pas de vide diplomatique complète avec Haïti a décidé de renvoyer l'ambassadeur Thurston à Port-au-Prince au terme de la consultation. Le gouvernement haïtien s'est opposé à son retour. Raymond Thurston a été considéré *persona non grata* par Duvalier. Le 14 juin, la chancellerie haïtienne a officiellement demandé aux États-Unis de rappeler son ambassadeur. Dans une note assez sévère au gouvernement américain, le ministre René Chalmers a soutenu que « tout retour de Mr Thurston en Haïti, ne serait-ce pour prendre congé du Corps Diplomatique ou prendre ses effets est absolument contre indiqué ». Haïti, en retour, a rappelé son ambassadeur en poste à Washington, Dr. Louis Mars. Les gouvernements de Duvalier et Kennedy rompent officiellement leurs relations diplomatiques.

Pour approfondir le sujet :

ARTHUS W. Weibert, "The Challenge of Democratizing the Caribbean during the Cold War: Kennedy Facing the Duvalier Dilemma," *Diplomatic History*, Vol. 38, Oxford University Press, 2014.

ARTAUD Denise, *Les États-Unis et leur arrière-cour. La défense de la troisième frontière*, Paris, Hachette, 1995.

FLORIVAL Jean, *Duvalier. La face cachée de Papa Doc,* Montréal, Mémoires d'Encrier, 2007.

GILOT Rony, *Au gré de mémoire. Duvalier le mal-aimé*, Port-au-Prince, Ed. Le Beréen, 2007.

HEINL Robert Debs Jr. et Nancy Gordon, *Written in Blood: The Story of the Haitian People (1492-1995),* New York, University Press of America, 2ème édition, 1996.

MANIGAT Leslie F., *Haiti of the Sixties: Object of International Concern,* Washington, The Washington Center of Foreign Policy Research, 1964.

TULCHIN Joseph S., SERBIN Andres, and HERNANDEZ Rafael (ed.), *Cuba and the Caribbean: Regional Issues and Trends in the Post-Cold War Era,* Wilmington, 1984.

PATERSON Thomas G. (dir.), *Kennedy's Quest for Victory: American Foreign Policy, 1961-1963*, New York, Oxford University Press, 1989, pp. 127-131.

SCHLESSINGER Arthur M. Jr., *A Thousand Days: John F. Kennedy in the White House*, Boston & Cambridge, Houghton Mifflin Company & The Riverside Press, 1965.

TUNZELMANN Alex Von, *Heat: Conspiracy, Murder, and the Cold War in the Caribbean*, New York, Henry Holt and Company, 2011.

WILLIAMSON Charles T., *The U.S. Naval Mission to Haiti, 1959-1963*, Annapolis, Naval Institute Press, 1998.

12 février 1964 : Expulsion des Jésuites

Le 12 février 1964, le président François Duvalier a décrété l'annulation de la Convention du 21 novembre 1958 autorisant les Jésuites à s'installer en Haïti. Par la même occasion, il a expulsé du pays tous les membres de la Compagnie canadienne de Jésus.

L'affaire a débuté le 31 janvier 1964. Les agents de l'immigration haïtienne ont découvert, dans les bagages de deux jésuites canadiens, une photo qu'ils ont attribuée à celle de l'ex-président Paul Eugène Magloire, une lettre et des magazines qualifiés de « subversifs ». Le père Paul Laramée, directeur de Radio Manrèse, la station de radio jésuite, et le frère François-Xavier Ross, technicien de la station, ont été accusés de transporter dans le pays « un fort lot de matériels de propagande contre le gouvernement haïtien dont des articles de revues de presse internationale particulièrement offensant pour le Président de la République, les personnalités politiques du gouvernement haïtien et critiquant de manière fort acerbe ce même gouvernement ». Selon le ministre des Affaires étrangères et des Cultes, René Chalmers, les documents découverts ont démontré que les jésuites et leurs alliés étaient en train de fomenter un complot dans le but de renverser le gouvernement.

Avant d'être expulsés avec le reste de la congrégation, les deux jésuites arrêtés à l'aéroport ont été embastillés à Fort-Dimanche pendant deux semaines. Le chargé d'affaires du Canada, en dépit de multiples démarches, n'a pas été autorisé à exercer son « droit d'accès consulaire vis-à-vis de ces citoyens canadiens ». En plus d'expulser la congrégation, le gouvernement a fermé la Villa Manrèse (la maison de retraite tenue par les Jésuites) et le Grand Séminaire qui formait des prêtres haïtiens sous la direction des Jésuites. Les étudiants, renvoyés chez eux, ont été contraints de se rendre chaque matin au poste militaire le plus proche pour répondre à l'appel. Ce fut la fin de la période de connivence entre le régime de Duvalier et les Jésuites.

Duvalier avait utilisé la présence des Jésuites canadiens pour contrebalancer l'influence du clergé français. Les Jésuites commençaient à arriver en Haïti en 1953. Cinq ans plus tard, le président Duvalier décidait de faciliter leur installation définitive en Haïti. Le 21 novembre 1958, le secrétaire d'État aux Affaires étrangères, Dr. Louis Mars, et le supérieur de la Compagnie à Haïti, le père Jean d'Auteuil Richard, ont signé un accord qui octroyait à la compagnie de Jésus l'exemption de taxes et d'impôts. Le gouvernement a notamment pris en charge les frais de voyage et de congé des Jésuites recrutés dans la Province du Bas-Canada. En octobre 1959, en pleine période de conflit entre Duvalier et le clergé français, les Jésuites canadiens inauguraient la Villa Manrèse, à Turgeau, un quartier chic de Port-au-Prince.

En 1963, Duvalier a découvert que certains de ses opposants avaient secrètement trouvé refuge à la Villa Manrèse. Les locaux des Jésuites avaient particulièrement servi de foyer de résistance à l'ancien chef de la police secrète de Duvalier, Clément Barbot, en disgrâce à partir de juillet 1960. Barbot, quoiqu'il fût sous forte surveillance policière, parvenait à porter des coups terribles au pouvoir. Il avait tenté de kidnapper les enfants de Duvalier le 26 avril 1963. Le journaliste Bernard Diederich a relaté que Clément Barbot, après 18 mois de détention, faisant semblant de se convertir et participer religieusement aux processions catholiques, avait utilisé la Villa Manrèse comme « lieu de contact avec les hommes qui lui étaient encore fidèles ». C'est là aussi qu'il voyait un contact de la Mission Navale américaine qui l'aidait à déstabiliser le régime de Duvalier. Le 14 juillet 1963, Clément Barbot avait été capturé et tué. L'enquête a remonté tout naturellement à la Villa Manrèse.

Pour approfondir le sujet :

CLORMEUS Lewis Ampidu (dir.), *État, religions et politique en Haïti (XVIIIe – XXIe S.)*, Paris, Karthala, 2014.

DIEDERICH Bernard, *Le Prix du sang. La résistance du peuple haïtien face à la tyrannie, tome I, François Duvalier (1957-1971)*, Port-au-Prince, Ed. CEDH, 2005.

DUVALIER François, *Mémoires d'un leader du tiers-monde. Mes négociations avec le Vatican*, Paris, Hachette, 1969.

GREENE Anne, *The Catholic Church In Haiti: Political and Social Change*, East Landing, Michigan State University Press, 1993.

HURBON Laënnec, *Religions et lien social : l'Église et l'État moderne en Haïti,* Paris, Le Cerf, 2004.

KAWAS François, *L'Histoire des Jésuites en Haïti aux XVIIIe et XXe siècles (1704-1763 – 1953-1964),* Paris, L'Harmattan, réédition, 2003.

NERESTANT Micial, *Religions et politique en Haïti,* Paris, Ed. Karthala, 1994.

24 Avril 1966 : Visite de l'empereur d'Ethiopie Hailé Sélassié Ier en Haïti

Pendant les quatorze années de François Duvalier au pouvoir, Port-au-Prince n'a reçu la visite que de deux chefs d'État étrangers, venus du continent africain. Le président dominicain, Leonidas Rafael Trujillo, n'avait passé que quelques heures à Malpasse, en 1958. Et Duvalier n'a jamais voyagé à l'étranger.

Le 26 décembre 1965, le président du Nigeria, Nnamdi Benjamin Azikiwe, en croisière de convalescence dans la Caraïbe, a passé une journée dans la capitale haïtienne. Le gouvernement a donné à ce séjour l'apparence d'une visite d'État. Azikiwe a été une des grandes figures du monde noir. Il a été le premier président de la République du Nigeria. François Duvalier s'est déplacé en personne pour l'accueillir à son débarquement au port de Port-au-Prince. Le président nigérian a fait le tour de la ville, visité les monuments consacrés aux héros de l'indépendance haïtienne et s'est entretenu longuement avec son hôte. Une grande réception a été donnée en son honneur au Palais national. Environ 500 personnes ont pris part à ce festin. Mais avant de retrouver son pays, le président Azikiwe a été renversé par un coup d'État militaire, le 15 janvier 1966. Son premier ministre, Abubakar Tafawa Balewa, a été assassiné au moment du coup. Ce fut le début d'une longue période d'instabilité du Nigeria, où se sont multiplié des coups d'État militaires qui ont débouché sur la crise du Biafra. Et le gouvernement haïtien a pris position ouvertement en faveur de la République rebelle, le Biafra.

En avril 1966, François Duvalier a mobilisé toutes ses ressources pour accueillir Hailé Sélassié à Port-au-Prince. L'empereur éthiopien a visité Haïti dans le cadre d'une tournée qui l'a conduit dans trois pays de la Caraïbe. Il a passé quatre jours à Trinidad et Tobago, quatre jours à la Jamaïque et une journée en Haïti. Le président haïtien a affirmé prendre « toutes les dispositions pour faire au descendant du Roi Salomon et de la Reine de Saba un accueil digne de sa stature ». Les ordures ont été enlevées dans les rues. Les routes reliant l'aéroport international François Duvalier, récemment inauguré, au Palais national ont été pavées rapidement. Le drapeau éthiopien a flotté dans différentes artères de la ville. Duvalier a institué une nouvelle décoration nationale intitulée 'l'Ordre du Mérite Militaire

Jean-Jacques Dessalines Le Grand'. Il l'a attribuée à Hailé Sélassié au cours d'une réception au Palais national, en présence des membres du gouvernement et du Corps diplomatique. Il a reçu à son tour le Grand Collier de l'Ordre de la Reine de Saba, la plus haute décoration de l'Ethiopie.

La visite de l'empereur éthiopien a été un fait important des relations internationales d'Haïti sous François Duvalier. Il est nécessaire de rappeler que le séjour du président nigérian était concrètement une visite privée. Par conséquent, pendant le règne de François Duvalier, Hailé Sélassié a été le seul président étranger à se rendre à Port-au-Prince dans le cadre d'une visite d'État. De plus, l'empereur éthiopien était le doyen des chefs d'État africains. Il a été au pouvoir depuis 1930. Il a été le fondateur de l'Organisation de l'Unité Africaine (OUA). Il a été également une personnalité respectée et vénérée dans plusieurs pays de la Caraïbe anglophone. Certains ont même fait un culte en son nom, le rastafari, dont le chanteur jamaïcain Robert Nesta ''Bob'' Marley est devenu l'adepte le plus connu à partir des années 1980. Le passage de ce personnage au pays de Duvalier a permis à ce dernier, malgré ses difficultés ailleurs, de renforcer la prestigieuse image qu'il a toujours voulu projeter dans le monde noir. Cette visite a été également perçue comme une forme de reconnaissance de l'apport d'Haïti non seulement à l'indépendance mais aussi au développement des nouveaux États du continent africain.

Pour approfondir le sujet :

DUVALIER François, *Mémoires d'un leader du tiers-monde. Mes négociations avec le Vatican*, Paris, Hachette, 1969.

DUVALIER François, *La République d'Haïti reconnaît la République du Biafra. Rencontre de l'histoire et de la diplomatie,* Port-au-Prince, Presses Nationales d'Haïti, 1969.

NICHOLLS David, *From Dessalines to Duvalier. Race, Color, and National Independence in Haiti*, New Brunswick, Rutgers University Press, Edition révisée, 1996.

PIERRE Serge-Philippe, *Pouvoir, manipulation et reproduction du pouvoir. Une analyse sémio-narrative du discours de François Duvalier*, Port-au-Prince, C3 Editions, 2015.

15 août 1966 : Accord établissant le clergé indigène de l'Église Catholique d'Haïti

L'Église catholique d'Haïti a fonctionné sans un archevêque à sa tête pendant les cinq années qui ont suivi l'expulsion de monseigneur François Poirier puis de son coadjuteur monseigneur Rémy Augustin (voir 24 novembre 1960). L'évêque qui avait pris les rênes de l'Église au titre d'administrateur apostolique, monseigneur Claudius Angénor, n'avait pas été reconnu comme tel par le Vatican. Son choix avait été considéré par le nonce apostolique comme une initiative personnelle du président. Le 29 juin 1964, monseigneur Angénor avait démissionné de son poste après avoir été placé en résidence surveillée par la police. Il avait remis sa lettre de démission au président Duvalier, non au Vatican. Or, Duvalier avait été excommunié par Saint-Siège. La mise au ban du président impliquait notamment l'omission dans les messes de la prière en faveur du président, prévue dans l'article 15 du concordat de 1860, ainsi que la non célébration des fêtes nationales et gouvernementales par les évêques. Malgré l'excommunication de Duvalier, un *Te Deum* avait été chanté en la cathédrale de Port-au-Prince le 22 mai 1961 à l'occasion de l'inauguration de son « deuxième » mandat et le 22 juin 1964 pour la présidence à vie. Rome n'avait donc plus le contrôle de l'Église d'Haïti. François Duvalier, excommunié, avait eu des messes mais pas le prestige qu'il aurait aimé.

Le 8 décembre 1965, alors que le pape Paul VI était en train de clôturer le concile œcuménique du Vatican II, une délégation haïtienne de haut niveau se trouvait à Rome dans le but de représenter le président François Duvalier aux festivités. La délégation haïtienne avait aussi la mission de négocier, au nom du président à vie, une sortie de crise dans les relations tendues qui ont existé depuis cinq ans entre Haïti et le Saint-Siège.

Les négociations se sont déroulées sur trois principaux points: les modalités de nominations d'évêques titulaires et auxiliaires dans les postes vacants, le retrait par le président de l'arrêté expulsant l'archevêque François Poirier et le retour au pays des évêques expulsés. Le point le plus important pour Duvalier a été l'application de l'article 4 du concordat de 1860 qui stipulait : « Le Président d'Haïti jouira du privilège de nommer les Archevêques et les

Évêques ; et si le Saint-Siège leur trouve les qualités requises par les Saints Canons, il leur donnera l'institution canonique ». Le président a voulu jouir de ses prérogatives de nommer les évêques. Le Vatican ne lui a pas contesté ce droit mais n'a pas voulu perdre les siens : les hommes d'Église répondent au Saint-Père et non au chef d'un État. Le plus urgent pour Rome a été, après Vatican II, de rétablir sa primauté dans ce pays concordataire. Les deux parties sont parvenues à une entente, le 13 janvier 1966.

Quelques mois plus tard, les représentants de l'Église et de l'État d'Haïti se sont retrouvés à Port-au-Prince, où s'est déroulée la dernière phase des négociations. Le Vatican y a délégué le Secrétaire de la Sainte congrégation pour les Affaires ecclésiastiques extraordinaires, monseigneur Antonio Samore, et monseigneur Dante Pasquinelli de la secrétairerie d'État du Vatican. Ensemble, ils avaient conduit les phases précédentes des négociations à Rome. Sur place, ils ont rejoint monseigneur Eduardo Rovida qui, depuis le départ du nonce en novembre 1962, a été représentant a.i. du Saint-Siège en Haïti. Pour assurer la résolution rapide des pourparlers, le pape Paul VI a confié un blanc-seing à monseigneur Samore. Dans les milieux diplomatiques à Rome, l'envoi à Port-au-Prince de cette mission spéciale du Saint-Siège a été perçu comme « un geste sans précédent dans l'histoire des relations entre Rome et Haïti ». Côté haïtien, les négociations ont été conduites par le secrétaire d'État aux Affaires étrangères, René Chalmers, les ambassadeurs Adrien Raymond et Simon Devarieux. Les discussions ont avancé très rapidement et ont tourné nettement à l'avantage du gouvernement haïtien. Les négociations ont abouti après une journée de travail. Le 15 août 1966, les représentants du gouvernement haïtien et du Saint-Siège ont signé l'accord ratifiant les nouveaux membres du clergé catholique en Haïti.

L'accord du 15 août 1966 n'a pas été un nouveau concordat. Il n'a altéré ni complété le concordat de 1860. Son objectif principal a été de renouveler le rôle de l'Église catholique romaine en Haïti par le règlement des différends qui opposaient Rome et Port-au-Prince. Ce faisant, il a surtout permis que, pour la première fois, l'Église catholique en Haïti fût majoritairement dirigée par des prêtres haïtiens. C'est pour cela que cet accord est souvent considéré comme celui établissant le clergé indigène en Haïti. En même temps qu'il renouvelât l'appartenance d'Haïti à la grande famille catholique, Duvalier a tiré ses avantages de l'application de l'article 4 du concordat de 1860 qui lui a accordé le droit de nommer le clergé. Il a choisi uniquement des prêtres haïtiens. Cependant, la nationalité n'a pas été le seul critère de choix. Duvalier a été formel sur un point important, celui de ne pas être « acculé à accepter et choisir des candidats qui ne bénéficiaient pas de [ma] sympathie et ne pouvaient en rien saisir le sens et la portée de [ma] révolution sociale toujours en marche ». Il a obtenu alors son clergé indigène.

Monseigneur Marie-François Wolf Ligondé, âgé de 38 ans, est devenu le premier titulaire haïtien de l'archevêché de Port-au-Prince. Monseigneur Claudius Angénor, âgé de 50 ans, a été nommé évêque des Cayes. A l'évêché des Gonaïves, Duvalier a nommé le père Emmanuel Constant, âgé de 38 ans. Monseigneur Rémy Augustin est devenu évêque coadjuteur de l'évêché de Port-de-Paix. Le prêtre Jean-Baptiste Decoste a été nommé auxiliaire de l'archevêque de Port-au-Prince. Le père Carl Edward Peters, de la Société des Monfortains a été nommé auxiliaire à l'évêché des Cayes. La seule nomination procédée par le Vatican a été celle de monseigneur Paul-Maurice Choquet, d'origine canadienne, qui est devenu auxiliaire de l'évêque du Cap-Haïtien. Le nouvel archevêque et les nouveaux évêques ont prêté serment devant le président François Duvalier, le 26 novembre 1966. Ils ont juré de « garder obéissance et fidélité au gouvernement établi par la constitution d'Haïti et de ne rien entreprendre ni directement ni indirectement qui soit contraire aux droits et aux intérêts de la République ».

Pour approfondir le sujet :

CLORMEUS Lewis Ampidu (dir.), *État, religions et politique en Haïti (XVIIIe – XXIe S.)*, Paris, Karthala, 2014.

DUVALIER François, *Mémoires d'un leader du tiers-monde. Mes négociations avec le Vatican*, Paris, Hachette, 1969.

GREENE Anne, *The Catholic Church In Haiti: Political and Social Change*, East Landing, Michigan State University Press, 1993.

HECTOR Cary (dir.), *1946-1976, Trente ans de pouvoir noir en Haïti*, Montréal, Collectif Paroles, 1976

HURBON Laënnec, *Religions et lien social : l'Église et l'État moderne en Haïti*, Paris, Le Cerf, 2004.

LAROCHEL Lucnor, *Le Pouvoir politique de François Duvalier et la religion catholique en Haïti (22 septembre 1957-21 avril 1971), Mémoire de Master,*

Université Marc Bloch, Strasbourg, 2007.

NERESTANT Micial, *Religions et politique en Haïti,* Paris, Ed. Karthala, 1994.

PIERRE Serge-Philippe, *Pouvoir, manipulation et reproduction du pouvoir. Une analyse sémio-narrative du discours de François Duvalier*, Port-au-Prince, C3 Editions, 2015.

TROUILLOT Michel-Rolph, *Les Racines historiques de l'État duvaliérien*, Port-au-Prince, Henri Deschamps, 1986.

15 août 1969 : Expulsion des Spiritains

Au début de 1969, Duvalier a mené une terrible campagne contre les organisations communistes en Haïti. L'enquête de la police secrète a remonté au Petit Séminaire. Elle a révélé que beaucoup de militants actifs des cercles de gauche étaient des habitués de la Bibliothèque des Jeunes, animée par des prêtres spiritains au Petit Séminaire, et que certains bulletins d'organisations communistes avaient été imprimés dans les presses de la Congrégation des Pères du Saint-Esprit. Le 15 août 1969, le ministre des Affaires étrangères a convoqué le père Gabriel Berthaud, supérieur des Pères du Saint-Esprit, pour lui faire part de la décision du gouvernement de déporter du pays les neuf prêtres haïtiens de sa congrégation : Max Dominique, Yves Déjean, Ernst Verdieu, Paul-Jean Claude, William Smart, Paul Déjean, Pierre Déjean, Paddy Poux et Antoine Adrien.

Ces spiritains, tous de nationalité haïtienne, ont été unanimement accusés d'être des communistes. Les sept premiers ont été forcés de laisser le pays le jour même à destination de la France ; la raison est que le siège de la Congrégation des Pères du Saint-Esprit se trouve en France. Les pères Antoine Adrien et Paddy Poux, qui se trouvaient déjà à l'étranger, ont été interdits de retourner en Haïti. Rapidement, la police a posé des scellés sur la bibliothèque, l'observatoire, l'économat et les chambres des prêtres déportés. Le 20 août, le secrétaire d'État des Affaires étrangères et des Cultes René Chalmers a annoncé que « dorénavant, les pères spiritains n'ont plus leur place au Petit Séminaire, à l'exception des deux pères qui s'occupent de la bonne marche de l'observatoire ». Le gouvernement a enjoint la congrégation d'affecter dans des paroisses démunies les prêtres qui n'avaient pas été expulsés, en clair ceux de nationalité française. La congrégation n'a pas donné suite à l'injonction du gouvernement sur la base que « neuf religieux sont d'un certain âge et incapable d'assumer la charge dans des villages de la campagne haïtienne ». Le 3 septembre 1969, le président François Duvalier a ordonné l'expropriation des biens de la congrégation. Le 4 septembre, à la veille de la rentrée scolaire, le gouvernement a demandé aux prêtres encore présents dans l'établissement de « retirer leurs effets personnels c'est-à-dire, linge, livre, argent ou tout autres effets jugés personnels ». Ces mesures ont mis fin à un siècle de présence des spiritains en Haïti.

La Congrégation du Saint-Esprit s'était établie en Haïti en 1860. En 1871, elle avait pris la direction du Séminaire Saint Martial, un séminaire concordataire situé à proximité de la Cathédrale de Port-au-Prince et du Palais national. Quelques années plus tard, le Petit Séminaire devenait un centre d'enseignement classique. Le 2 juillet 1920, le président Philippe Sudre Dartiguenave adoptait une loi concédant à la congrégation le terrain où se trouvaient l'immeuble et les dépendances qui constituaient le Petit Séminaire Collège Saint Martial. Pour l'année académique 1968-1969, le collège accueillait 1.200 élèves dans 21 classes primaires et 18 classes secondaires. Le 3 septembre 1969, la chambre législative de Duvalier a voté une loi abrogeant la loi Dartiguenave. Les locaux du Petit Séminaire sont redevenus des propriétés de l'État.

Dans sa chasse aux spiritains, Duvalier a été certain de l'appui de l'archevêché de Port-au-Prince. Monseigneur François Wolf Ligondé, contrairement à ses prédécesseurs, ne s'est pas mis en face du pouvoir. Il n'y a pas eu, venant de l'archevêché, de notes de protestations contre les mesures du gouvernement, ni de prière aux allures de manifestations pour le départ des religieux comme en 1959, ni même un simple accompagnement des prêtres expulsés à l'aéroport. Selon le témoignage du père Jean-Yves Urfié, monseigneur Ligondé s'est même fait complice de l'expropriation des spiritains. Bernard Diederich soutient cette assertion avec plus de détails : « Au moment du départ des derniers Spiritains de Saint Martial, le P. Gabriel Berthaud qui était retourné sur ses pas croyant avoir laissé son passeport dans sa chambre, aperçut l'archevêque, Mgr Wolf Ligondé, sablant le champagne dans le réfectoire de la communauté, avec René Chalmers, le ministre des Affaires étrangères. Tous les deux se félicitant mutuellement d'avoir gagné la partie ».

C'est à l'archevêché de Port-au-Prince que le gouvernement a confié l'administration des biens que possédaient les spiritains. La mesure officielle publiée dans la presse a fait état uniquement du Petit Séminaire Collège Saint Martial. Mais le gouvernement a également remis à l'archevêque la maison des spiritains à Furcy, une banlieue de Port-au-Prince, quatre voitures et une partie des fonds de l'économat du collège. Les spiritains français ont été obligés de laisser le Petit Séminaire et partir du pays. Avant leur départ, ils ont eu le temps de mettre les archives de la congrégation en dépôt à l'ambassade de France. Le pouvoir de connivence avec l'archevêché a confié la direction du Collège Saint Martial au père Joseph Attis, un proche du gouvernement de Duvalier dont « la moralité et la compétence sont sujettes à caution » selon un rapport de l'ambassade de France au Quai d'Orsay.

Pour approfondir le sujet :

CLORMEUS Lewis Ampidu (dir.), *État, religions et politique en Haïti (XVIIIe – XXIe S.)*, Paris, Karthala, 2014.

GREENE Anne, *The Catholic Church In Haiti: Political and Social Change*, East Landing, Michigan State University Press, 1993.

HURBON Laënnec, *Religions et lien social : l'Église et l'État moderne en Haïti,* Paris, Le Cerf, 2004.

JACQUOT Emile, *Les Spiritains en Haïti (1843-2003). D'Eugene Tisserant (1814-1845) à Antoine Adrien (1922-2003),* Paris, Ed. Karthala, 2010.

NERESTANT Micial, *Religions et politique en Haïti,* Paris, Ed. Karthala, 1994.

PIERRE Serge-Philippe, *Pouvoir, manipulation et reproduction du pouvoir. Une analyse sémio-narrative du discours de François Duvalier*, Port-au-Prince, C3 Editions, 2015.

« Haïti/Mémoire : Hommage aux pères spiritains chassés par Duvalier en 1969 », *Alterpresse*, 19 août 1999.

« Courrier de père Jean-Yves Urfié », *Haïti en Marche*, 2 septembre 2009.

23 janvier 1973 : Kidnapping de l'ambassadeur américain Clinton Knox

L'ambassadeur des États-Unis en Haïti, Clinton Everett Knox, a été kidnappé par des opposants au régime de Duvalier. Ce fut une grande première dans l'histoire diplomatique d'Haïti. Clinton E. Knox, 64 ans, a entamé sa mission d'ambassadeur des États-Unis en Haïti en 1969. Il a symbolisé le premier changement opéré par Richard Nixon dans la politique américaine à l'égard de François Duvalier après la visite de Nelson Rockefeller en Haïti, le 1er juillet 1969. Docteur en histoire de Harvard, ce diplomate noir avait été précédemment ambassadeur au Dahomey (Benin). Très proche de Duvalier père, il avait vivement applaudi l'accession du fils, garanti d'un « *New Duvalierism* » qu'il avait encouragé le président Nixon de soutenir. Le mardi 23 janvier 1973, l'ambassadeur Knox était en route vers sa résidence, à Bourdon, quand un commando composé de deux hommes et une femme lui a intimé l'ordre d'abandonner sa voiture et de prendre place dans leur véhicule. Arrivé à sa résidence, Knox a ordonné aux gardiens de laisser entrer la voiture des kidnappeurs qui étaient armés et menaçants. Le consul général des États-Unis, Ward Christensen, qui a accouru à la résidence de l'ambassadeur en apprenant la nouvelle, a été aussi séquestré. Le drame a duré environ 20 heures.

En échange de la libération des deux diplomates américains, les assaillants ont réclamé la libération de 31 prisonniers des cachots de Duvalier, une rançon d'un million puis de 500.000 dollars et un avion pour partir d'Haïti. Le régime de Jean-Claude Duvalier a été mis dans l'embarras par cette affaire. Le commando n'a pas voulu négocier directement avec des représentants du gouvernement. Deux membres du corps diplomatique ont servi d'émissaires : l'ambassadeur de France, Bernard Dorin, et le chargé d'Affaires du Canada, William McKenzie Wood. Les États-Unis n'ont pas voulu entendre parler de négociations et ont rejeté catégoriquement la demande de rançon. Dans ses mémoires, l'ambassadeur Dorin révèle que, en pleines négociations avec le commando, il a appris « avec stupeur par le palais présidentiel que les Américains poussent désormais le Président haïtien à donner l'assaut à la résidence, ce qui signifiait la mort presque certaine des deux diplomates (…) L'explication très probable, poursuit l'ambassadeur, vint quelques semaines plus tard : reçu à la résidence de France, l'amiral commandant l'escadre américaine de Guantanamo me confia, après maintes libations, qu'il avait reçu l'ordre d'appareiller pour Haïti et de faire occuper par les marines les points stratégiques de l'île, dont le Môle Saint-Nicolas en face de Guantanamo ainsi que le Fort National à Port-au-Prince, dans le cas où l'ambassadeur aurait été assassiné ou aurait trouvé la mort au cours de l'assaut. Je ne vais pas jusqu'à affirmer que le Département d'État ou la Maison Blanche aient programmé la mort de l'ambassadeur, écrit le diplomate, mais force est au moins de constater que cette mort éventuelle servait à merveille les plans américains qui étaient alors de tenir solidement, face à Cuba, le passage stratégique essentiel du Canal du Vent. Avant de débarquer en Haïti, les Marines devront attendre encore plus de vingt ans ».

Le 24 janvier 1973, après des heures de pourparlers et des moments de fortes pressions où le commando a sérieusement menacé d'exécuter les otages, le gouvernement haïtien a satisfait aux demandes des kidnappeurs. De la liste des 31 personnes dont le commando avait réclamé la libération, douze ont été libérées. Il s'agit de Rose, Adrienne Gilbert, Anna Napoléon, Elizabeth Philibert, Agénor, Antonio Joseph, Jacques Magloire, Emile Almannor, Emmanold Napoléon, Josué Bernard, Napoléon Victomey et Ulrick Jolly. Les forces de police ont affirmé n'avoir aucune information concernant les dix-neuf autres personnes dont le commando réclamait la libération. Cependant, certains étaient déjà morts dans les cellules du régime, ce que le gouvernement n'a pas pu admettre. D'autres étaient enfermés incognito dans des prisons de Port-au-Prince ou dans des centres carcéraux en province ; il a été donc difficile de retrouver leur trace dans les registres pénitentiaires officiels. Par ailleurs, une rançon de 70.000 dollars a été versée aux ravisseurs. Le porte-parole du Département d'État, Charles Bray, a déclaré que cet argent ne provenait pas des États-Unis. Ce fut donc le régime de Jean-Claude Duvalier qui a versé la rançon. Finalement, un avion d'Air Haïti a conduit le commando et les douze prisonniers libérés au Mexique.

Pour approfondir le sujet :

DIEDERICH Bernard, *Le Prix du sang, Tome 2 : Jean-Claude Duvalier : 1971-1986. L'héritier*, Port-au-Prince, Henri Deschamps, 2e édition, 2011.

DORIN Bernard, *Allez-moi Excellence. Un ambassadeur parle*, Montréal, Ed. Stanke International, 2001.

EMMANUEL Pierre, *Opération Champosin. L'enlèvement de l'Ambassadeur américain Clinton Everett Knox*, Montréal, CIDIHCA, 2016.

The Michigan Daily, « 70.000 Ramson Paid : U.S. Ambassador to Haiti set free after gunpoint abduction », January 25, 1973.

http://www.fordi9.com/Pages/AffaireKnox.html.

13 août 1977 : L'ambassadeur Andrew Young a apporté le message des droits de l'homme en Haïti

Arrivé au pouvoir le 20 janvier 1977, Jimmy Carter a décidé de placer les droits de l'homme au centre de la politique étrangère des États-Unis. Il s'est ainsi distingué de ses prédécesseurs qui avaient priorisé la lutte contre le communiste. Carter s'est engagé à ne plus soutenir des alliés des États-Unis, comme Somoza au Nicaragua, les militaires en Argentine ou le Shah en Iran, dont les régimes violaient régulièrement les droits de l'homme. Ceux qui autrefois avaient joui du laisser-faire des États-Unis ont été dans l'obligation de revoir leur manière de traiter leurs citoyens notamment dans le champ des droits politiques. Dans le cas d'Haïti, l'administration Carter a pris un certain nombre d'initiatives en vue de réduire la capacité répressive du gouvernement de Jean-Claude Duvalier tout en encourageant une plus grande ouverture sur les droits de l'homme.

Le 13 août 1977, l'ambassadeur des États-Unis aux Nations Unies Andrew Young a entamé une visite à Port-au-Prince afin d'adresser directement le message des droits de l'homme au gouvernement et à la population. Compagnon de lutte de Martin Luther King Jr., Young est un pasteur noir américain très sensible aux questions des droits civiques et des libertés. Lors de sa conférence de presse à Port-au-Prince, le 14 août, il a exprimé la volonté des États-Unis de ne plus soutenir les régimes qui violaient les droits de l'homme et favorisaient l'exploitation des pauvres par les riches. Dans un langage très clair, l'ambassadeur Young a signalé que la situation des droits de l'homme aurait désormais un effet direct sur l'aide et la coopération des États-Unis avec Haïti. Le message a été reçu et approprié tant par le pouvoir que par des groupes de pression qui se sont formés spontanément dans la société haïtienne.

Dans un premier temps, le président Jean-Claude Duvalier a donné l'impression de désavouer les injonctions de l'ambassadeur Young. Dans un discours prononcé à la suite de la conférence de Young, le président haïtien a tenu des propos pour le moins fermes : « Si l'histoire de mon pays est parsemée de luttes intestines, c'est parce que seulement le peuple haïtien a, traditionnellement, toujours été à la recherche de l'épanouissement optimale. Ainsi, nous n'avons aucune leçon à recevoir de personne concernant les droits de l'homme ». Cependant, dans les faits, Jean-Claude Duvalier a adopté un ensemble de mesures sur les questions des droits de l'homme de manière à améliorer l'image de son régime auprès de l'administration Carter. Il y a eu un assouplissement partiel de la répression officielle. Duvalier a ordonné la libération d'une centaine de prisonniers au cours de la plus grande amnistie générale à des prisonniers politiques du régime. Néanmoins, une dizaine des prisonniers amnistiés, Joseph Roney, Marc Romulus, Andris Riché, Patrick Lemoine, Alix Fils-Aimé, Milo Gousse, Max Bourjolly, Claude-Bernard Craan, Emmanuel Frédérique et André Séraphin, ont été contraints de laisser le pays. Le 21 septembre 1977, Haïti a adhéré à la Convention Internationale sur les Droits de l'Homme. Par la suite, le gouvernement a accepté une visite de la Commission interaméricaine des droits de l'homme en Haïti, en juillet 1978.

Le message de l'ambassadeur Young a aussi apporté un air frais aux combats des Haïtiens en faveur des libertés. Plusieurs personnalités et organisations ont émergé au cours de cette période comme la Ligue haïtienne des Droits Humains de Gérard Gourgue, Max Duplessis et Lafontant Joseph ; l'Association des Ecrivains haïtiens de Michaelle Lafontant Hérard et Michel Soukar ; le Parti Démocrate chrétien haïtien de Sylvio Claude ; le Parti Social-Chrétien d'Haïti de Grégoire Eugène. Les langues se sont déliées et se sont exprimées par le biais de la presse, du théâtre et dans des conférences publiques. On retient notamment les prouesses de *Radio Cacique*, *Radio Haïti*, *Le Petit Samedi Soir* et des deux pièces les plus populaires *Pèlin Tèt* de Franketienne et *Débafré* d'Evans Paul (Konpè Plim). Cependant, dans la foulée du changement d'administration aux États-Unis, lors des élections de novembre 1980, le gouvernement haïtien a mis un frein aux avancées de la mouvance démocratique en avisant que « le bal est fini ».

Pour approfondir le sujet :

BUTEAU Pierre et TROUILLOT Lyonel (dir.), *Le Prix du Jean-Claudisme : arbitraire, parodie, désocialisation,* Port-au-Prince, C3 Editions, 2013.

DIEDERICH Bernard, *Le Prix du sang, Tome 2 : Jean-Claude Duvalier : 1971-1986. L'héritier*, Port-au-Prince, Henri Deschamps, 2e édition, 2011.

LOESCHER Gil, John A Scanlan, *Calculated Kindness: Refugees and America's Half-Open Door 1945-Present,* New York, The Free Press, 1986.

16 novembre 1980 : retour en Haïti des survivants du naufrage des boat-people sur l'île de Cayo Lobos (Bahamas)

A la fin de septembre 1980, alors que les autorités célébraient le 23e anniversaire du duvaliérisme, dans la foulée du somptueux mariage du président Duvalier et de Michèle Benett qui a eu lieu quatre mois plus tôt, une centaine d'Haïtiens qui fuyaient la dictature et la misère ont tenté d'atteindre les côtes de la Floride sur une embarcation de fortune. Les Haïtiens prenaient l'habitude de s'engager dans ces voyages à risque et incertains depuis la fin des années 60. Vers la fin des années 70, ils étaient de plus en plus nombreux à tenter leur chance en haute mer quoiqu'ils ne fussent pas aussi bien accueillis que les Cubains. En novembre 1980, le monde a découvert l'ignoble situation d'une centaine de boat-people haïtiens qui avaient survécu au naufrage de leur embarcation et qui s'étaient échoués sur les rochers de Cayo Lobos, une petite île déserte dans les Bahamas.

Les mots de Bernard Diederich, dans *l'Héritier*, décrivent parfaitement leur situation : « Leur bateau, Dieu Vivant, avait quitté La Gonâve le 27 septembre et chaque passager avait payé de 250 à 350 dollars. Après une escale sur la côte de Cuba, ils étaient repartis en direction de Miami. Dans la nuit du 3 octobre, ils avaient pratiquement fait collision avec les signaux lumineux de navigation de Cayo Lobos. Ils mirent pied à terre, mais découvrirent au matin que leur bateau avait été emporté par le courant. Pendant six jours, ils se trouvèrent sans eau et sans nourriture. Le 9 octobre, un bateau des gardes-côtes les aperçut et les approvisionna en eau et nourriture. Mais pendant sept semaines aucun des trois gouvernements, américain, bahamien, haïtien, ne leva le plus petit doigt pour les secourir. Des hélicoptères venaient les filmer. Le scandale dans l'opinion internationale obligea finalement le gouvernement bahamien à envoyer, le 6 novembre 1980, le navire le Lady Moore dont l'équipage, le 12 novembre 1980, après avoir poursuivi les rescapés, les obligèrent sous une bastonnade nourrie [filmée par des journalistes étrangers dont une équipe de la chaîne américaine CBS] à monter sur le bateau qui devait les ramener en Haïti ».

Au moins cinq personnes ont péri pendant le voyage. Les survivants, dont des femmes enceintes, sont rentrés en Haïti le 16 novembre. Leur tragédie ainsi que leur retour au pays a fait la une des médias haïtiens. Au Quai Colomb, à Port-au-Prince, plusieurs centaines de personnes y compris des journalistes sont venues les accueillir. Au lieu de se montrer solidaire des infortunés haïtiens, la police a reçu la foule à coup de matraque. Le journaliste Marvel Dandin, dans *Le Prix du Jean-Claudisme*, témoigne ainsi : « Le naufrage de Cayo Lobos et les reportages y relatifs de la presse indépendante avaient fini par convaincre la dictature qu'elle ne pouvait plus continuer à 'faire semblant' en matière de démocratie. Il fallait bien mettre un terme au bal ». Peu de temps après la grande couverture médiatique par la presse haïtienne du drame de Cayo Lobos, le régime a lancé le « coup de balai » du 28 novembre 1980 au cours duquel plusieurs dizaines de citoyens pour la plupart des journalistes, des hommes politiques et des syndicalistes ont été arrêtés, bastonnés, emprisonnés, exilés.

Le 23 septembre 1981, les administrations de Ronald Reagan et de Jean-Claude Duvalier ont signé un accord de coopération mutuelle qui a autorisé les États-Unis à intercepter les Haïtiens qui tenteraient de pénétrer illégalement aux États-Unis par voie de mer et les renvoyer en Haïti. Cependant, en dépit des risques de naufrage et de la forte possibilité de leur voir interdire l'entrée aux États-Unis, les Haïtiens, notamment lors des périodes de trouble politique, ont été de plus en plus nombreux à tenter d'atteindre les côtes de la Floride.

Pour approfondir le sujet :

ABBOTT Elizabeth, *Haiti: The Duvaliers and Their Legacy*, New York, McGraw-Hill, 1988.

BUTEAU Pierre et TROUILLOT Lyonel (dir.), *Le Prix du Jean-Claudisme : arbitraire, parodie, désocialisation,* Port-au-Prince, C3 Editions, 2013.

DIEDERICH Bernard, *Le Prix du sang, Tome 2 : Jean-Claude Duvalier : 1971-1986. L'héritier*, Port-au-Prince, Henri Deschamps, 2e édition, 2011.

HAINES W. David, *Refugees in America in the 1990s: A Reference Handbook,* Wesport, Greenwood Publishing Group, 1996.

MENENDEZ Mario, *Cuba, Haïti et l'interventionnisme américain. Un poids, deux mesures,* Paris, Editions CNRS, 2005.

8 août 1984 : Jean-Claude Duvalier a renoncé aux droits du président de nommer les archevêques et évêques de l'Église catholique d'Haïti

Dix-huit ans après l'obtention par François Duvalier de l'application de l'article 4 du concordat de 1860 octroyant au président haïtien le droit de nommer les archevêques et évêques de l'Église catholique, Jean-Claude Duvalier a décidé de renoncer à ces privilèges. Ce fut le premier grand changement qui s'est opéré en Haïti après la célèbre phrase, « Il faut que les choses changent », lancée par le pape Jean-Paul II lors de sa visite dans le pays, le 9 mars 1983. Jean-Claude Duvalier a donc tourné le dos aux acquis d'une lutte politique, idéologique et religieuse que François Duvalier avait considéré comme son « plus beau combat » et que Rony Gilot, dans *Au gré de la Mémoire*, qualifiait de « victoire historique ». C'est de là qu'est venue l'indigénisation du clergé catholique.

Dans la *Conventio Inter Apostolicam Sedem Et Rempublicam Haitianam*, du 4 août 1984, il est précisé que « Son Excellence Jean-Claude Duvalier, Président à vie de la République d'Haïti, a renoncé de lui-même » à l'Article 4 du Concordat du 28 mars 1860. Le texte de la *Conventio* rappelle que cette décision du président a fait « suite à la promesse faite par le chef de l'État Haïtien à Sa Sainteté le Pape Jean-Paul II », au cours de son voyage en Haïti. Selon le Concordat de 1960, c'était au président d'Haïti de nommer les archevêques et évêques à qui le Saint-Siège, s'il n'y avait pas d'objection d'ordre ecclésial, devrait donner l'institution canonique. Désormais, « La nomination des Archevêques et des Évêques, soit diocésains, soit titulaires, est de la compétence exclusive du Saint-Siège ».

La *Conventio* n'a pas remis en question l'haïtianisation des membres du clergé. Au contraire, il est indiqué texto que « Les Archevêques et les Évêques diocésains ainsi que les Évêques Coadjuteurs avec droit de succession seront des citoyens haïtiens ». C'est donc, dans un certain sens, l'accomplissement de la nationalisation du clergé puisque, même après les négociations de 1966, le Vatican avait quasiment imposé à François Duvalier le choix de Monseigneur Paul-Maurice Choquet, de nationalité canadienne, comme évêque auxiliaire du Cap-Haïtien. Cette fois, Haïti a vraiment eu son clergé. Mais ce que craignaient certains penseurs nationalistes, depuis Louis-Joseph Janvier, s'est renforcé : l'Église catholique d'Haïti, considérée comme une institution nationale puisque ces agents sont rémunérés par le trésor public, a fait allégeance à une puissance étrangère, le Vatican. En effet, les changements ratifiés dans la Convention du 4 août 1984 ont porté sur deux des dix-huit articles qui composent le Concordat de 1860. Mais ces deux articles à eux seuls avaient consacré la prédominance du pouvoir politique sur le religieux.

Cette convention n'a pas consacré la laïcisation de la République. Il n'y a eu aucun changement dans l'article 1er qui a classé le catholicisme comme la religion de la majorité des Haïtiens et qui, de ce fait, devrait être protégée par l'État tout en ayant des droits et attributs qui lui sont propres. Le gouvernement a gardé l'article 3 qui lui a fait obligation « d'accorder et de maintenir aux archevêchés et aux évêques un traitement annuel et convenable sur les fonds du trésor ». Cependant, il y a eu du nouveau dans l'article 5 portant sur la prestation de serment des membres du clergé avant l'exercice de leur ministère pastoral. Auparavant, le prélat devrait, entre les mains du Président de la République, prêter le serment suivant : « Je jure et promets à Dieu, sur les Saintes Evangiles, comme il convient à un Évêque, de garder obéissance et fidélité au gouvernement établi ». Avec la Convention de 1984, la formule est devenue : « Je promets et je m'engage à garder respect et fidélité à la Constitution d'Haïti… » Une page a été définitivement tournée dans l'histoire de l'Église d'Haïti. Cela a été surtout le signe sans équivoque du début de la fin de la toute puissance du présidentialisme, notamment la présidence-à-vie.

Pour approfondir le sujet :

CLORMEUS Lewis Ampidu (dir.), « État, religion et politique en Haïti », in *Histoire, Monde et Cultures religieuses, No 29*, Paris, Karthala, 2014.

GREENE Anne, *The Catholic Church In Haiti: Political and Social Change*, East Landing, Michigan State University Press, 1993.

HURBON Laënnec, *Religions et lien social : l'Église et l'État moderne en Haïti,* Paris, Le Cerf, 2004.

NERESTANT Micial, *Religions et politique en Haïti,* Paris, Ed. Karthala, 1994.

31 décembre 1987 : Le cargo « Khian Sea » est arrivé aux Gonaïves pour y déposer des déchets toxiques provenant de Philadelphia

5 septembre 1986, le cargo Khian Sea a laissé les États-Unis avec 14.000 tonnes de cendres provenant des incinérateurs de Philadelphia. Le cargo, fabriqué au Panama, était enregistré au Liberia et opéré par la compagnie Amalgamated Shipping Co des Bahamas. Entre septembre 1986 et août 1987, la cargaison du Khian Sea a été déboutée par des pays comme le Bahamas, Bermuda, République Dominicaine, les îles néerlandaises de la Caraïbe, Honduras et Guinée-Bissau. Le 31 décembre 1987, le Khian Sea est arrivé aux Gonaïves pour y déposer son cargo de déchets.

Dans le courant du mois de janvier 1988, le Khian Sea a déversé 4 mille de ses 14 mille tonnes de déchets sur une plage adjacente au wharf de la Sedren, aux Gonaïves. Le cargo de déchets américain n'a pas pris le pays d'assaut. Il a eu l'assentiment des autorités haïtiennes par la signature d'un contrat avec Alexandre et Antonio Paul, deux frères du tout-puissant colonel Jean-Claude Paul. Les frères Paul ont possiblement été bernés puisque dans le contrat, il n'a pas été question de déchets, mais de fertilisants venus des États-Unis. Le 2 février, alors que le gouvernement entreprenait des démarches pour que le Khian Sea enlevât son indésirable cargaison, le bateau a laissé le port des Gonaïves incognito abandonnant dans le pays ses 4 mille tonnes de cendres contenant, selon diverses études menées sur le site, des métaux lourds comme l'aluminium, arsenic, chrome, cuivre, plomb, mercure, nickel, platine, zinc, dioxine et d'autres déchets hautement toxiques.

Il s'en est suivi une active campagne nationale et internationale demandant aux États-Unis d'enlever leurs déchets des Gonaïves. Après avoir laissé Haïti, le Khian Sea a été au Sénégal, Maroc, Yougoslavie, Sri Lanka et Singapour à la recherche d'un endroit pour déverser les 10 mille tonnes de déchets restant. Pendant son périple en mer, le navire a été renommé Felicia puis Pelicano. Il a changé de nom pour cacher son identité et faciliter sa démarche de se débarrasser de son cargo. Mais il a été débouté ainsi que son contenu dans onze pays. Finalement, l'encombrant cargo a été déversé en mer entre l'Océan Atlantique et l'Océan Indien, selon l'indication des environnementalistes.

En 1989, l'affaire Khian Sea a favorisé la tenue, en Suisse, d'une conférence internationale réunissant 170 États autour du « contrôle des mouvements transfrontières de déchets dangereux et de leur élimination ». Le 22 mars 1989, les États participant à la conférence ont signé le Traité de Bâle dont l'objectif a été de réduire le transfert de déchets des pays développés vers des pays en développement. La convention est entrée en vigueur en 1992. Cependant, trois des 170 pays signataires ne l'ont pas ratifiée (Haïti, États-Unis, Afghanistan). En 1994 et 1995, il y a eu deux nouvelles conférences à Bâle. Les négociations ont porté sur l'interdiction de l'exportation de déchets toxiques. A cet effet, les participants ont adopté le *Ban Amendement*, qui interdit toute exportation de déchets dangereux. Cependant, le *Ban Amendement* n'est pas en vigueur parce qu'il n'a pas été ratifié par les trois-quarts des participants à la conférence.

En Haïti, les luttes de pouvoirs qui ont polarisé la vie politique locale et internationale haïtienne n'ont pas facilité la tenue d'une lutte commune et constante contre cette ignominie. Soulignons que le parlement, entré en fonction en 1991, utilisé davantage comme une tribune d'animation de la politique partisane, n'a pas ratifié la Convention de Bâle avant son entrée en vigueur en 1992. Le retour à l'ordre constitutionnel, en 1994, a permis aux administrations de Jean-Bertrand Aristide puis de René Préval ainsi qu'aux ONG locales et internationales de relancer une active campagne pour le retrait des déchets toxiques d'Haïti. En 1998, Haïti a voulu symboliquement profiter du 10e anniversaire du déversement des déchets toxiques pour les faire enlever du pays. Mais la municipalité de Philadelphie, malgré un surplus budgétaire de 130 millions de dollars, a refusé de participer financièrement, à hauteur de 200 mille dollars, au retrait des déchets.

Finalement, le 5 avril 2000, une quantité de déchets évaluée à 2.500 tonnes ont été enlevées des Gonaïves et ramenées aux États-Unis. Cette opération, selon le ministère de l'Environnement, a coûté à l'État haïtien plus de 500.000 gourdes. Mais les dégâts sur la population sont encore inestimables. Après treize années sur la plage des Gonaïves, 1.500 tonnes des déchets toxiques provenant de Philadelphie ont soit fait corps avec la terre soit emportés par les pluies.

Pour approfondir le sujet :

GILOT Rony, *Au gré de mémoire. Henri Namphy ou le rhum amer de la bamboche démocratique*, Port-au-Prince, C3 Editions, 2014.

PELLOW David Naguib, *Resisting Global Toxics: Transnational Movements for Environmental Justice*, Cambridge, The MIT Press, 2007.

VALETTE Jim & SPALDING Heather, *The International Trade in Wastes: A Greenpeace Inventory*, Greenpeace USA, 1990.

VICTOR Jean André, *Sur la piste des déchets toxiques*, 1989.

"Traveling Trash: Years later, long-fought ash returning," *The Philadelphia Inquirer*, June 15, 2002.

"Haiti Says Philadelphia Garbage Was Dumped by Ship on Its Beach," *New York Times*, February 8, 1988.

20 avril 1990 : 100.000 Haïtiens ont protesté à New York contre l'accusation que les Haïtiens seraient porteurs du VIH

Au début des années 80, les instances américaines ont initié une virulente campagne de stigmatisation des Haïtiens et des Africains subsahariens accusés d'être porteurs du VIH. Les Haïtiens ont été les plus touchés par le fait qu'ils étaient considérés comme l'un des quatre « H » utilisés pour designer la maladie de déficience immunitaire qui avait fait son apparition aux États-Unis au début des années 1980 : Homosexuels – Hémophile – Héroïnomanes – Haïtiens. Cette théorie n'a pas été contestée par l'opinion publique ni par la communauté scientifique des États-Unis.

Dans son ouvrage, *SIDA en Haïti. La victime accusée*, Paul Farmer rapporte quelques discriminations subies par les Haïtiens en raison de leur proscription par l'agence épidémiologique américaine (CDC : Center for Desease Control), en 1983 : « A New York, 'Les enfants d'origine haïtienne sont victimes de sarcasmes méprisants de la part des autres élèves' (Sencer 1983 : 35) ; un hôpital de Brooklyn a 'reçu plusieurs appels de la part d'employeurs potentiels demandant si cela ne présentait pas de risque d'embaucher un Haïtien' (Landesman 1983 : 35) ; à Brooklyn toujours, les murs bordant un quartier haïtien affichaient des slogans dans le style 'Haïtiens = Nègres avec le sida'. 'Des enfants haïtiens ont été battus à l'école, on a même tiré sur l'un d'eux ; des commerçants haïtiens ont fait faillite ; des familles haïtiennes ont été expulsées de leur domicile' (Sabatier 1988 : 47). Une organisation d'aide sociale en Floride du Sud constata, après l'inscription des Haïtiens dans les groupes à risque par le CDC, qu'elle ne trouvait plus de travail pour la majorité des gens dont elle s'occupait. La même organisation reçut des lettres haineuses : 'Embauchez un Haïtien, contribuez à propager le sida', pouvait-on lire, ou encore : 'Il n'y avait pas de sida aux États-Unis avant l'arrivée des chiens haïtiens'. Un médecin spécialiste des maladies tropicales signala qu'il recevait plusieurs appels par jour de gens inquiets demandant des renseignements, et qu'il voyait défiler des employés de maison haïtiens renvoyés par leurs patrons. 'Le simple fait d'essayer une paire de chaussures, racontait un journaliste, peut devenir une expérience traumatisante, car les vendeurs interdisent à toute personne de type haïtien de s'approcher de la marchandise' (Shilts 1987 : 322). »

Le 5 février 1990, l'agence de produits alimentaires et médicamenteux (FDA : Food and Drug Administration) a émis des recommandations excluant les Haïtiens et les Africains subsahariens de la liste des donneurs de sang, par crainte de contamination. Cette énième mesure officielle a soulevé l'indignation des Haïtiens.

De nombreuses voix d'Haïti et de sa diaspora se sont élevées contre l'attitude avilissante des États-Unis. Des artistes ont écrit des chansons célèbres contre cette stigmatisation des Haïtiens dont '*SIDA*' de Ti Manno et '*FDA ou anraje*' d'Ansy Derose. En mars 1990, plusieurs milliers d'Haïtiens ont défilé devant le bureau de la FDA à Miami, ce qui a paralysé la circulation vers l'Aéroport international de Miami. Le 20 avril, les Haïtiens de New York ont décidé de faire entendre leurs voix par milliers. Ils ont été entre 80 à 100.000 à marcher du Cadman Plaza (Brooklyn) au Federal Plaza (Broadway), en passant au cœur de Manhattan, agitant le bicolore haïtien et scandant des slogans comme « *We Are Proud of Our Blood* (Nous sommes fiers de notre sang) ». La manifestation a secoué, littéralement, le pont de Brooklyn, qui a été fermé à la circulation. Une semaine plus tard, la FDA est revenue sur sa décision. Mais il a fallu plusieurs décennies pour effacer cette ignominie dont ont été victimes les Haïtiens dans l'opinion publique.

Le 29 octobre 2007, environ deux décennies après la grande mobilisation du printemps 1990, les prestigieuses *Proceedings of the National Academy of Sciences* (Annales de l'académie nationale américaine des sciences) ont publié des résultats de recherches 'scientifiques' entreprises par le professeur Michael Worobey faisant d'Haïti le tremplin de la propagation du SIDA aux États-Unis. Il faut donc croire que la stigmatisation des Haïtiens en rapport à la propagation du SIDA n'est pas terminée.

Pour approfondir le sujet :

FARMER Paul, *Sida en Haïti. La victime accusée*, Paris, Karthala, 1996 ; Traduction française de *AIDS and Accusation: Haiti and the Geography of Blame*, Chapel Hill, The University of California Press, 1992.

« Now, No Haitians Can Donate Blood », *New York Times,* March 14, 1990.

« F.D.A. Policy to Limit Blood Is Protested », *New York Times,* April 21, 1990.

29 septembre 1991 : Coup d'État contre le président Jean-Bertrand Aristide

Dans la nuit du 29 septembre 1990, les militaires haïtiens, sous le commandement des officiers Raoul Cédras, Philippe Biamby et Michel François ont renversé le président Jean-Bertrand Aristide du pouvoir à la suite d'un coup d'État sanglant. Quatre jours plus tôt, le président haïtien avait présenté ses « Dix commandements démocratiques » dans son adresse à la 46e session ordinaire de l'assemblée générale de l'ONU. Le père Aristide, ancien curé de Saint-Jean Bosco, avait gagné les élections du 16 décembre 1990 organisées démocratiquement sous la supervision d'observateurs internationaux dont l'ancien président américain Jimmy Carter. Le 7 janvier 1991, un premier coup d'État dirigé par l'ancien ministre duvaliériste Roger Lafontant avec la complicité de certains hauts gradés de l'armée, contre le pouvoir d'Aristide qui devait être installé le 7 février, avait échoué. Le 30 septembre, sept mois après son investiture, Jean-Bertrand Aristide est embarqué pour l'exil au Venezuela. Au début de l'année 1992, il s'est établi à Washington où, en dépit de la connivence entre une frange de l'administration américaine et les putschistes, il a gardé ses traitements et privilèges de chef d'État jusqu'à son retour en Haïti le 15 octobre 1994.

Le coup d'État contre Aristide a été la première grande crise post-Guerre froide du continent. Le coup a eu un caractère international impliquant directement les États-Unis, la République dominicaine, la France, le Venezuela, le Vatican, l'OEA et l'ONU. Il y a eu d'un côté des supporters du coup, comme la République Dominicaine et le Vatican, qui ont considéré qu'Aristide n'a pas été en odeur de sainteté et ont plaidé pour que la communauté internationale aidât Haïti à tourner cette page. D'un autre côté, il y a eu les farouches opposants au coup d'État dont la France, le Canada, le Venezuela et d'autres pays de l'Amérique latine qui ont poussé l'OEA et l'ONU à l'action. Le 20 novembre 1991, l'ambassadeur de France, Jean-Raphaël Dufour, déclaré *persona non grata* par les putschistes, s'est vu obligé de laisser le pays. Au moment du coup, Aristide a eu la vie sauve grâce aux efforts du diplomate français qui par la suite a donné refuge à plusieurs membres du gouvernement lavalas en sa résidence. Le Premier ministre canadien, Brian

Mulroney, est allé jusqu'à traiter les putschistes de « voyous », leur reprochant de violer la convention de Vienne en arrêtant et fouillant des voitures et valises diplomatiques.

Il y a eu par ailleurs le double jeu du grand voisin, les États-Unis. En Haïti, le représentant du gouvernement américain, l'ambassadeur américain Alvin P. Adams a ouvertement blâmé Aristide et l'a rendu responsable de la situation de par son radicalisme ; plusieurs membres du haut état major de l'armée et du groupe paramilitaire pro-coup d'État FRAPH (Front pour l'avancement et le progrès d'Haïti) ont été des informateurs connus de la CIA ; à l'ONU et l'OEA, les représentants de l'administration Bush ont soufflé le chaud et le froid avec une tendance d'alignement sur la majorité qui a rejeté le coup d'État et recommandé le rétablissement de la démocratie ; et au congrès il y a eu des pro et anti-Aristide. Cette communauté internationale dans sa complexité et sa divergence de vues s'est imposée en arbitre en vue de faciliter, tantôt par des sanctions tantôt par la négociation, le retour à l'ordre constitutionnel de prime abord sans l'utilisation de la force.

Une semaine après le coup d'État, la communauté internationale a commencé par imposer les premières sanctions à Haïti. Le 4 octobre 1991, le président Aristide a été reçu à la Maison Blanche par le président Georges Bush. Les États-Unis ont annoncé des sanctions financières et commerciales contre le régime militaire. Le 6 octobre, les militaires ont défié la communauté internationale en nommant un juge de la Cour de Cassation, Joseph Nérette, président provisoire, sous prétexte de vacance présidentielle, en application de l'article 149 de la constitution. Le 8 octobre, l'OEA a décrété un embargo contre le pays à la demande du président Aristide. Cependant, ces sanctions n'ont pas eu les effets escomptés en raison de l'indécision des États-Unis et la contrebande favorisée par la République dominicaine. Les catégories les plus vulnérables de la population ont souffert sévèrement de ces sanctions économiques alors que la classe possédante et les tenants du coup d'État se sont enrichis davantage à l'aide des trafics. Le 15 juin 1993, l'ONU, après les efforts de l'administration Clinton pour surmonter l'opposition de la Chine au Conseil de sécurité, a imposé son embargo à Haïti. Les militaires n'ont plus eu accès aux produits pétroliers et aux armes et munitions. Le 16 octobre 1993, à la suite de l'échec de l'accord de Governor's Island, le Conseil de Sécurité de l'ONU a renforcé ses sanctions en décrétant, par la résolution 875, le blocus naval d'Haïti. Le 25 juin 1994, le président Bill Clinton a ajouté aux mesures coercitives la suspension du service aérien entre Haïti et les États-Unis. En dépit de trois ans de sanctions qui ont eu des conséquences énormes sur l'économie du pays, les militaires n'ont accepté de laisser le pouvoir que sous la menace des armes.

Pour approfondir le sujet :

CENATUS Bérard, DOUAILLER Stéphane & PIERRE-LOUIS Michèle (dir.), *Haïti. De la Dictature à la démocratie ?*, Montréal, Mémoire d'Encrier, 2015.

DUMAS Pierre-Raymond, *La Transition d'Haïti vers la démocratie. Volumes II et III : Les trois ans du coup d'État-embargo*, Port-au-Prince, L'Imprimeur II, 2006.

DUPUY Alex, *The prophet and power: Jean-Bertrand Aristide, the international community, and Haiti,* Lanham, Rowman & Littlefield Publishers, Inc., 2007.

ETIENNE Sauveur Pierre, *Haïti : misère de la démocratie,* Paris, L'Harmattan, 1999.

JALLOT Nicolas & LESAGE Laurent, *Haïti : dix ans d'histoire secrète*, Paris, Editions du Félin, 1996.

JEAN-FRANCOIS Hérold, *Le coup de Cédras,* Port-au-Prince, Mediatek, 1995.

23-25 février 1992 : Accord de Washington entre le président en exil Jean-Bertrand Aristide et des parlementaires de l'opposition pour le retour à l'ordre constitutionnel

Le 14 octobre 1991, le pays a eu deux gouvernements en même temps : un gouvernement de fait dirigé par Jean-Jacques Honorat sous l'administration du juge Joseph Nérette établi président de la République par les militaires putschistes ; un gouvernement constitutionnel conduit par René Préval, sous l'administration du président en exil Jean-Bertrand Aristide, reconnu par la communauté internationale, mais dysfonctionnel, empêché et surtout décrié au parlement bien avant le coup d'État. Dans une quête de normalisation de la situation, le parlement et le président Aristide, sous impulsion de l'OEA, ont décidé d'engager des négociations qui leur permettraient de jouer leur rôle constitutionnel en vue de l'établissement d'un gouvernement de consensus, c'est-à-dire une équipe gouvernementale plus convenable que celle du premier ministre Préval, qui gérerait les affaires de l'État en attendant le retour du président Aristide au palais, en prenant au mot les militaires qui ont dit ne pas vouloir gérer le pouvoir civil. Les discussions tenues à Washington à la fin du mois de février 1992, sous l'égide du secrétaire général de l'OEA, Joao Baena Soares, ont permis d'arriver à deux protocoles d'accords.

Le premier accord a été signé le 23 février entre le président Aristide et une commission parlementaire de négociation dirigée par le président du sénat Déjean Bélizaire et le président de la chambre des députés Alexandre Médard. Dans ce texte de quatre articles fractionnés en quatorze points, le parlement a pris la responsabilité d'œuvrer au retour du président Aristide dans ses fonctions, à une date non précisée. Pour sa part, le président s'est engagé à proclamer l'amnistie générale, à respecter les actes posés par le parlement, dont l'une des mesures a été la nomination du général Cédras comme commandant en chef de l'armée jusqu'en 1994, et à nommer un nouveau premier ministre de consensus dont le choix et la politique générale seraient ratifiés par le parlement. L'installation du nouveau gouvernement précèderait la fin de l'embargo et l'envoi en Haïti de la Mission civile OEA-DEMOC, comme l'avait souhaité le président Aristide et l'OEA. Au départ, trois noms ont été retenus pour le poste de premier ministre : Victor Benoit, Secrétaire général du Comité national du Congrès des mouvements démocratiques (KONAKOM), qui a bénéficié de l'appui du président Aristide, mais dont le choix a été rejeté par les parlementaires pro-coup d'État ; Marc Louis Bazin, ex-candidat à la présidence et dirigeant du Mouvement d'instauration de la Démocratie haïtienne (MIDH), qui a été soutenu par les artisans du coup d'État ; et René Théodore, secrétaire général du Mouvement pour la reconstruction nationale (MRN). Le choix final, résultant des consultations entre la présidence et le parlement, a été porté sur l'ancien dirigeant du Parti Unifié des Communistes Haïtiens (PUCH), René Théodore.

Le 25 février, après une nuit de négociations toujours sous les auspices de l'OEA, le président Jean-Bertrand Aristide et le nouveau premier ministre désigné René Théodore ont signé le deuxième protocole d'accord. Le texte, constitué de onze points, a réitéré la reconnaissance de Jean-Bertrand Aristide comme président constitutionnel et la mise en place d'un gouvernement d'unité nationale dont les ministres seraient choisis au sein des partis représentés au parlement. René Théodore, une fois investi comme premier ministre, aurait comme première responsabilité d'œuvrer en faveur du retour physique du chef de l'État, selon des termes et dans une date à déterminer.

Cependant, les accords de Washington ont été fragilisés par ceux qui les avaient signés et rejetés par les tenants du pouvoir en Haïti. Quelques jours après la signature de ces accords, le président Aristide a déclaré que les militaires ayant commis des crimes de droit commun lors du coup d'État, incluant le général Cédras, ne seraient pas amnistiés. Au parlement, il n'y a eu jamais de quorum pour réunir l'Assemblée nationale nécessaire à la ratification de ces accords. Le général Cédras de son côté a affirmé ne pas être lié par ces accords. Finalement, saisie le 27 mars 1992 par les partisans du coup d'État, la Cour de cassation présidée par le juge Emile Jonassaint a déclaré ces accords inconstitutionnels.

Le 8 mai 1992, le premier ministre de facto, Jean-Jacques Honorat, le chef d'État major de l'armée, le général Raoul Cédras, les présidents des deux chambres qui avaient signé l'accord de Washington, le sénateur Dejean Bélizaire et le député Alexandre Médard ont paraphé « l'Accord tripartie en vue de la formation d'un gouvernement de consensus et de salut public pour la consolidation de la démocratie », dénommé aussi Accord de la Villa d'Accueil, du nom du siège du gouvernement où se sont tenues les discussions. Ce dit accord, silencieux sur la présidence de Jean-Bertrand Aristide, a décidé de la création d'un « gouvernement de consensus ». Cela a impliqué l'effacement de la scène politique du président de facto Joseph Nérette et de son premier ministre Jean-Jacques Honorat. En application de l'accord de la Villa d'Accueil, ratifié de manière aléatoire par les deux chambres du parlement les 15, 20 et 22 mai 1992, le leader du MIDH Marc Louis Bazin, réputé pro-américain, a été nommé premier ministre. Son choix a été ratifié, encore par une majorité douteuse dans les deux chambres, les 4 et 10 juin. Premier ministre de fait, non reconnu par la communauté internationale, Marc Louis Bazin a été investi le 19 juin, dans l'indifférence de la majorité de la population.

Pour approfondir le sujet :

ARCHER Edouard H., *Au rythme trépidant des jours, Vol. II, Les années d'embargo : 1992, 1993, 1994,* Port-au-Prince, L'Imprimeur II, 2000.

DUMAS Pierre-Raymond, *La Transition d'Haïti vers la démocratie. Volumes II et III : Les trois ans du coup d'État-embargo*, Port-au-Prince, L'Imprimeur II, 2006.

DUPUY Alex, *The prophet and power: Jean-Bertrand Aristide, the international community, and Haiti,* Lanham, Rowman & Littlefield Publishers, Inc., 2007.

ETIENNE Sauveur Pierre, *L'Enigme haïtienne. Echec de le l'État moderne en Haïti*, Montréal, Les Presses de l'Université de Montréal et Mémoire d'Encrier, 2007.

ETIENNE Sauveur Pierre, *Haïti : misère de la démocratie,* Paris, L'Harmattan, 1999.

FANFIL Monesty Junior, *Haïti : Le maintien de la paix en Amérique centrale et dans les Caraïbes,* Paris, L'Harmattan, 2009.

JEAN-FRANCOIS Hérold. *Le coup de Cédras*. Port-au-Prince, Mediatek, 1995.

PEZZULO Ralph, *Plunging into Haiti: Clinton, Aristide, and the defeat of diplomacy*, Jackson, University Press of Mississippi, 2006.

3 juillet 1993 : Signature de l'accord de Governor's Island entre le président en exil Jean-Bertrand Aristide et le général Raoul Cédras

L'inauguration de la présidence de Bill Clinton, le 20 janvier 1993, a marqué le début de la fin du pouvoir militaire en Haïti. Les auteurs du coup d'état du 30 septembre 1991 jouissaient jusque-là de la tolérance souterraine de l'administration Bush en dépit des initiatives visibles des acteurs de la communauté internationale, incluant les États-Unis, en faveur du retour à l'ordre constitutionnel en Haïti. En mars 1993, Clinton a nommé l'ambassadeur Lawrence Pezzullo envoyé spécial des États-Unis en Haïti. La nouvelle administration américaine a donc décidé de prendre les choses en main au même titre que l'ONU et l'OEA qui avaient nommé conjointement le diplomate argentin Dante Caputo envoyé spécial en Haïti. Après des va-et-vient auprès du général Cédras à Port-au-Prince et du président Aristide à Washington, les négociateurs sont parvenus à porter les deux parties à engager des discussions à Governor's Island, une île de 86 hectares située dans la baie de New York, le 27 juin 1993. Le général et le président haïtiens se sont trouvés tous les deux sur la petite île, mais ne se sont pas rencontrés. Par l'entremise des négociateurs internationaux, les deux parties sont parvenues à l'accord dit de Governor's Island.

Cet accord, constitué de dix points, a prévu la désignation d'un nouveau premier ministre, la fin de l'embargo et autres sanctions imposées par la communauté internationale, l'amnistie des crimes commis durant le coup d'état, la création d'une nouvelle force de police, la mise à la retraite anticipée du général Cédras et le retour de Jean-Bertrand Aristide fixé au 30 octobre 1993. Dans un article paru quelque temps après l'échec de l'accord, Kate Doyle a noté que cet accord a été « un document profondément erroné et peu convaincant. L'accord ne contient pas de mécanismes d'application, pas de pénalité pour non-conformité et de dangereuses concessions aux dirigeants militaires haïtiens ». Au fait, son application dépendait fortement de la bonne foi des deux parties, notamment des militaires et leur troupe paramilitaire désignée comme le Front pour l'Avancement et le Progrès d' Haïti (FRAPH).

Dans le cadre de l'application de l'accord, le président Aristide a désigné comme nouveau premier ministre l'homme d'affaires Robert Malval. En choisissant un personnage qui n'a pas fait pas partie de sa clientèle politique pour diriger le gouvernement qui devrait préparer son retour d'exil, Aristide a voulu rassurer la communauté internationale et la bourgeoisie haïtienne pro putschiste avec qui il a tenté d'établir un nouveau partenariat à la suite de la conférence d'affaires qu'il a convoquée à Miami, le 22 juillet 1993. Le parlement a ratifié le choix de Robert Malval le 23 août et la liste des membres du gouvernement a été publiée le 1er septembre. Cependant, beaucoup de ministres ont eu des difficultés à occuper leurs bureaux. Le premier ministre Malval a siégé chez lui. Les bureaux du ministre des Finances, Marie Michelle Rey, se sont trouvés aussi chez le premier ministre dont la résidence personnelle a servi de siège pour tout le gouvernement. Des civils armés ont perturbé l'installation du ministre des Affaires étrangères et des cultes, Claudette Werleigh. Quelques jours plus tard, la chancelière a siégé directement à Washington. Le ministre de l'Information, Hervé Denis, a aussi siégé à l'étranger après avoir été agressé physiquement par des civils armés. Les différents services déconcentrés, ainsi que la radio nationale et la télévision nationale, ont été sous contrôle des partisans du coup d'état, qui y ont siégé de force, en dépit des multiples tentatives de récupération du gouvernement Malval. Les élus des élections de 1990, à l'exemple du maire de Port-au-Prince Evans Paul, n'ont pas pu retourner librement à leur fonction. Les tenants du coup d'État se sont montrés de plus en plus violents. Deux assassinats spectaculaires ont eu lieu dans l'espace d'un mois dans les parages de l'Église Sacré-Cœur (Turgeau) : le fervent supporter du président Aristide, Antoine Izmery, le 11 septembre et le ministre de la Justice Guy Malary, le 14 octobre. Les estimations ont fait état d'une centaine de personnes assassinées en Haïti entre juillet et octobre 1993.

Les putschistes ont continué de défier ouvertement la communauté internationale. Le 12 octobre, des civils armés se sont opposés au débarquement de l'USS Harlan County. Le navire américain transportait 200 militaires des États-Unis et du Canada qui précédaient l'imposante mission militaire internationale, la Mission des Nations Unies en Haïti (MINUHA), qui devrait aider à professionnaliser l'armée et à « restaurer la démocratie » en sécurisant le retour d'exil du président Aristide. Les civils ont manifesté de façon très menaçante et, de temps à autre, ont brandi leurs armes et tiré en rafales. Deux semaines après la mort de 18 militaires américains en Somalie, l'administration Clinton n'a pas voulu prendre de risque. Quand, l'année d'après, les forces américaines sont revenues, cette fois pour de bon, les civils armés et militaires haïtiens n'ont osé opposer aucune résidence aux 20.000 hommes de troupe des États-Unis.

Pour approfondir le sujet :

ARCHER Edouard H., *Au rythme trépidant des jours, Vol. II, Les années d'embargo : 1992, 1993, 1994,* Port-au-Prince, L'Imprimeur II, 2000.

DOYLE Kate, « Hollow Diplomacy in Haiti », *World Policy Journal, Vol. 11*, No 1 (1994).

DUMAS Pierre-Raymond, *La Transition d'Haïti vers la démocratie. Volumes II et III : Les trois ans du coup d'État-embargo*, Port-au-Prince, L'Imprimeur II, 2006.

ETIENNE Sauveur Pierre, *L'Enigme haïtienne. Echec de le l'État moderne en Haïti*, Montréal, Les Presses de l'Université de Montréal et Mémoire d'Encrier, 2007.

FANFIL Monesty Junior, *Haïti : Le maintien de la paix en Amérique centrale et dans les Caraïbes,* Paris, L'Harmattan, 2009.

GIRARD Philippe, *Clinton in Haiti: The 1994 US Invasion of Haiti*, New York, McMillan, 2004.

JEAN-FRANCOIS Hérold. *Le coup de Cédras*. Port-au-Prince, Mediatek, 1995.

MALVAL Robert, *L'année de toutes les duperies,* Port-au-Prince, Editions Regain, 1996.

PEZZULO Ralph, *Plunging into Haiti: Clinton, Aristide, and the defeat of diplomacy*, Jackson, University Press of Mississippi, 2006.

22 août 1994 : Signature du Plan de Paris entre le président Jean-Bertrand Aristide et les institutions financières internationales

Deux mois avant son retour d'exil, suite au coup d'État du 29 septembre 1991, le président Jean-Bertrand Aristide a signé avec les institutions financières internationales (IFI) un plan économique très controversé dénommé le Plan de Paris ou encore les Accords de Paris. Dans le cadre de cette entente, placidement négociée par les représentants de la Banque mondiale, le Fonds monétaire international et la Banque interaméricaine de développement et les représentants du président Aristide, Leslie Voltaire et Leslie Delatour, l'État haïtien s'est engagé entre autres à privatiser les entreprises gérées par l'État, enclencher une réforme macro-économique et réduire de moitié le nombre de fonctionnaires publics. En retour, le gouvernement haïtien bénéficierait de plusieurs centaines de millions de dollars en subventions et prêts des bailleurs internationaux. Les experts internationaux ont convenu avec le président Aristide que le programme d'ajustement structurel prévu dans le Plan de Paris devrait favoriser la relance économique de l'Haïti post-coup d'État et apporter une vie meilleure aux Haïtiens.

Dans sa thèse de doctorat intitulée « *The Influence of Corporate Interests on USAID's Development Agenda: The Case of Haiti* », Guy Metayer montre que le Plan de Paris, présenté comme un programme fraichement négocié, n'était autre que la couverture d'un plan que les IFI avaient élaboré depuis août 1993 sous le titre « Programme d'urgence de recouvrement économique (*Emergency Economic Recovery Program* [EEPR]) ». Ce plan, incorporé dans le document conçu par/pour le gouvernement haïtien sous le titre « Stratégie de Reconstruction Socio-économique (SSER) », a été retenu lors des négociations de Paris. Sa signature et sa mise en application ont été deux conditions desquelles dépendaient le retour du président Aristide au pouvoir et le support de l'international pour les années à venir. Dans *Haiti in the New World Order*, Alex Dupuy soutient que la restauration de la démocratie en Haïti a permis aux institutions financières internationales de mettre en application, et dans des conditions favorables, le projet néolibéral conçu antérieurement par les États-Unis pour Haïti. Depuis les années 1970, en effet, les États-Unis ont prescrit aux maux d'Haïti un seul remède qui a pris des en-têtes différents, mais qui au fond s'est résumé à : ouverture du marché, privatisation, protection du privé en particulier des multinationaux et surtout moins d'État. Tout cela, avec des promesses de développement économique par le biais d'investissements internationaux en vue de la création d'emplois dans le secteur de la sous-traitance notamment.

Le retour du président Aristide, en plus de l'apport non négligeable de la lutte de la population contre le coup d'État, a résulté d'un choix stratégique clair des États-Unis et du reste de la communauté internationale. Ces derniers n'avaient plus besoin de ce régime militaire qui, certes, sauvegardait leurs intérêts économiques, mais mettait en danger la promotion de la démocratie. Après trois ans d'exil, le président haïtien est devenu l'un des leurs, plus enclin à comprendre et faire avancer leur agenda. Comme le souligne Robert Fatton, ils ont « inévitablement déradicalisé Aristide, le transformant d'un prophète anticapitaliste à un ardent allié américain commis aux vertus du marché ».

De retour en Haïti, le président Aristide s'est empressé de mettre en application l'agenda néolibéral en respect des engagements pris à Paris le 22 août 1994. Il a lancé un programme de « départs volontaires » de manière à réduire considérablement le nombre des fonctionnaires dans l'administration publique. Parallèlement, il a mis en place un Conseil de Modernisation des Entreprises Publiques avec la mission de conduire la privatisation de neuf entreprises publiques dont la compagnie de télécommunication (TELECO), la compagnie d'électricité (EDH) et le service portuaire national (APN). Cependant, au fil des mois, le projet néolibéral auquel souscrivait le président Aristide a eu du mal à passer. Des organisations de base et des syndicats proches du mouvement Lavalas de 1990 se sont mobilisés contre le Plan de Paris. Au mois d'octobre 1995, le courant ne passait plus entre le président Aristide et les IFI. Aucune entreprise publique n'a été privatisée pendant les seize mois qui ont précédé le retour d'Aristide au pouvoir. Son ancien premier ministre et proche collaborateur, René Préval a hérité du dossier. Les IFI, de leur côté, ont bloqué les aides promises à Haïti, comme appui budgétaire, dans le cadre de l'application du Plan de Paris en attendant la reprise du processus par le président Préval.

Pour approfondir le sujet :

DUPUY Alex, *Haiti in the New World Order: The Limits of the Democratic Revolution, Boulder*, Westview Press, 1997.

ETIENNE Sauveur Pierre, *L'Enigme haïtienne. Echec de le l'État moderne en Haïti*, Montréal, Les Presses de l'Université de Montréal et Mémoire d'Encrier, 2007.

FATTON Robert Jr., *Haiti's Predatory Republic: The Unending Transition to Democracy*, Lynne Rienner, 2002.

FLEURIMOND Kerns, *La communauté haïtienne de France. Dix ans d'histoire*, Paris, L'Harmattan, 2003.

METAYER Guy, *The Influence of Corporate Interests on USAID's Development Agenda: The Case of Haiti*, Thèse de doctorat, Florida International University, 2012.

PEZZULO Ralph, *Plunging into Haiti: Clinton, Aristide, and the defeat of diplomacy*, Jackson, University Press of Mississippi, 2006.

15 octobre 1994 : Retour du président Jean-Bertrand Aristide en Haïti avec le support de 20.000 soldats américains

Le 15 janvier 1994, le général Raoul Cédras n'a pas laissé le pouvoir, en dépit de l'engagement pris à Governors Island. En conséquence, l'embargo sur Haïti a été renforcé. Le pays a été totalement fermé à l'exportation et l'importation, à l'exception des médicaments et autres produits humanitaires. Au mois de mai, des pays comme les États-Unis, le Canada, la France, les Pays-Bas et la République dominicaine ont suspendu leurs vols commerciaux avec Haïti. Les États-Unis ont gelé les avoirs des leaders du coup et de leurs supporteurs dans les banques américaines. Le 12 mai, en guise de réplique à ces nouvelles sanctions, les militaires ont installé le président de la Cour de Cassation, le juge Emile Jonassaint, 81 ans, comme président d'Haïti. Le 11 juillet, défiant davantage la communauté internationale, les militaires ont ordonné l'expulsion de tous les observateurs des droits de l'homme de l'ONU et l'OEA. Les putschistes ont montré ainsi qu'ils ne rétracteraient que sous la force des armes.

A mesure que se prolongeait le règne des militaires, les réfugiés ont continué d'affluer sur les côtes de la Floride. La politique d'interception et de refoulement systématique pratiquée par l'administration Bush avait été jugée inhumaine par son rival, Bill Clinton, au moment de la campagne électorale de 1992. Arrivé au pouvoir, Clinton a poursuivi sans gêne la politique de Bush vis-à-vis des boat-people Haïtiens, considérés comme des réfugiés économiques. La multiplication de pressions des organisations et personnalités américaines, souvent apparentées au Parti Démocrate ou proches de Clinton, l'a poussé à prendre la mesure de la complexité de la question. Le président américain est arrivé à la conclusion que le meilleur moyen d'arrêter le flot de réfugiés qui arrivaient d'Haïti serait d'évincer les militaires du pouvoir et rétablir la démocratie en Haïti.

Le 15 septembre, le président Bill Clinton s'est adressé au peuple américain pour annoncer et motiver sa décision de prendre en main l'effort militaire international visant à restaurer la démocratie en Haïti. Dans ce message, il a spécifié que les militaires américains interviendraient en Haïti pour « protéger nos intérêts [les intérêts des États-Unis], pour mettre un frein aux atrocités brutales qui menacent des dizaines de milliers d'Haïtiens, pour sécuriser nos frontières, pour préserver la stabilité et promouvoir la démocratie dans notre hémisphère ». Pour ne pas donner l'impression de vouloir envoyer une force d'occupation en Haïti, le président Clinton a obtenu du président haïtien l'endossement de l'utilisation de la force contre les militaires dans une lettre adressée au Conseil de sécurité de l'ONU le 29 juillet 1994. Le 31 juillet, le Conseil de sécurité a adopté la résolution 940 autorisant les Etats membres, sous couvert du chapitre 7 de la charte de l'ONU, de former une force multinationale en vue d'utiliser tous les moyens nécessaires pour faciliter le départ des militaires putschistes d'Haïti.

Dans la soirée du 18 Septembre, une délégation composée de l'ancien président Jimmy Carter, du sénateur Sam Nunn de Georgie et du général Colin Powell est arrivée à un ultime accord avec le général Cédras, signifiant la défaite de l'armée d'Haïti, fixant le départ du pays des officiers directement impliqués dans le coup d'État suivi du retour d'Aristide. Cet accord a permis d'éviter un affrontement militaire entre les forces américaines et l'armée d'Haïti. Quelques heures plus tard, 20.000 soldats des États-Unis ont débarqué en Haïti en vue de sécuriser le retour du président Aristide. Le 4 octobre, les forces américaines ont envahi le quartier général du FRAPH et saisi les archives de l'organisation paramilitaire. Le 12 octobre, les généraux Raoul Cédras et Philippe Biamby sont partis en exil au Panama. Le puissant colonel Michel François se trouvait déjà en République dominicaine. Les États-Unis se sont engagés à louer la maison du général Cédras pour un montant de 5.000 dollars américains par mois. Les comptes en banque des officiers impliqués ont été dégelés. Le 15 octobre, le président Jean-Bertrand Aristide est revenu en Haïti.

Pendant plus de six mois, les militaires américains ont contrôlé Haïti sur le plan sécuritaire, sous couvert d'un mandat de l'ONU pour la mise en place de la Mission des Nations Unies pour Haïti (MINUHA). Ils ont maîtrisé les militaires sans forcer. Ils ont humilié les récalcitrants et se sont fait saluer par des supérieurs en grade. Ils ont saisi et détruit ceux qui restaient des matériels militaires de l'armée haïtienne. Ils ont été grandement acclamés par la population qui a beaucoup souffert des exactions de sa propre armée pendant les trois dernières années. Le 31 mars 1995, l'armée américaine a cédé le contrôle de la force d'intervention aux Nations Unies. Pour l'occasion, le président haïtien Bill Clinton a visité Haïti. C'est, jusqu'à date, l'unique séjour d'un président américain en fonction dans la capitale haïtienne. Le premier président des Etats-Unis à se rendre en Haïti, Franklin Delano Roosevelt, s'était arrêté au Cap-Haïtien. Le 15 octobre 1995, le vice-président américain Al Gore a visité Haïti dans le cadre de la célébration de la première année du retour d'exil du président Aristide.

La MINUHA (Mission des Nations Unies pour Haïti) a pris ses fonctions le 31 mars 1995. Le Conseil de Sécurité, dans sa résolution 1063 du 28 juin 1996, a redéfini sa mission en Haïti et l'a rebaptisée Mission d'appui des Nations Unies en Haïti (MANUH). Le personnel de la MINUHA a été transféré à son successeur, la MANUH, en juillet 1996. Le mandat de la MANUH a expiré le 31 juillet 1997. Elle a été succédée par La MITNUH (Mission de Transition des Nations Unies en Haïti), mise en place par la résolution 1123 du Conseil de Sécurité, le 30 juillet 1997. En décembre 1997, la MITNUH a été remplacée par la (MIPONUH) Mission de Police Civile des Nations Unies en Haïti, établie par la résolution 1141 du Conseil de Sécurité le 28 novembre 1997. La MIPONUH a été succédée par la MICAH (Mission Internationale Civile d'Appui à Haïti) le 16 mars 2000. Elle a résulté de la résolution A/54/193 du 17 décembre 1999, de l'Assemblée Générale de l'ONU. Une douzaine de pays ont pris part aux missions aux noms multiples de l'ONU en Haïti de 1994 à 2000 : les États-Unis, le Canada, la France, l'Argentine, le Bénin, l'Inde, le Mali, le Niger, le Pakistan, le Sénégal, le Togo et la Tunisie. Après sept ans de présence militaire, incluant l'intégralité du quinquennat du président René Préval, les Nations Unies ont mis fin à leur mission en Haïti le 6 février 2001, la veille de la nouvelle installation de Jean-Bertrand Aristide à la présidence, pour y revenir trois ans plus tard.

Pour approfondir le sujet :

ARCHER Edouard H., *Au rythme trépidant des jours, Vol. II, Les années d'embargo : 1992, 1993, 1994,* Port-au-Prince, L'Imprimeur II, 2000.

DUMAS Pierre-Raymond, *La Transition d'Haïti vers la démocratie. Tome III : Le retour d'Aristide,* Port-au-Prince, L'Imprimeur II, 2006.

DUPUY Alex, *Haiti in the New World Order: The Limits of the Democratic Revolution, Boulder*, Westview Press, 1997.

ETIENNE Sauveur Pierre, *L'Enigme haïtienne. Echec de le l'État moderne en Haïti*, Montréal, Les Presses de l'Université de Montréal et Mémoire d'Encrier, 2007.

FANFIL Monesty Junior, *Haïti : Le maintien de la paix en Amérique centrale et dans les Caraïbes,* Paris, L'Harmattan, 2009.

FARMER Paul, *The Uses of Haïti,* Monroe, Common Courage Press, 1994.

FATTON Robert Jr., Haiti's Predatory Republic: The Unending Transition to Democracy, Lynne Rienner, 2002.

GIRARD Philippe, *Clinton in Haiti: The 1994 US Invasion of Haiti*, New York, McMillan, 2004.

JEAN-FRANCOIS Hérold. *Le coup de Cédras*. Port-au-Prince, Mediatek, 1995.

MALVAL Robert, *L'année de toutes les duperies,* Port-au-Prince, Editions Regain, 1996.

PEZZULO Ralph, *Plunging into Haiti: Clinton, Aristide, and the defeat of diplomacy*, Jackson, University Press of Mississippi, 2006.

17 octobre 1997 : Accord entre le président René Préval et la secrétaire d'État américain Madeleine Albright autorisant les États-Unis à intervenir en Haïti pour combattre le trafic de la drogue

Le 17 octobre 1997, Haïti a accueilli la secrétaire d'État des Etats-Unis Madeleine Albright pour sa première visite officielle en Haïti. Selon les communiqués officiels, la visite de Madeleine Albright devrait aider à la résolution de la crise politique qui a débuté avec les élections frauduleuses du 6 avril 1997 et qui s'est empirée avec la démission du premier ministre Rosny Smart le 9 juin 1997. Le voyage de la secrétaire d'État n'a certainement pas permis de dénouer la crise puisque le pays est resté sans gouvernement pendant environ deux ans et les élections pour renouveler le parlement n'ont pas eu lieu. Néanmoins, Madeleine Albright est rentrée dans son pays avec l'accord haïtiano-américain le plus significatif sur le plan de la géopolitique contemporaine.

L'accord du 17 octobre 1997 a visé exclusivement à mettre fin au trafic illicite de la drogue dont les États-Unis sont un grand pays consommateur et Haïti un espace de transit. L'accord, signé sous la présidence de René Préval, a été ratifié par le parlement le 19 décembre 2000. Il a été approuvé en conseil des ministres le 27 juin 2002, sous la présidence de Jean-Bertrand Aristide. Il a été publié au journal officiel *Le Moniteur*, le 25 juillet 2002. Haïti et les États-Unis étaient déjà liés par la « Convention des Nations Unies contre le trafic illicite de stupéfiants et de substances psychotropes » du 19 décembre 1988, appelée aussi Convention de Vienne de 1988. Mais, l'accord bilatéral de 1997 a renforcé le champ d'intervention des États-Unis en leur donnant le feu vert pour intervenir dans l'espace maritime et aérien de la République d'Haïti en vue d'intercepter, fouiller et interpeller des navires ou avions suspectés de s'adonner au narcotrafic. La drogue, selon le décret de l'Assemblée nationale portant ratification de l'accord de 1997, « constitue une menace tangible pour la stabilité de toute société » et « la source première de la criminalité et de la corruption ».

Le texte de cet accord, qui est reproduit *in extenso* dans les pages suivantes, n'autorise pas les États-Unis à entreprendre des opérations sur le sol haïtien. Ce n'est pas non plus cet accord qui favorise l'extradition vers les États-Unis des Haïtiens impliqués dans le narcotrafic. Le traité portant sur l'extradition entre les deux pays date du début du siècle dernier (voir 9 août 1904). Il y a aussi un chapitre dans la Convention de Vienne de 1988, ratifiée par Haïti le 4 décembre 1990, qui est consacré à l'entraide judiciaire, mais qui ne traite pas spécifiquement d'extradition. Aussi, dans l'opinion publique haïtienne, c'est sur la base de l'accord de 1997 que les États-Unis ont entrepris de vagues arrestations en Haïti au début des années 2000. Cependant, cette assertion est loin d'être vraie puisqu'il n'y a pas de telle provision dans le texte de l'accord.

Le fait est que, « en application de l'accord contre le narcotrafic », plusieurs personnalités connues incluant des autorités haïtiennes notamment de la police, du parlement et du gouvernement qui a approuvé et publié l'accord, ont été arrêtées en Haïti, jugées et emprisonnées aux États-Unis. Les différentes tendances politiques qui ont tour à tour occupé le pouvoir sont restées fidèles à l'accord et ont été très loin dans son application. Cependant, la pratique d'extradition qui est tributaire à cet accord peine à faire l'unanimité dans l'opinion publique haïtienne. Le juriste Woodkend Eugène a dressé un lourd réquisitoire contre le volet extradition lié à l'accord contre le narcotrafic dans un article très documenté, au titre assez évocateur : « La pratique d'extradition des Haïtiens vers les États-Unis est illégale, inconstitutionnelle et arbitraire ».

En permettant aux États-Unis d'opérer dans l'espace haïtien et décider des poursuites judiciaires contre des citoyens haïtiens, les différents gouvernements haïtiens ont fait montre d'intolérance vis-à-vis du narcotrafic. Les autorités haïtiennes ont même donné plus que ce qui a été signé dans l'accord du 17 décembre 1997 en permettant au DEA (Drug Enforcement Administration) d'intervenir sur le sol haïtien. Malgré cela, Haïti est resté sur la liste noire des pays producteurs ou de transit de la drogue consommée aux États-Unis.

Pour approfondir le sujet :

ARCHER Edouard H., *Au rythme trépidant des jours, Vol. III, Le retour : fin du mandat d'Aristide, présidence de René Préval,* Port-au-Prince, L'Imprimeur II, 2003.

BRILLANT Evintz, *Haïti : Lumière des nations. Tome I : Haïti, la capitale politique et spirituelle du monde*, Port-au-Prince, L'Imprimeur, 2011.

DENIS Watson, *L'Association des Etats de la Caraïbe. L'organisation de la Grande Caraïbe : formation, évolution et perspectives d'avenir*, Port-au-Prince, C3 Editions, 2013.

EUGENE Woodkend, « La pratique d'extradition des Haïtiens vers les États-Unis est inconstitutionnelle, illégale et arbitraire », dans *Le Nouvelliste*, 16 et 17 mars 2015.

Le Moniteur, 157e année, No. 59, Port-au-Prince, 25 juillet 2002.

« Drogue : d'Aristide à Martelly, Haïti reste sur la liste noire des Américains », *Le Nouvelliste*, 18 septembre 2014.

« Extradition, que disent la loi et les traités signés par Haïti », *Le Nouvelliste*, 8 avril 2015.

Texte intégral de l'accord du 17 octobre 1997 entre la République d'Haïti et les États-Unis d'Amérique

Préambule

La République d'Haïti et les États-Unis d'Amérique (ci-après désignés : (« Les Parties ») ;

Considérant la nature complexe du trafic maritime illicite de la drogue (ci-après, « trafic illicite par mer ») ;

Tenant compte du besoin urgent d'une coopération internationale afin de mettre fin au trafic illicite par mer, besoin qui est reconnu par la Convention unique sur les stupéfiants de 1961 et son protocole de 1972, par la Convention des Nations Unies de 1988 sur le trafic illicite des stupéfiants et substances psychotropes (ci-après, « La Convention de 1988 ») et par la Convention des Nations Unies de 1982 sur le droit de la mer ;

Rappelant que la Convention de 1988 en son article 17 paragraphe 9, stipule que les Parties envisageront de conclure des arrangements bilatéraux afin d'appliquer ses dispositions ou d'en renforcer l'efficacité ;

Réaffirmant leur engagement de lutter efficacement contre le trafic illicite par mer en continuant l'aide technique, la formation et la création de moyens renforcés ;

Désireux de promouvoir une coopération renforcée entre les Parties et d'améliorer ainsi leur efficacité dans la lutte contre le trafic illicite par mer ;

Sont convenus des dispositions suivantes :

I.- Définitions

I.- Définitions de termes : Dans le présent Accord, à moins que le contexte ne le stipule :

a) L'expression **« Trafic illicite »** a la même signification que dans la Convention de 1988 ;

b) L'expression « **Autorité des forces de l'ordre** » désigne que le gouvernement de la République d'Haïti, la Police Maritime/Garde-Côte de la Police Nationale d'Haïti (ci-après, Garde-Côte haïtienne) et, pour le Gouvernement des États-Unis d'Amérique, les Garde-Côtes des États-Unis ;

c) L'expression « **Représentants des forces de l'ordre** » désigne pour le Gouvernement de la République d'Haïti les membres en uniforme de la Garde-Côte haïtienne et pour les États-Unis d'Amérique, les membres en uniforme des Garde-Côtes Américaines, autorisés par leur gouvernement respectif ;

d) L'expression « **Navires des forces de l'ordre** » désigne les navires des parties clairement identifiés et marqués comme étant au service non commercial de leur gouvernement et autorisés dans ce sens y compris toute embarcation et tout aéronef sur lesdits navires à bord desquels sont embarqués les représentants des forces de l'ordre des parties ;

e) L'expression « **Représentant à bord** » désigne un représentant des forces de l'ordre d'une Partie autorisée à embarquer sur un navire de l'autre Partie ;

f) L'expression « **Eaux haïtiennes** » désigne les eaux inférieures et mer territoriale de la République d'Haïti ;

g) L'expression « **Espace aérien haïtien** » désigne l'espace au-dessus d'Haïti et des eaux haïtiennes ;

h) L'expression « **Eaux américaines** » désigne les eaux intérieures et la mer territoriale des États-Unis d'Amérique ;

i) L'expression « **Espace aérien américain** » désigne l'espace au-dessous des États-Unis et des eaux américaines ;

II. Nature et Champ d'application de l'Accord

Article 2.- Objectif

a) Cet Accord vise exclusivement à mettre fin au trafic illicite par mer ;

b) Les Parties coopèrent dans toute la mesure du possible en vue de mettre fin au trafic illicite par mer, dans le cadre de leurs ressources disponibles d'application de la loi et des priorités s'y rapportant ;

c) Les Parties reconnaissent le besoin de poursuivre leurs efforts pour renforcer la capacité opérationnelle de la Garde-Côte haïtienne.

III. Opérations dans et au-dessus des eaux d'une Partie

Article 3.- Responsabilités

Les opérations de lutte pour mettre fin au trafic illicite par mer dans et au-dessus des eaux d'une Partie relèvent de sa responsabilité et sont soumises à l'autorité de cette Partie.

Programme « Représentant à bord »

Article 4.- Coopération en matière d'opérations

Les Parties établissant un programme conjoint d'application de la loi avec un représentant à bord entre leurs autorités respectives des forces de l'ordre. Chaque Partie désigne un coordonnateur chargé d'organiser les activités de son programme et informera l'autre Partie sur les types de navires et les agents qui participent au programme.

Article 5.- Représentants haïtiens à bord des navires des forces de l'ordre des États-Unis

Le gouvernement d'Haïti désigne des représentants à bord compétents et dûment autorisés, lesquels dans le cadre de la législation haïtienne, pourront, dans les circonstances appropriées :

a) S'embarquer sur des navires des forces de l'ordre des États-Unis ;

b) Autoriser les navires des forces de l'ordre des États-Unis à bord desquels ils sont embarqués à assister les autorités haïtiennes dans la poursuite des navires et aéronefs suspects qui se refugient dans les eaux et l'espace aérien haïtiens ;

c) Autoriser les navires des forces de l'ordre des États-Unis à bord desquels ils sont embarqué à effectuer des patrouilles antidrogues dans les eaux haïtiennes ;

d) Faire appliquer la législation haïtienne dans les eaux haïtiennes ou au large de la mer territoriale d'Haïti dans l'exercice du droit de poursuite ou autrement conformément au droit international ;

e) Demander aux représentants des forces de l'ordre des États-Unis de les assister dans l'application de la législation haïtienne ;

f) Fournir leurs conseils et leur appui aux représentants des forces de l'ordre des États-Unis d'Amérique au cours des opérations d'arraisonnement de navires destinés à faire respecter la législation des États-Unis.

Article 6.- Représentants américains à bord des navires des forces de l'ordre d'Haïti

Le gouvernement des États-Unis d'Amérique désigne des représentants à bord compétents et dûment autorisés lesquels, dans le cadre de la législation des États-Unis d'Amérique, pourront, dans les circonstances appropriées :

a) S'embarquer sur des navires des forces de l'ordre des États-Unis ;

b) Autoriser les navires des forces de l'ordre des États-Unis à bord desquels ils sont embarqués à assister les autorités américaines dans la poursuite des navires et aéronefs suspects qui se refugient dans les eaux et l'espace aérien américains ;

c) Autoriser les navires des forces de l'ordre d'Haïti à bord desquels ils sont embarqués à effectuer des patrouilles antidrogues dans les eaux américaines ;

d) Faire appliquer la législation américaine dans les eaux américaines ou au large de la mer territoriale des États-Unis d'Amérique, dans l'exercice du droit de poursuite à chaud ou autrement conformément au droit international ;

e) Demander aux représentants des forces de l'ordre d'Haïti de les assister dans l'application de la législation des États-Unis ;

f) Fournir leurs conseils et l'appui aux représentants des forces de l'ordre d'Haïti au cours des opérations d'arraisonnement de navires destinées à faire respecter la législation d'Haïti.

Article 7.- Déploiement du pavillon de l'autre partie

Aux fins des articles 5 et 6 les navires des forces de l'ordre engagés dans une opération au nom d'une Partie arboreront aussi le drapeau ou l'emblème de cette Partie au cours des opérations conformément aux coutumes et courtoisie navales internationales.

Article 8.- Autorité des représentants des forces de l'ordre à bord des navires des forces de l'ordre de l'autre Partie

Quand un représentant à bord est embarqué sur un navire des forces de l'ordre de l'autre Partie, toute mesure d'application de la loi exécutée conformément aux articles 5 ou 6 y compris les abordages, les fouilles, ou saisies de biens, toute détention de personnes et toute utilisation de la force aux termes du présent Accord avec ou sans armes, seront exécutés par le représentant à bord et conformément a sa législation nationale.

Toutefois, les membres d'équipage du navire de l'autre Partie peuvent prêter leur concours dans cette intervention si le représentant à bord le demande expressément et uniquement dans les limites de cette demande et de la façon demandée. Celle-ci y compris toute requête pour l'usage de la force ne peut être faite, acceptée et suivie d'action que dans le cadre des législations et directives des deux Parties.

Article 9.- Abordage à l'intérieur de la mer territoriale

Le gouvernement des États-Unis d'Amérique ne pourra conduire aucune opération visant à mettre fin au trafic illicite par mer dans les eaux haïtiennes sans l'autorisation du gouvernement d'Haïti accordée par le présent Accord ou par d'autres arrangements.

Par le présent Accord, le gouvernement d'Haïti autorise le Gouvernement des États-Unis d'Amérique à mener des opérations en vue de mettre fin au trafic illicite par mer dans les cas suivants :

a) Un représentant haïtien embarqué à bord en donne l'autorisation ;

b) Lorsqu'un navire suspect détecté au large de la mer territoriale d'Haïti entre dans les eaux haïtiennes et que ni un représentant haïtien à bord, ni un navire des forces de l'ordre haïtien ne sont immédiatement disponibles pour enquêter, le navire des forces de l'ordre des États-Unis d'Amérique notifiera la Garde-Côte Haïtienne de l'opération en cours et le navire des forces de l'ordre américain peut poursuivre le bateau suspect dans les eaux haïtiennes conformément au sous paragraphe d. pour enquêter, aborder et fouiller le navire suspect. Si les éléments de preuve le justifient, il peut être détenu en attendant que les autorités haïtiennes communiquent leurs instructions urgentes quant aux suites à donner ;

c) Lorsqu'un navire suspect se trouve dans les eaux haïtiennes et qu'aucun représentant haïtien n'est à bord, ni disponible pour embarquer d'une façon décisive sur un navire des forces de l'ordre américaines et que aussi aucun navire des forces de l'ordre haïtiennes n'est disponible pour intervenir d'une façon décisive, un navire des forces de l'ordre des États-Unis peut, sans autorisation ad hoc du Gouvernement haïtien, entrer dans les eaux haïtiennes pour empêcher le navire suspect d'échapper à l'application de la loi haïtienne par les représentants des forces de l'ordre d'Haïti et peut enquêter, aborder et fouiller le navire suspect, sauf dans les cas prévus su sous paragraphe d. Durant cette opération, la Garde-Côte haïtienne doit être notifiée en vue de se préparer à agir. Si les éléments de preuve le justifient, les représentants des forces de l'ordre américaines peuvent détenir le navire suspect en attendant que les autorités haïtiennes communiquent leurs instructions urgentes quant aux suites à donner ;

d) Dans les circonstances décrites aux sous-paragraphes b) et c), un navire pavillon haïtien suspect et les personnes se trouvant à bord ne peuvent être fouillés que par les représentants des forces de l'ordre d'Haïti. Ce navire suspect battant pavillon haïtien et les personnes à bord peuvent être détenus, par abordement si nécessaire, par les forces de l'ordre des États-Unis en attendant les instructions des autorités des forces de l'ordre d'Haïti. Dans les circonstances décrites aux sous-paragraphes b) et c), les forces de l'ordre des États-Unis feront le nécessaire pour embarquer sur le navire un représentant des forces de l'ordre d'Haïti pour d'abord faire une fouille d'un navire ne battant pas pavillon haïtien et dans la mesure où d'après l'opinion de l'autorité des forces de l'ordre des États-Unis, cela n'interrompra pas d'une façon déraisonnable l'opération des forces de l'ordre.

Article 10.- Patrouille de routine

Aucune disposition de cet Accord ne doit être considérée comme permettant à un navire des forces de l'ordre des États-Unis d'Amérique sans la présence d'un représentant à bord haïtien de patrouiller à l'aveuglette dans les eaux haïtiennes.

Article 11.- Autres assistances

Aucune disposition du présent Accord n'empêche le Gouvernement d'Haïti d'autoriser expressément d'autres opérations de répression du trafic illicite par mer dans les eaux haïtiennes ou concernant des navires ou des aéronefs sous pavillon haïtien soupçonnés de trafic illicite.

Article 12.- Opérations de survol pour mettre fin au trafic illicite

En vertu de cet Accord, chaque Partie accepte de permettre à un aéronef conduit par l'autre Partie, quand il se livre à des opérations de maintien de la loi ou à des opérations à l'appui d'organismes de maintien de la loi, de :

a) Survoler le territoire et les eaux de l'un et l'autre ; et

b) Relayer, conformément à la législation de chaque Partie, les ordres des autorités compétentes, à l'aéronef suspect de se livrer au trafic illicite à attirer sur des aérodromes désignés à cet effet.

Article 13.- Procédures de survol

Les Parties doivent, dans l'intérêt de la sécurité aérienne, s'assurer du respect des procédures énumérées ci-après afin de faciliter le survol de l'espace aérien d'une Partie par un aéronef de l'autre Partie :

a) Dans le cas des opérations des forces de l'ordre planifiées au niveau bilatéral ou multilatéral, chaque Partie donne un préavis raisonnable aux autorités d'aviation de l'autre Partie et les informe des canaux de communication concernant les vols prévus par leur appareil au-dessus du territoire ou des eaux de cette Partie ;

b) Dans le cas d'opérations non planifiées, qui peuvent comprendre la poursuite d'un appareil suspect dans l'espace aérien d'une Partie par un aéronef de l'autre Partie, conformément aux dispositions du présent Accord, les autorités de maintien de la loi et les autorités d'aviation concernées des Parties peuvent échanger des informations sur les canaux de communication pertinents et d'autres informations pertinentes à la sécurité du vol ;

c) Tout aéronef qui participe à des opérations de maintien de la loi ou à des opérations à l'appui d'activités de maintien de la loi conformément aux dispositions du présent Accord doit respecter les directives de la navigation et de sûreté aériennes qui peuvent être données par les autorités d'aviation de la Partie dont l'espace aérien est le théâtre de l'opération.

IV.- Opérations au large de la mer territoriale

Article 14.- Abordage au large de la mer territoriale

Quand les représentants des forces de l'ordre des États-Unis rencontrent au large de la mer territoriale de n'importe quel pays un navire battant pavillon haïtien ou se réclamant enregistré en Haïti, et qu'ils sont des motifs fondés de soupçonner que ce navire s'engage dans le trafic illicite par mer, le Gouvernement d'Haïti autorise, par le présent Accord, les Gardes-côtes des États-Unis d'Amérique à arraisonner, à vérifier les documents et à fouiller le navire suspect ainsi que les personnes qui se trouvent à bord.

S'ils découvrent des preuves de trafic illicite par mer, les Gardes-côtes des États-Unis peuvent immobiliser le navire, la cargaison et les personnes à bord en attendant les promptes instructions du Gouvernement de la République d'Haïti.

Article 15.- Autres types d'abordage conformément à la législation internationale

A moins qu'il n'en soit expressément disposé dans les présentes, le présent Accord ne vise ni ne limite les arraisonnements de navires effectués par l'une ou l'autre des Parties conformément au droit international.

V. Juridiction sur les navires immobilisés

Article 16.- Compétences juridictionnelles

Dans tous les cas qui surviennent dans les eaux haïtiennes ou qui concernent des navires sous pavillon haïtien se trouvant au large de la mer territoriale de n'importe quel pays, le Gouvernement de la République d'Haïti a le droit fondamental d'exercer sa juridiction sur un navire immobilisé, la cargaison et les personnes à bord y compris la saisie, la confiscation, l'arrestation et les poursuites. Cependant, le Gouvernement de la République d'Haïti peut, dans le respect de sa constitution et de sa législation, renoncer à ce droit fondamental et autoriser à appliquer la législation des États-Unis à l'encontre du navire, de la cargaison et des personnes à bord.

VI.- Mise en application

Article 17.- Cas de navires et d'aéronefs suspects

Dans le cadre du présent Accord, les opérations pour mettre fin au trafic illicite ne sont effectuées que contre des navires et aéronefs utilisés à des fins commerciales ou privées et que l'une ou l'autre

Partie a des motifs fonder de soupçonner de participation au trafic illicite notamment les navires et aéronefs sans nationalité.

Article 18.- Notification et informations sur les résultats des opérations des forces de l'ordre

Quand l'une des Partie effectue un arraisonnement et une fouille conformément aux dispositions du présent Accord, elle notifie rapidement les résultats obtenus à l'autre Partie. La Partie concernée informera l'autre, dans les meilleurs délais et conformément à sa législation de toutes les étapes concernant les enquêtes, poursuites et procédures judiciaires découlant de l'arraisonnement et de la fouille.

Article 19.- Conduite des représentants des forces de l'ordre

Chaque Partie s'assure que ses représentants des forces de l'ordre, quand ils effectuent des arraisonnements et des fouilles et des activités d'interception par air conformément au présent Accord, respectent la législation et les directives nationales applicables des deux pays et les principes du droit international et des pratiques internationales reconnues.

Article 20.- Equipes d'abordage et de fouille

a) Les arraisonnements et les fouilles relevant du présent Accord sont effectués par des représentants des forces de l'ordre en uniforme à partir de navires des forces de l'ordre et ils peuvent être accompagnés par d'autres officiels autorisés.

b) Ces équipes d'abordage et de fouille peuvent également opérer conformément au présent Accord au large de la mer territoriale de n'importe quel pays à partir de navires et d'aéronefs d'autres États clairement identifiés et marqués comme étant au service non-commercial de leur gouvernement et autorisés dans ce sens, selon les Accords entre la Partie opérant et l'État qui fournit le navire ou l'aéronef.

c) Le personnel d'arraisonnement et de fouille peut être muni d'armes de service.

d) Au cours des abordages et des fouilles, les représentants des forces de l'ordre prendront les mesures nécessaires pour ne pas mettre en danger la sécurité de la vie en mer, la sécurité du navire suspect et de la cargaison et de porter préjudice aux intérêts légaux et commerciaux de l'État du pavillon ou tous autres états intéressés ; ces représentants doivent garder en tête le besoin d'observer les normes de courtoisie, de respect et de considération envers les personnes a bord du navire suspect.

Article 21.- Utilisation de la force

Tout recours à la force dans le cadre du présent Accord doit strictement respecter les législations et directives des gouvernements respectifs et doit, dans tous les cas, se limiter au minimum raisonnable nécessaire dans cette situation. Aucune disposition de l'Accord ne limite l'exercice du droit inhérent de légitime défense des représentants des forces de l'ordre ou d'un autre service des deux Parties.

Article 22.- Echange et connaissance des lois et directives de l'autre Partie

Afin de faciliter la mise en application du présent Accord, chaque Partie garantit que l'autre sera complètement informée de ses lois et politiques applicables, en particulier, celles qui concernent le recours à la force. Parallèlement, chaque Partie est chargée de garantir que tous ses représentants opérant au titre du présent Accord connaissent bien les lois et politiques applicables de l'autre Partie.

Article 23.- Disposition de biens saisis

La disposition de biens saisis suite à une opération entreprise sur le territoire ou dans les eaux d'une Partie selon cet Accord se fera conformément à la législation de cette Partie. En référence à l'Article 16 et conformément aux dispositions de cet Accord, la disposition des biens saisis suite à une opération entreprise au large de la mer territoriale de l'une ou l'autre Partie se fera selon la législation de la Partie qui effectue la saisie. Dans la mesure permise par sa législation et selon les conditions qu'elle jugera appropriées, la Partie qui effectue la saisie peut, dans n'importe quel cas, transférer les biens saisis ou le produit de cette vente à l'autre Partie.

Article 24.- Consultation et révision

Les Parties s'engagent à se consulter sur une base au moins annuelle pour évaluer la mise en œuvre de l'Accord et envisager d'améliorer son efficacité incluant la préparation des amendements à cet Accord qui prendront en considération l'augmentation de la capacité opérationnelle de la Garde-Côte Haïtienne.

Au cas où un problème se présenterait concernant l'application du présent Accord, l'une ou l'autre Partie peut solliciter une rencontre avec l'autre Partie afin de solutionner ce litige.

Article 25.- Règlement des réclamations individuelles

Toute réclamation soumise pour dommages, dégâts corporels ou pertes résultant d'une action effectuée dans le cadre de cet Accord sera examinée par la Partie dont les autorités auront mené les opérations. Si la responsabilité est établie, la réclamation sera résolue en faveur de la Partie réclamante, conformément à la législation nationale de cette Partie, et de manière compatible avec la législation internationale. Ni l'une, ni l'autre ne renonce par le présent Accord à aucun droit qu'elle pourrait avoir selon la loi internationale de faire une réclamation à l'autre par les voies diplomatiques.

Article 26.- Préservation des droits et privilèges

Aucune disposition du présent Accord ne vise à modifier les droits et privilèges dont bénéficie toute personne dans une procédure juridique.

VII Entrée en vigueur et durée

Article 27.- Entrée en vigueur

Le présent Accord entrera en vigueur dès l'échange de notes après que les procédures constitutionnelles ou autres procédures internes de chaque Partie aient été complétées.

Article 28.- Dénonciation

Le présent Accord peut être dénoncé à tout moment par l'une ou l'autre Partie après la notification écrite à l'autre Partie par la voie diplomatique. Cette dénonciation entre en vigueur six (6) mois à compter de la date de notification.

Article 29.- Poursuite des actions engagées

Les dispositions du présent Accord restent en vigueur après dénonciation en ce qui concerne toute procédure administrative ou judiciaire découlant des mesures prises conformément au présent Accord.

EN FOI DE QUOI, les soussignés, dûment autorisés à cet effet par leur Gouvernement respectif, ont apposé leur signature au présent Accord.

Signatures

Pour la République d'Haïti : René PREVAL

Pour les États-Unis d'Amérique : Madeleine ALBRIGHT

1er juin 2004 : Début de la MINUSTAH

L'année 2004 a marqué l'aboutissement de l'une des plus graves crises politiques du pays qui a débouché sur la troisième occupation du pays en moins d'un siècle. La crise, dans sa phase structurelle, a eu des antécédents lointains, comme le montre Leslie F. Manigat dans son ouvrage *La Crise haïtienne contemporaine*. Mais, s'agissant de la situation liée à la conjoncture de 2004, on pourrait faire remonter la phase de pourrissement aux élections contestées des années 2000.

Le 21 mai 2000, le parti Fanmi Lavalas a été déclaré vainqueur des élections législatives et locales, jugées frauduleuses par l'opposition et un secteur de la communauté internationale. En signe de protestation, les principaux partis politiques du pays ont boycotté le deuxième tour des élections législatives ainsi que l'élection présidentielle du 26 novembre 2000. Le président Jean-Bertrand Aristide, proclamé vainqueur de ces élections, a été installé au Palais national le 7 février 2001 pour un deuxième mandat. Concurremment, les partis de l'opposition ont installé le juriste Gérard Gourgue comme leur président, le 7 février 2001, en signe de refus de reconnaître l'ancien prêtre comme « le président de tous les Haïtiens indistinctement ». Un climat délétère a régné entre l'opposition irréductible, regroupée au sein de la Convergence Démocratique, et le pouvoir dont les partisans ont été à la fois intransigeants et extrêmement violents. Les négociations réalisées entre le pouvoir et la Convergence Démocratique, sous l'égide de l'Organisation des États Américains, n'ont pas abouti à un accord.

Les 17 et 18 décembre 2001, les partisans du pouvoir, réagissant à une rumeur de coup d'État, ont porté à un niveau intolérable la violence politique contre les opposants et les médias qui ont exprimé des positions critiques vis-à-vis du gouvernement. En 2002, les troubles ont continué en dépit d'une résolution de l'OEA et des promesses du pouvoir en faveur des élections partielles. En 2003, le régime a eu à faire face à un gigantesque mouvement de protestation organisé par des membres du secteur privé, des universitaires et l'opposition politique regroupés au sein du Groupe des 184. Au début de l'année 2004, une rébellion armée partant de la République dominicaine s'est dirigée vers la capitale, mettant en échec les forces gouvernementales dans différentes villes de province, avec l'objectif de s'accaparer du Palais national.

Les troubles politiques ont malheureusement affecté les fêtes du bicentenaire de l'indépendance d'Haïti. Les commémorations officielles se sont déroulées dans la plus grande division et la plus grande confusion. Le 1er janvier 2004, l'opposition manifestait dans les rues pendant que le président Aristide, se comparant à Toussaint Louverture, discourait sur la lutte des pères fondateurs. Le président Aristide a profité de la célébration du bicentenaire pour réitérer sa demande de restitution par la France des 150 millions de franc-or extorqués à Haïti pour la reconnaissance de l'indépendance (voir 17 avril 1825). Il a évalué la somme à restituer, actualisée et au taux du moment, à 21,7 milliards de dollars us. Le président Aristide avait, pour la première fois, soulevé la question du remboursement de la dette de l'indépendance le 7 avril 2003, à l'occasion du bicentenaire de la mort de Toussaint Louverture. En plus d'un coup politique visant à favoriser l'unité nationale, cette demande de restitution était révélatrice du malaise qui a existé entre la France et Aristide. La France, qui était l'un des meilleurs alliés du président Aristide durant son premier mandat, se désolidarisait de lui pendant le deuxième mandat bien avant la demande de restitution.

Dans un ultime élan pour ramener le calme dans le pays, devenu ingouvernable, et éventuellement sauver le reste de son mandat, le président Aristide a convié l'opposition à négocier un pacte de gouvernabilité, sous l'égide de la communauté internationale particulièrement de la nonciature apostolique. Les leaders de l'opposition ont boudé l'invitation du président qui leur demandait de le « prendre au mot ». Dans l'intervalle, les rebelles avançaient sur Port-au-Prince, en dépit des appels à l'aide internationale du président Aristide en vue de contrer la rébellion, « une menace pour la paix régionale ». La situation a dégénéré malgré les avertissements répétés du secrétaire d'État des États-Unis, Colin Powell, en faveur du respect du mandat présidentiel. Le 27 février, les rebelles sont arrivés aux portes de la capitale. Dans la nuit du 28 février, le président Jean Bertrand Aristide a démissionné et est parti pour l'exil en Jamaïque, en Centrafrique puis en Afrique du Sud.

Le 29 février 2004, le Conseil de Sécurité des Nations Unies a adopté la résolution 1529 pour la mise en place de la Force intérimaire multinationale (FIM) en Haïti sur la base que la situation dans ce pays

« constituait une menace à la paix et à la sécurité internationales ». Cette résolution a simplement officialisé la présence sur le terrain des soldats américains qui ont été opérants dès le soir du 28 février. Ils ont été rejoints par des soldats français et canadiens en application de la résolution 1529. Le 30 avril 2004, le Conseil de Sécurité a adopté la résolution 1542 créant la Mission des Nations Unies pour la Stabilisation en Haïti (MINUSTAH) dans le but « d'aider le Gouvernement provisoire à garantir un climat de sécurité et de stabilité ; d'aider à assurer le suivi, la restructuration et la réforme de la Police nationale haïtienne ; d'aider à la mise en place des programmes détaillés et durables de désarmement, démobilisation et réinsertion (DDR) ; d'aider au rétablissement et au maintien de l'état de droit, de la sécurité publique et de l'ordre public en Haïti ; de protéger le personnel, les installations et le matériel des Nations Unies ; de protéger les civils qui sont sous la menace immédiate de violence physique ; d'appuyer les processus constitutionnels et politiques ; d'aider à l'organisation, au suivi et à la tenue d'élections municipales, législatives et présidentielle libres et équitables ; d'appuyer le Gouvernement provisoire ainsi que les institutions et les groupes haïtiens chargés des droits de l'homme dans leurs efforts visant à promouvoir et protéger les droits de l'homme ; et de surveiller l'évolution de la situation des droits de l'homme dans le pays et d'en rendre compte ».

Le 1er juin 2004, la passation de pouvoir a eu lieu entre la Force Intérimaire Multinationale que dirigeaient les États-Unis et la Mission des Nations Unies pour la Stabilisation en Haïti dont la majorité des troupes est venue des pays de l'Amérique latine. Le mandat de la MINUSTAH a été établi pour six mois, renouvelable sur demande du gouvernement haïtien et sous recommandation du secrétaire général de l'ONU.

Pour approfondir le sujet :

BREAUD Alexandra, *Aristide et la France. Les raisons de la discorde,* Port-au-Prince, C3 Editions, 2014.

DEBRAY Régis (dir.), *Haïti et la France. Rapport à Dominique de Villepin, ministre des Affaires étrangères*, Paris, La Table Ronde, 2004.

DI RAZZA Namie, *L'ONU en Haïti depuis 2004. Ambitions et déconvenues des opérations de paix multidimensionnelles*, Paris, L'Harmattan, 2010.

DUPUY Alex, *The prophet and power: Jean-Bertrand Aristide, the international community, and Haiti,* Lanham, Rowman & Littlefield Publishers, Inc., 2007.

HEINE Jorge & THOMPSON Andrew Stuart (dir.), *Fixing Haiti: MINUSTAH and Beyond*, Tokyo, United Nations University, 2011.

LEHMANN Gérard, *Haïti 2004. Radiographie d'un coup d'État*, Paris, L'Harmattan, 2007.

MANIGAT Leslie F., *La Crise haïtienne contemporaine. Rétrospective et Perspective dans la saisie du point critique d'aujourd'hui*, Port-au-Prince, Editions du CHUDAC, 2009.

NICOLAS Mireille, *Haïti: d'un coup d'État à l'autre*, Paris, L'Harmattan, 2006.

ROBINSON Randall, *An Unbroken Agony: Haiti, from Revolution to the Kidnapping of a President*, Washington, The Perseus Books Group, 2007.

SAINT-PAUL Jean Eddy, *Chimè et Tontons Macoutes comme milices armées en Haïti*, Montréal, Editions CIDIHCA, 2015.

SEITENFUS Ricardo, *L'Echec de l'aide internationale à Haïti. Dilemmes et égarements*, Port-au-Prince, Editions de l'Université d'Etat d'Haïti, 2015.

SHAMSIE Yasmine & THOMPSON Andrew Stuart (dir.), *Haiti: Hope for a Fragile State*, Ontario, Wilfrid Laurier University Press, 2005.

WARGNY Christophe, *Haïti n'existe pas. 1804-2004 : deux cents ans de solitude*, Paris, Autrement, 2008.

Texte intégral de la résolution instituant la MINUSTAH

Résolution 1542 (2004) Adoptée par le Conseil de sécurité à sa 4961e séance, le 30 avril 2004

Le Conseil de sécurité,

Rappelant sa résolution 1529 (2004) du 29 février 2004,

Se félicitant du rapport du Secrétaire général, en date du 16 avril 2004 (S/2004/300), et souscrivant à ses recommandations,

Se déclarant fermement attaché à la souveraineté, à l'indépendance, à l'intégrité territoriale et à l'unité d'Haïti,

Déplorant toutes les violations des droits de l'homme, en particulier à l'encontre des populations civiles, et priant instamment le Gouvernement de transition d'Haïti de prendre toutes les mesures nécessaires pour mettre fin à l'impunité et s'assurer que la continuité de la promotion et la défense permanente des droits de l'homme, ainsi que l'instauration de l'état de droit et d'une justice indépendante soient au nombre de ses priorités principales,

Réaffirmant aussi sa résolution 1325 (2000) sur les femmes, la paix et la sécurité, ses résolutions 1379 (2001), 1460 (2003) et 1539 (2004) sur les enfants dans les conflits armés, ainsi que ses résolutions 1265 (1999) et 1296 (2000) sur la protection des civils dans les conflits armés,

Accueillant avec satisfaction et encourageant les efforts que l'Organisation des Nations Unies déploie, dans toutes ses opérations de maintien de la paix, pour sensibiliser le personnel du maintien de la paix sur la prévention et la lutte du VIH/sida et d'autres maladies transmissibles,

Saluant le déploiement rapide et professionnel de la Force intérimaire multinationale (FIM) et les efforts de stabilisation qu'elle a entrepris,

Prenant acte de l'Accord politique conclu par certaines des principales parties le 4 avril 2004 et pressant toutes les parties à rechercher sans délai un large consensus politique sur la nature et la durée de la transition politique,

Réitérant son appel à la communauté internationale pour continuer à assister et supporter le développement économique, social et institutionnel d'Haïti, à long terme, et se félicitant que l'Organisation des États américains (OEA), la Communauté des Caraïbes (CARICOM), la communauté internationale des donateurs ainsi que les institutions financières internationales entendent concourir à cette entreprise,

Prenant note de l'existence de problèmes qui compromettent la stabilité politique, sociale et économique d'Haïti et estimant que la situation en Haïti continue de constituer une menace pour la paix et la sécurité internationales dans la région,

1. Décide d'établir, sous le nom de Mission des Nations Unies pour la Stabilisation en Haïti (MINUSTAH), la force de stabilisation visée dans sa résolution 1529 (2004), pour une durée initiale de six mois qu'il compte renouveler ; et demande que la passation des pouvoirs de la FIM à la MINUSTAH se fasse le 1er juin 2004 ;

2. Autorise les éléments restants de la FIM à continuer d'exécuter le mandat confié à celle-ci par la résolution 1529 (2004), dans la limite des moyens disponibles, pendant une période de transition qui durera 30 jours maximum à compter du 1er juin 2004, selon que les besoins et les exigences de la MINUSTAH le commanderont ;

3. Requiert du Secrétaire général la nomination d'un représentant spécial en Haïti, sous l'autorité générale duquel seront placées la coordination et la conduite de toutes les activités du système des Nations Unies en Haïti ;

4. Décide que la MINUSTAH aura une composante civile et une composante militaire, conformément au rapport du Secrétaire général sur Haïti (S/2004/300), la composante civile devant comporter au maximum 1.622 membres de la police civile, y compris des conseillers et des unités constituées, et la composante militaire jusqu'à 6.700 hommes, tous grades confondus ; et demande en outre que la composante militaire rende compte directement au représentant spécial par l'intermédiaire du commandant de la force ;

5. Appuie la création d'un groupe restreint présidé par le/la représentant(e) spécial(e) du Secrétaire général et comprenant également ses adjoints, le commandant de la Force, des représentants de l'OEA et de la CARICOM, d'autres organisations régionales et sous-régionales, des institutions financières internationales et d'autres parties prenantes importantes, qui aurait pour vocation d'aider la MINUSTAH à s'acquitter de son mandat, de promouvoir le dialogue avec les autorités haïtiennes, en tant que partenaires et de donner plus d'efficacité à l'intervention de la communauté internationale en Haïti, comme il est indiqué dans le rapport du Secrétaire général (S/2004/300) ;

6. Demande que dans l'exécution de son mandat, la MINUSTAH coopère et coordonne avec l'OEA et la CARICOM ;

7. Agissant en vertu du Chapitre VII de la Charte des Nations Unies en ce qui concerne la section I ci-dessous, décide de confier à la MINUSTAH le mandat ci-après :

I. Climat sûr et stable

a) Pourvoir, à titre d'appui au Gouvernement de transition, à la sécurité et à la stabilité propices au bon déroulement du processus constitutionnel et politique en Haïti ;

b) Aider le Gouvernement de transition à surveiller, restructurer et réformer la Police nationale haïtienne, conformément aux normes d'une police démocratique, notamment en vérifiant les antécédents de ses membres et en agréant son personnel, en donnant des conseils sur les questions de réorganisation et de formation, y compris la sensibilisation à la situation des femmes, et en pourvoyant à la surveillance et à l'encadrement des policiers ;

c) Aider le Gouvernement de transition, en particulier la Police nationale haïtienne, à mettre en œuvre des programmes de désarmement, de démobilisation et de réinsertion complets et durables à l'intention de tous les groupes armés, y compris les femmes et les enfants associés à ces groupes, ainsi que des mesures de contrôle des armes et de la sécurité publique ;

d) Aider au rétablissement et au maintien de l'état de droit, de la sécurité publique et de l'ordre public en Haïti, notamment en apportant un appui opérationnel à la Police nationale haïtienne et aux gardes-côtes haïtiens, et en les renforçant sur le plan institutionnel, notamment en remettant sur pied le système pénitentiaire ;

e) Protéger le personnel, les locaux, les installations et le matériel des Nations Unies et assurer la sécurité et la liberté de circulation du personnel des Nations Unies, étant entendu que c'est au Gouvernement de transition qu'incombe la responsabilité première à cet égard ;

f) Protéger les civils contre toute menace imminente de violence physique, dans les limites de ses capacités et dans les zones où elle est déployée, sans préjudice des responsabilités confiées au Gouvernement de transition et aux autorités de police ;

II. Processus politique

a) Appuyer le processus constitutionnel et politique en cours en Haïti, notamment par ses bons offices, et promouvoir les principes de la gouvernance démocratique et du développement des institutions ;

b) Soutenir le Gouvernement de transition dans les efforts qu'il déploie pour engager le dialogue et la réconciliation dans le pays ;

c) Aider le Gouvernement de transition à organiser, surveiller et tenir au plus vite des élections municipales, parlementaires et présidentielles libres et régulières, en particulier en fournissant une assistance technique, logistique et administrative, en assurant le maintien de la sécurité et en appuyant comme il convient des opérations électorales qui permettent la participation d'électeurs représentatifs de l'ensemble de la population du pays, y compris les femmes ;

d) Aider le Gouvernement de transition à rétablir l'autorité de l'État sur toute l'étendue du territoire haïtien et favoriser la bonne gouvernance au niveau local ;

III. Droits de l'homme

a) Soutenir le Gouvernement de transition et les institutions et groupes haïtiens de défense des droits de l'homme dans leurs efforts de promotion et de défense des droits de l'homme, en particulier ceux des femmes et des enfants, afin que les auteurs de violations des droits de l'homme soient tenus personnellement d'en répondre et que les victimes obtiennent réparation ;

b) Surveiller, en coopération avec le Haut Commissariat aux droits de l'homme, la situation des droits de l'homme, notamment celle des refugiés et des déplacés rentrés chez eux, et en rendre compte ;

8. Décide qu'en collaboration avec d'autres partenaires, la MINUSTAH offrira, dans les limites de ses capacités, conseils et assistance au Gouvernement de transition pour l'aider à :

a) Enquêter sur les violations des droits de l'homme et du droit international humanitaire, en collaboration avec le Haut Commissariat aux droits de l'homme en vue de mettre fin à l'impunité ;

b) Élaborer une stratégie de reforme et de renforcement des institutions judiciaires ;

9. Décide en outre que la MINUSTAH se concertera avec le Gouvernement de transition, ainsi qu'avec leurs partenaires internationaux, et coopérera avec eux en vue de faciliter la fourniture et la coordination de l'aide humanitaire et de permettre aux agents des organisations humanitaires d'atteindre les Haïtiens qui sont dans le besoin, surtout les plus vulnérables d'entre eux, en particulier les femmes et les enfants ;

10. Autorise le Secrétaire général à prendre toutes les mesures voulues pour faciliter et soutenir le déploiement rapide de la MINUSTAH avant que l'Organisation ne prenne la relève de la Force multinationale intérimaire ;

11. Prie les autorités haïtiennes de conclure avec le Secrétaire général un accord sur le statut des forces dans les 30 jours suivant l'adoption de la présente résolution, et note que le modèle d'accord sur le statut des forces pour les opérations de maintien de la paix en date du 9 octobre 1990 (A/45/594) sera appliqué en attendant la conclusion de cet accord ;

12. Exige que le personnel (y compris le personnel associé) et les locaux des Nations Unies, ainsi que de l'OEA, de la CARICOM, des autres organisations internationales et humanitaires et des missions diplomatiques présentes en Haïti, soient strictement respectés et qu'aucun acte d'intimidation ou de violence ne soit dirigé contre le personnel participant à l'action humanitaire, à des activités de développement ou de maintien de la paix ; exige aussi que toutes les parties haïtiennes permettent aux organisations humanitaires de se

rendre en toute sécurité et liberté partout où elles doivent aller pour pouvoir mener leurs activités ;

13. Souligne que les États Membres, l'Organisation des Nations Unies et d'autres organisations internationales, en particulier l'OEA et la CARICOM les autres organisations régionales et sous-régionales, les institutions financières internationales et les organisations non gouvernementales doivent continuer à contribuer à la promotion du développement économique et social d'Haïti, en particulier à long terme, pour que le pays puisse retrouver et conserver une stabilité et faire reculer la pauvreté ;

14. Demande instamment à toutes les parties prenantes susmentionnées, en particulier aux organismes, aux organes et aux institutions des Nations Unies, d'aider le Gouvernement de transition d'Haïti à mettre en place une stratégie de développement à long terme à cette fin ;

15. Engage les États Membres à fournir une aide internationale importante pour répondre aux besoins humanitaires en Haïti et permettre la reconstruction du pays, en ayant recours à des mécanismes de coordination appropriés, et demande en outre aux États, en particulier ceux de la région, de soutenir comme il convient les mesures prises par l'Organisation des Nations Unies ;

16. Prie le Secrétaire général de lui présenter un rapport d'étape sur l'exécution du mandat défini dans la présente résolution et de lui présenter aussi, avant l'expiration du mandat de la MINUSTAH, un autre rapport contenant des recommandations sur l'opportunité de prolonger, restructurer ou réaménager la Mission, pour que la Mission et son mandat restent en phase avec l'évolution de la situation en Haïti dans les domaines politique, de la sécurité et du développement économique ;

17. Décide de demeurer saisi de la question.

Liste des ministres des Affaires étrangères d'Haïti

Le poste de ministre des Affaires étrangères d'Haïti a été institué au royaume du Nord, dans un édit du roi Henry Christophe, en octobre 1811. Dans la République de l'Ouest, la mention 'Affaires extérieures' ou 'Politique extérieure' avait apparu dans les annales administratives dès mars 1807. Cependant, c'est au cours de la première session législative de 1817 que le sénat a établi le département des Affaires extérieures au sein de l'administration publique et attribué sa gestion au président de la République. De fait, les premiers chefs d'État ont été les premiers diplomates en chef de la nation, définissant et conduisant leur politique extérieure. Cependant, certains fonctionnaires ont laissé leurs empreintes dans les annales comme, même par moment, de véritables chefs de la diplomatie haïtienne au cours de la période fondatrice. Dans le royaume du Nord, le baron de Vastey (Jean-Louis Vastey), conseiller écouté qui a représenté le roi Henry Ier auprès de plusieurs dignitaires internationaux, est souvent considéré comme le véritable moteur de la diplomatie haïtienne sous l'administration du roi Christophe. Des historiens ajoutent aussi à la liste des titulaires des Affaires extérieures du royaume du Nord le duc de Morin, Charles Victor Rouanez, et le comte de Limonade, François Julien Prévost. A Port-au-Prince, Joseph Balthazar Inginac, qui était un cadre supérieur de l'administration sous Dessalines, a servi les présidents Pétion et Boyer comme envoyé spécial, négociateur principal et interlocuteur direct à l'international à plusieurs occasions.

Par ailleurs, durant la période où Haïti n'avait pas de représentations permanentes à l'extérieur, son approche diplomatique a été mise en application par les envoyés spéciaux. Cette fonction de représentation directe et mandatée des chefs d'État haïtiens auprès de dignitaires étrangers a été occupée tant par des Haïtiens que par des étrangers. Parmi les quelques noms qui ont marqué les annales de diplomatie de la jeune nation haïtienne, on retrouve les Anglais William Wilberforce et Thomas Clarkson, envoyés spéciaux de Christophe auprès de l'Angleterre et de la Russie ; Théodat Trichet, envoyé du président Pétion auprès de la Grande Bretagne et de la France ; le général français Jacques Boyé et les sénateurs haïtiens

Victor Prosper Rouanez, Louis-Auguste Daumec, Jean-Louis Larose, Marie-Élisabeth Eustache Frémont, envoyés auprès de la France, par le président Boyer, dans des missions séparées ; et Desrivières Chanlatte, envoyé de Boyer auprès de la Colombie, qui, devant le refus de la Colombie d'établir des relations diplomatiques avec Haïti, s'est permis la déshonorable attitude d'exiger le versement d'une rétribution monétaire des aides de Pétion à Bolivar.

C'est à partir du gouvernement de Charles Rivière Hérard, qui a succédé à Jean Pierre Boyer, à partir de 1943 donc, que le poste de ministre des Affaires extérieures ou secrétaire aux Affaires extérieures a été clairement attribué. Le titulaire était le général Louis-Philippe Guerrier qui a occupé en même le portefeuille de la Guerre et de la Marine. Pendant le 19e siècle, le ministre des Affaires étrangères a souvent été, parallèlement, titulaire d'un autre ministère. Il y a eu 160 changements au sommet de la diplomatie haïtienne en 173 ans (1943-2016). C'est donc le signe d'un poste très instable parce que très convoité. Pendant le siècle 1850-1950, les Affaires étrangères ont été le domaine réservé de l'élite intellectuelle. Les plus grandes figures de l'intelligentsia ont occupé un poste dans les missions haïtiennes à l'extérieur. Et une très grande majorité d'intellectuels a accédé au poste de secrétaire d'État ou ministre des Affaires étrangères d'Haïti.

Il faut préciser qu'il n'y a pas eu 160 nouveaux chanceliers au cours des 160 changements dans la diplomatie haïtienne entre 1943 et 2016 parce que certaines personnalités ont occupé le poste plus d'une fois. Louis Borno a été à la tête du Département des Affaires extérieures à quatre reprises. Alexis Dupuy, Liautaud Ethéard, Lysius Félicité Salomon, Cadet Jérémie, Horace Pauléus Sannon et Hérard Abraham ont chacun dirigé les Affaires extérieures du pays à trois reprises. Il y a seulement trois femmes au tableau des chanceliers haïtiens. La première femme à diriger de la diplomatie haïtienne a été Marie-Denise Fabien Jean-Louis, en 1991. Certaines personnalités ont été à la tête du Département pendant un temps très court. Ce fut le cas de Jean-Baptiste Symphor Linstant Pradines qui a été ministre pendant seulement six jours. D'autres, par contre, ont résisté aux différents changements de gouvernement ou de remaniements ministériels. Ce fut le cas de René Chalmers qui a été secrétaire d'État aux Affaires extérieures, pendant dix ans.

La liste suivante inventorie les personnalités qui ont dirigé la diplomatie haïtienne de 1943 à nos jours. Nous avons expliqué tantôt les raisons pour lesquelles nous considérons 1943 comme point de départ. Pour une biographie substantielle de ces personnalités, nous suggérons l'excellent *Dictionnaire biographique des personnalités politiques de la République d'Haïti 1804-1811*, de Daniel Supplice.

Louis Philippe GUERRIER : 4 avril 1843 – 7 janvier 1844

Hérard DUMESLE : 7 janvier 1844 – 3 mai 1844

Jacques Sylvain HYPPOLITE : 3 mai 1844 – 1er mars 1846

Alexis DUPUY : 15 mars 1846 – 14 septembre 1846

Alexis DUPUY (2e fois) : 3 mars 1847 – 27 juillet 1847

Jean Jacob ELIE : 27 juillet 1847 – 30 septembre 1847

Alexis DUPUY (3e fois) : 30 septembre 1847 – 9 avril 1848

Louis E. F. Lysius SALOMON : 9 avril 1848 – 26 décembre 1848

Louis DUFRESNE : 31 décembre 1848 – 20 septembre 1849

Louis E. F. Lysius SALOMON (2e fois) : 20 septembre 1849 – 15 janvier 1859

Jean-Simon ANDRE : 22 janvier 1859 – 28 janvier 1860

Victorin PLÉSANCE : 28 janvier 1860 – 8 juillet 1862

Théodate PHILIPPEAUX : 8 juillet 1862 – 13 août 1866

Antoine Thomas MADIOU : 13 août 1866 – 7 mars 1867

Symphor Linstant PRADINES : 7 mars 1867 – 13 mars 1867

André GERMAIN : 8 mai 1867 – 21 juillet 1867

Jean Demesvar DELORME : 21 juin 1867 – 20 mai 1868

Daguesseau LESPINASSE : 26 mai 1868 – 3 août 1868

Alexandre TATE : 3 août 1868 – 19 février 1869

Pierre-Antoine Charles ARCHIN : 9 février 1869 – 6 septembre 1869

Jean-Julien D. LABONTÉ : 6 septembre 1869 – 29 décembre 1869

François Sauveur FAUBERT : 29 décembre 1869 – 23 mars 1870

Benomy LALLEMAND : 23 mars 1870 – 7 mai 1870

François Sauveur FAUBERT (2e fois) : 7 mai 1870 – 23 juin 1870

Jean-Baptiste Volmar LAPORTE : 23 juin 1870 – 27 avril 1871

François M. J. Normil SAMBOUR : 11 mai 1871 – 19 juin 1871

Charles HAENTJENS : 19 juin 1871-29 juin 1871

Pierre Charles Darius DENIS : 29 juin 1871 – 31 décembre 1871

Liautaud ETHÉARD : 2 janvier 1872 – 9 mai 1873

Charles HAENTJENS : 8 juillet 1873 – 13 mai 1874

Raoul EXCELLENT : 15 juin 1874 – 15 avril 1876

Philippe Hannibal PRICE : 24 avril 1876 – 16 juin 1876

Liautaud ETHÉARD (2e fois) : 20 juillet 1876 – 16 août 1877

Félix CARRIÉ : 23 août 1877 – 17 juillet 1878

Ernest ROUMAIN : 17 juillet 1878 - 14 novembre 1878

Liautaud ETHÉARD (3e fois) : 14 novembre 1878 – 17 juillet 1879

Joseph Laurent LAMOTHE : 1er septembre 1879 – 2 octobre 1879

Lysius Félicité SALOMON (3e fois) : 3 octobre 1879 – 23 octobre 1879

Etienne Charles LAFORESTERIE : 3 novembre 1879 – 26 août 1881

Brutus A. SAINT-VICTOR : 26 août 1881 – 31 décembre 1881

Jean-Baptiste DAMIER : 31 décembre 1881 – 20 août 1883

Jean-Baptiste Callisthène FOUCHARD : 20 août 1883 – 13 mars 1884

Brutus Alexis SAINT-VICTOR : 14 mars 1884 – 10 août 1888

François Denys LÉGITIME : 1er septembre 1888 – 16 décembre 1888

Eugène MARGRON : 19 décembre 1888 – 20 juin 1889

Solon MÉNOS : 20 juin 1889 – 22 août 1889

Joseph Anténor FIRMIN : 29 octobre 1889 – 3 mai 1891

Saint-Hilaire Hugon LECHAUD : 3 mai 1891 – 14 août 1891

Pierre-Antoine C. ARCHIN (2e fois) : 19 août 1891 – 11 août 1892

Joseph J.-P. Edmond LESPINASSE : 11 août 1892 – 15 mai 1894

Frederic MARCELIN : 19 mai 1894 – 27 décembre 1894

Pourcely FAINE : 27 décembre 1894 – 17 décembre 1896

Anténor FIRMIN (2e fois) : 17 décembre 1896 – 26 juillet 1897

Solon MÉNOS (2e fois) : 26 juillet 1897 – 13 décembre 1897

Brutus A. SAINT-VICTOR (2e fois) : 13 décembre 1897 – 12 mai 1902

Joseph Cadet JÉRÉMIE : 20 mai 1902 – 4 avril 1903

Auguste BONAMY : 4 avril 1903 – 30 juin 1903

Stanislas S. C. Murville FÉRÈRE : 30 juin 1903 – 21 mai 1906

Horace Pauléus SANNON : 21 mai 1906 – 17 février 1908

Joseph E. Louis BORNO : 14 mars 1908 – 30 novembre 1908

J. J. F. MAGNY : 8 décembre 1908 – 19 décembre 1908

Joseph Murat CLAUDE : 19 décembre 1908 – 15 février 1910

Pétion PIERRE-ANDRÉ : 15 février 1910 – 20 juillet 1911

Joseph Cadet JÉRÉMIE (2e fois) 20 juillet 1911 – 2 août 1911

Marcelin Tertulien GUILBAUD : 4 août 1911 – 16 août 1911

Jacques Nicolas LÉGER : 16 août 1911 – 4 mai 1913

Jacques Etienne MATHON : 17 mai 1913 – 8 février 1914

Jacques N. Abel LÉGER (2e fois) : 8 février 1914 – 10 mai 1914

Énoch DÉSERT : 10 mai 1914 – 11 novembre 1914

Joseph JUSTIN : 11 novembre 1914 – 12 décembre 1914

Joseph Louis BORNO (2e fois) : 12 décembre 1914 – 16 février 1915

Joseph Cadet JÉRÉMIE (3e fois) : 16 février 1915 – 27 février 1915

Auguste BONAMY (2e fois) : 27 février 1915 – 9 mars 1915

Ulrick DUVIVIER : 9 mars 1915 – 27 juillet 1915

Horace Pauléus SANNON (2e fois) : 14 août 1915 – 9 septembre 1915

Joseph Louis BORNO (3e fois) : 9 septembre 1915 – 17 avril 1917

Furcy CHÂTELAIN : 17 avril 1917 – 3 juillet 1917

Edmond DUPUY : 3 juillet 1917 – 20 juin 1918

Joseph Louis BORNO (4e fois) : 20 juin 1918 – 19 décembre 1918

Constantin J. C. Alexis BENOIT : 19 décembre 1918 – 17 octobre 1919

Justin BARAU : 17 octobre 1919 – 15 mai 1922

Léon DÉJEAN : 15 mai 1922 – 27 novembre 1922

Félix MAGLOIRE : 27 novembre 1922 – 27 septembre 1923

Camille J. LÉON : 27 septembre 1923 – 20 octobre 1924

Léon DÉJEAN (2e fois) : 20 octobre 1924 – 17 mars 1926

Joseph Georges GENTIL : 17 mars 1926 – 20 avril 1926

Edmond Louis MONTAS : 20 avril 1926 – 15 novembre 1926

Camille LÉON (2e fois) : 15 novembre 1926 – 25 novembre 1929

Antoine Constantin SANSARICQ : 25 novembre 1929 – 15 mai 1930

Frédéric BERNARDIN : 15 mai 1930 – 19 août 1930

Emmanuel VOLEL : 19 août 1930 – 22 novembre 1930

Horace Pauléus SANNON (3e fois) : 22 novembre 1930 – 18 mai 1931

Jacques Nicolas Abel LÉGER : 18 mai 1931 – 15 juillet 1932

Antoine Albert BLANCHET : 15 juillet 1932 – 20 septembre 1933

Léon LALEAU : 20 septembre 1933 – 24 décembre 1934

Lucien HIBBERT : 24 décembre 1934 – 16 mars 1935

Yrech CHÂTELAIN : 16 mars 1935 – 10 octobre 1936

Georges Emmanuel Jaques Nicolas LÉGER : 10 octobre 1936 – 15 septembre 1938

Léon LALEAU (2e fois) : 15 septembre 1938 – 10 octobre 1940

Fernand Stephen DENNIS : 10 octobre 1940 – 15 mai 1941

Charles J.-B. Joseph FOMBRUN : 15 mai 1941 – 9 juin 1942

Serge Léon DÉFLY : 9 juin 1942 – 21 mai 1943

Gérard Jean-Baptiste LESCOT : 21 mai 1943 – 11 janvier 1946

Antoine LEVELT : 12 janvier 1946 – 16 août 1946

Jean Price MARS : 19 août 1946 – 10 avril 1947

Edmé Thalès MANIGAT : 10 avril 1947 – 26 novembre 1948

Timoléon J.-B. César BRUTUS : 26 novembre 1948 – 14 octobre 1949

Vilfort BEAUVOIR : 14 octobre 1949 – 10 mai 1950

Antoine LEVELT (2e fois) : 10 mai 1950 – 6 décembre 1950

Jacques LÉGER : 6 décembre 1950 – 29 février 1952

Albert ETHÉART : 29 février 1952 – 1er avril 1953

Pierre Léon LIAUTAUD : 1er avril 1953 – 31 juillet 1954

Mauclair ZEPHIRIN : 31 juillet 1954 – 6 septembre 1955

Joseph D. CHARLES : 6 septembre 1955 – 14 décembre 1956

Jean Price MARS (2e fois) : 14 décembre 1956 – 9 février 1957

Evremont Justin CARRIÉ : 9 février 1957 – 2 avril 1957

Vilfort BEAUVOIR (2e fois) : 6 avril 1957 - 25 mai 1957

Joseph BUTEAU : 27 mai 1957 – 14 juin 1957

Louis Th. ROUMAIN : 14 juin 1957 – 22 octobre 1957

Vilfort BEAUVOIR (3e fois) : 22 octobre 1957 – 17 juin 1958

Louis P. MARS : 17 juin 1958 – 19 décembre 1959

Raymond A. MOYSE : 19 décembre 1959 – 25 octobre 1960

Joseph D. BAGUIDY : 25 octobre 1960 – 30 mai 1961

René CHALMERS : 30 mai 1961 – 22 avril 1971

Adrien L. RAYMOND : 22 avril 1971 – 20 mars 1974

Edner BRUTUS : 20 mars 1974 – 3 novembre 1978

Gérard DORCELY : 3 novembre 1978 – 13 novembre 1979

Georges A. P. SALOMON : 13 novembre 1979 – 5 janvier 1981

Edouard FRANCISQUE : 5 janvier 1981 – 3 février 1982

Jean-Robert ESTIMÉ : 3 février 1982 – 30 décembre 1985

Georges A. P. SALOMON (2e fois) : 30 décembre 1985 – 7 février 1986

Jacques Arthur FRANCOIS : 7 février 1986 – 24 mars 1986

Jean-Baptiste HILAIRE : 24 mars 1986 – 5 janvier 1987

Hérard ABRAHAM : 5 janvier 1987 – 7 février 1988

Gérard LATORTUE : 12 février 1988 – 20 juin 1988

Hérard ABRAHAM (2e fois) : 20 juin 1988 – 18 septembre 1988

Serge Elie CHARLES : 18 septembre 1988 – 12 mai 1989

Yvon J. R. PERRIER : 12 mai 1989 – 16 mars 1990

Kesler CLERMONT : 16 mars 1990 – 24 août 1990

Alec TOUSSAINT : 24 août 1990 – 27 septembre 1990

Paul Christian LATORTUE : 27 septembre 1990 – 7 février 1991

Marie-Denise F. JEAN-LOUIS : 19 février 1991 - 19 septembre 1991

Jean-Robert SABALAT : 19 septembre 1991 – 30 septembre 1991

Jean-Jacques HONORAT : 15 octobre 1991 – 16 décembre 1991

Jean-Robert SIMONISE : 16 décembre 1991 – 19 juin 1992

François BENOIT : 19 juin 1992 – 1er septembre 1993

Claudette Antoine WERLEIGH : 1er septembre 1993 – 16 mai 1994

Charles Anthony DAVID : 16 mai 1994 – 8 novembre 1994

Claudette A. WERLEIGH (2e fois) : 8 novembre 1994 – 7 novembre 1995

Fritz LONGCHAMP : 7 novembre 1995 – 2 mars 2001

Philippe Antonio JOSEPH : 2 mars 2001 – 29 février 2004

Yvon SIMÉON : 16 mars 2004 – 2 février 2005

Hérard ABRHAM (3e fois) : 2 février – 8 juin 2006

Jean Rénald CLÉRISMÉ : 8 juin 2006 – 28 août 2008

Alrich NICOLAS : 5 septembre 2008 – 8 novembre 2009

Marie-Michele REY : 8 novembre 2009 – 18 octobre 2011

Laurent Salvador LAMOTHE : 18 octobre 2011 – 6 août 2012

Pierre-Richard CASIMIR : 6 août 2012 – 2 avril 2014

Pierre Duly BRUTUS : 2 avril 2014 – 31 mars 2015

Lener RENAULD : 25 avril 2015 – 23 mars 2016

Pierrot Delienne : 23 mars 2016.

Index

A

B

C

D

E

F

G

H

I

J

K

L

M

N

O

P

Q

R

S

T

U

V

W

Y

Z

TABLE DES MATIERES

La publication de ce livre a reçu le soutien de la Fondation Connaissance et Liberté (FOKAL) et la Radio Télévision Caraïbes (RTVC)

L'HARMATTAN ITALIA
Via Degli Artisti 15; 10124 Torino
harmattan.italia@gmail.com

L'HARMATTAN HONGRIE
Könyvesbolt ; Kossuth L. u. 14-16
1053 Budapest

L'HARMATTAN KINSHASA
185, avenue Nyangwe
Commune de Lingwala
Kinshasa, R.D. Congo
(00243) 998697603 ou (00243) 999229662

L'HARMATTAN GUINÉE
Almamya Rue KA 028, en face
du restaurant Le Cèdre
OKB agency BP 3470 Conakry
(00224) 657 20 85 08 / 664 28 91 96
harmattanguinee@yahoo.fr

L'HARMATTAN CONGO
67, av. E. P. Lumumba
Bât. – Congo Pharmacie (Bib. Nat.)
BP2874 Brazzaville
harmattan.congo@yahoo.fr

L'HARMATTAN MALI
Rue 73, Porte 536, Niamakoro,
Cité Unicef, Bamako
Tél. 00 (223) 20205724 / +(223) 76378082
poudiougopaul@yahoo.fr
pp.harmattan@gmail.com

L'HARMATTAN CAMEROUN
TSINGA/FECAFOOT
BP 11486 Yaoundé
699198028/675441949
harmattancam@yahoo.com

L'HARMATTAN CÔTE D'IVOIRE
Résidence Karl / cité des arts
Abidjan-Cocody 03 BP 1588 Abidjan 03
(00225) 05 77 87 31
etien_nda@yahoo.fr

L'HARMATTAN BURKINA
Penou Achille Some
Ouagadougou
(+226) 70 26 88 27

L'HARMATTAN SÉNÉGAL
10 VDN en face Mermoz, après le pont de Fann
BP 45034 Dakar Fann
33 825 98 58 / 33 860 9858
senharmattan@gmail.com / senlibraire@gmail.com
www.harmattansenegal.com

Achevé d'imprimer par Corlet Numérique - 14110 Condé-sur-Noireau
N° d'Imprimeur : 135596 - Dépôt légal : janvier 2017 - *Imprimé en France*

www.ingramcontent.com/pod-product-compliance
Lightning Source LLC
La Vergne TN
LVHW011951220826
846092LV00001B/156